本书为河北省社科基金项目研究成果，项目名称：新时作协同机制构建研究，项目批准号：HB18MK0103

新时代高校协同育人机制构建研究

刘佳　王彤宇　著

吉林大学出版社

·长春·

图书在版编目（CIP）数据

新时代高校协同育人机制构建研究 / 刘佳，王彤宇
著. -- 长春：吉林大学出版社，2022.8
ISBN 978-7-5768-0974-9

Ⅰ.①新… Ⅱ.①刘… ②王… Ⅲ.①高等学校 – 思
想政治教育 – 研究 – 中国 Ⅳ.①G641

中国版本图书馆 CIP 数据核字（2022）第 203332 号

书　　名　新时代高校协同育人机制构建研究
　　　　　XINSHIDAI GAOXIAO XIETONG YUREN JIZHI GOUJIAN YANJIU

作　　者：刘佳 王彤宇
策划编辑：矫正
责任编辑：矫正
责任校对：王寒冰
装帧设计：久利图文
出版发行：吉林大学出版社
社　　址：长春市人民大街4059号
邮政编码：130021
发行电话：0431–89580028/29/21
网　　址：http://www.jlup.com.cn
电子邮箱：jldxcbs@sina.com
印　　刷：永清县晔盛亚胶印有限公司
开　　本：787mm×1092mm　　1/16
印　　张：15.5
字　　数：250千字
版　　次：2023年6月　第1版
印　　次：2023年6月　第1次
书　　号：ISBN 978-7-5768-0974-9
定　　价：78.00元

前　　言

　　思想政治教育是极具中国特色和属性的哲学社会科学学科，是具有中华五千年深厚文化底蕴并吸收人类文明历史中一切有利于人的全面发展的先进理论的现代学科。高校思想政治教育是以科学理论武装大学生头脑，引领大学生形成科学的世界观、人生观、价值观的主要路径。党的十八大以来，习近平围绕培养什么人、怎样培养人、为谁培养人这一根本问题，对加强高校思想政治教育工作作出了一系列重要部署。习近平在 2016 年全国高校思想政治工作会议中明确指出："要坚持把立德树人作为中心环节，把思想政治工作贯穿教育全过程，实现全过程育人、全方位育人，努力开创我国高等教育事业发展新局面。"① 育人先育德，育德先育魂，随着高校育人环境的开放化和背景的复杂化，高校思想政治教育的内容也随之丰富化，因此，如何建立高校思想政治教协同育人机制，改进和加强高校思想政治教育现有的协同育人工作，培养学生的社会责任感、创新精神和实践能力，是切实提高高等教育质量和效果的重要命题。

　　新时代高校协同育人机制建构立足于中国特色社会主义进入新时代的国内背景和百年未有之大变局的世界背景，伴随着思想政治教育学科与时俱进的发展而探索推进。新时代高校协同育人机制建构必须体现时代性，即体现新时代的新要求，抓住机遇，探索创新，同时直面新时代的新问题。

　　高校协同育人工作是在一个复杂的系统下，以马克思主义理论为思想基础，以马克思主义中国化的教育思想与论断为理论指南，吸收借鉴中华传统文化资源，运用系统论和协同学理论，调动各方资源和力量，将思想政治教育融入人才培养的各个环节，通过机制设计，构建"全员育人、全

---

① 习近平在全国高校思想政治工作会议上强调：把思想政治工作贯穿教育教学全过程　开创我国高等教育事业发展新局面 [N]．人民日报，2016-12-09．

过程育人、全方位育人"的工作格局和氛围。如何健全现有高校协同育人机制，形成协同育人的合力，同时保障工作实施的长效与实效，已成为新的发展阶段高校持续加强和改进高校思想政治教育工作中所面临的具有共性的问题之一，需要我们为之上下求索。

"近年来思想政治教育理论研究更多地关注作为一种具体教育活动的思想政治教育的运行及其发展，关注教育者、教育对象、教育内容、教育方法等之间的矛盾运动，并基于这种关注而力求揭示思想政治教育的客观规律。"① 并且，关于思想政治教育机制的论述虽然很多，也有不少学者提出了很有价值的观点，但是，关于高校协同育人机制建设的研究却很少。本书利用文献研究法、系统研究法、调查研究法，将建立健全高校协同育人机制与协同育人理念相结合，调动各方面的资源和力量，将思想政治教育融入人才培养的各个环节，通过机制设计，构建"全员育人、全过程育人、全方位育人"的工作格局和氛围，健全现有高校协同育人机制，并从高校内部各育人主体之间和高校与高校外部各育人主体这两个层面拓宽了协同育人的领域，避免了单一从高校内部构建协同机制，形成协同育人的合力，最终达到"1+1>2"的育人效果，具有重要的理论意义和实践价值。

1. 理论意义

第一，有利于促进高校思想政治教育专业的现代化发展。随着时代的发展，人们对知识的要求也是日新月异的，尤其是新时代高校肩负着培养社会主义合格建设者和可靠接班人的重担，要真正实现全程育人、全方位育人，更应该致力于寻求一条全方位的发展改革道路。这就需要高校思想政治教育参与主体不断发挥自身功能，而协同机制正是搭建了这样一种融合的平台，使单一的思想政治教育实现多元化，把思想政治教育理论与实践有机联系起来，全方位地实现育人目标。

第二，有利于培养社会主义现代化的合格建设者和可靠接班人。高校思想政治教育的发展与社会主义现代化建设息息相关。人是参与社会建设与发展的主体，而人的全面发展需要科学有效的教育理论与实践方法，健全思想政治教育可以客观正确地促使人们判断与分析社会问题，不至于被

---

① 沈壮海. 论思想政治教育理论研究的新范式与新形态[J]. 思想政治教育研究，2007（02）：42.

错误思想和价值观念所误导，因此，全面构建协同育人机制可以更好地培养人，培养建设社会主义的全方面人才。可以说，协同育人机制研究是对发展中国特色社会主义理论与实践的有益支撑。

第三，有利于高校思想政治教育高素质人才队伍的建设。教师是推动教育事业发展的中坚力量，要想做好思想政治教育工作，必须保证这支队伍后继有人，建设高素质的思想政治教育队伍是非常重要的。传道者首先自己就要明道、信道，才能更好地承担起学生指路人的重任。构建高校协同育人机制对于教师素质的提高，对于加强师德师风建设起了很大的积极作用，同时，对高校思想政治教育工作队伍也起到强化实践的作用。

2. 实践意义

第一，高校协同育人机制构建有助于突破传统思想政治教育育人模式。传统育人模式相对孤立和封闭，各学科之间没有良好的沟通与促进，使得思想政治教育缺乏现实意义。通过协同机制的重构和再造可以从根本上改变这种闭门造车的落后局面，重塑一个体系健全、有机融合、运转高效、整体发展的新局面，对育人机制的改革具有指导意义。

第二，高校协同育人机制构建有助于促进思想政治教育学科的进步发展。在当今社会大融合、高开放的时代背景下，思想政治教育学科的建设在理论研究和实践探索上都面临着严峻的考验。学科分化、育人目标不统一等问题不断出现，在专业课程讲授中，教师往往忽视对学生的思想政治教育，而思想政治教育理论课往往又与实践相脱离。因此，我们应该立足"大思政"观念，以更大的格局拓展思想政治教育的广度，从理论高度审视社会问题，增强学科的弹性，拓展学科的深度。

第三，高校协同育人机制构建有助于中国优秀传统文化的传承与弘扬。"和而不同"是中国传统文化的核心价值观，它具有协调、平衡、秩序的意义。这与协同机制的建立初衷不谋而合。协同的效能在于一个有机整体中，各协同主体追求相同的目标，通过构建有效的协同机制，从而构建一个资源共享、诉求一致、互相协助的新的超越原有价值效应的作用。协同机制突破了传统线性的、指责性的模式，激发了各主体多角色、互动性的特点，这也符合思想政治教育多元化、多领域的发展趋势。这种机制运用在思想政治教育工作里是符合内在统一逻辑关系的，对中国优秀传统文化是一种有机的发展与继承。

　　本书以高校思想政治教育工作实践与协同育人理念为研究对象，秉承理论研究与实证分析相结合的研究思路，对高校协同育人机制构建展开研究：以协同育人机制相关内涵阐释为开端，论述了思想政治教育与协同育人的关系，得出协同育人理念在高校思想政治教育工作实践中开展的重要意义；阐述了协同育人机制构建系统内的要素构建，分析了新时代高校思想政治教育面临的机遇与挑战；立足思想政治教育的学科视野，系统梳理了高校协同育人机制构建的理论基础；基于高校协同育人机制构建的现实状况，分析归纳高校协同育人机制构建存在的问题及其成因，为建立健全高校协同育人机制提供现实依据；在此基础上，分别阐述了高校协同育人机制构建的体系系统，即形成机制、驱动机制、运行机制和保障机制，其中，形成机制是协同育人的基础。驱动机制具有先导性、关键性作用，运行机制处于核心、目标地位，保障机制是有效、充分运转的根本保证。最后，针对高校协同育人机制建设存在的不足之处，提出了建立健全高校协同育人机制的相应措施，，从而达到解决问题的目的。

　　本书为河北省社会科学基金项目《新时代高校思想政治工作协同机制构建研究》（项目号：HB18MK0103）的结项成果。

目　录

第一章　新时代高校协同育人机制构建概述

大学生是国家宝贵的人才资源，他们文化水平高、思维活跃、精力旺盛，是国家的未来和民族的希望。高校要坚持立德树人的根本使命，培养中国特色社会主义的合格建设者和可靠接班人，就必须把握好大学生群体的思想动态，引导好大学生价值观的养成。目前，高校思想政治教育现状不容乐观，一个很重要的原因是高校思想政治教育势单力薄，尚未形成较为完善的协同育人机制。因此，有必要从协同育人的视角，在高校思想政治教育和社会发展之间建立一个协同的关系，各个学科之间、高校思想政治教育的各个要素之间及社会与学校之间应该通力合作，形成一种长期有效的协同机制，全面提升高校思想政治教育的有效性。

本章从新时代高校协同育人机制相关内涵出发，论述思想政治教育与协同育人的关系，总结协同育人理念在高校思想政治教育工作实践中开展的重要意义，概述高校协同育人机制构建的体系系统，并分析新时代高校思想政治教育面临的机遇与挑战，从而为本书的后续研究做好理论铺垫。

一、新时代高校协同育人机制相关内涵

（一）新时代的内涵

党的十九大报告指出："经过长期努力，中国特色社会主义进入了新时代，这是我国发展新的历史方位。""这个新时代，是承前启后、继往开来、在新的历史条件下继续夺取中国特色社会主义伟大胜利的时代，是决胜全面建成小康社会、进而全面建设社会主义现代化强国的时代，是全国各族人民团结奋斗、不断创造美好生活、逐步实现全体人民共同富裕的时代，是全体中华儿女勠力同心、奋力实现中华民族伟大复兴中国梦的时代，

是我国日益走近世界舞台中央、不断为人类做出更大贡献的时代。"①

习近平对新时代的内涵作出了高度凝练的概括总结，五个"时代"分别对应着新时代的历史脉络、实践主题、人民性、民族性和世界性，我们可以通过这五个维度把握中国特色社会主义新时代的内涵。

1. 历史维度的新时代内涵

从历史脉络看，这个时代是继往开来、承上启下的，它是在新的历史条件下继续夺取中国特色社会主义伟大胜利的新时代。自改革开放以来，中国特色社会主义就是党的全部理论和实践的主题，中国特色社会主义是在实践中不断完善和发展并具有生命特征的形态。中国特色社会主义发展历程可以分为三个阶段：第一个阶段是从十一届三中全会到党的十五大，形成和确立了邓小平理论，改革开放政策解决了人民的温饱问题，人民生活总体达到小康水平；第二个阶段是从党的十五大到十七大，形成了"三个代表"重要思想和科学发展观，小康社会开始全面建设；第三个阶段是从党的十八大以来至今，形成和确立了习近平新时代中国特色社会主义思想，小康社会进入决胜的关键时期。新时代掀开了全面建设社会主义现代化国家的新篇章。

2. 实践维度的新时代内涵

从实践主题看，这个时代是我们党全面建成小康社会、进而全面发展社会主义现代化强国的新时代。中国的改革经历了一段加速发展的历程，它是由小变化到中变化再到大变化的。1985 年 9 月，邓小平说："现在人们说中国发生了明显的变化。我对一些外宾说，这只是小变化。翻两番，达到小康水平，可以说是中变化。到下世纪中叶，能够接近世界发达国家的水平，那才是大变化。到那时，社会主义中国的分量和作用就不同了，我们就可以对人类有较大的贡献。"② 中国特色社会主义的发展经过长期以来量的积累，逐渐迎来了质的变化，正如党的十九大报告指出："五年来

① 习近平. 决胜全面建成小康社会 夺取新时代中国特色社会主义伟大胜利——在中国共产党第十九次全国代表大会上的报告 [N]. 人民日报，2017-10-28.

② 邓小平. 邓小平文选（第三卷）[M]. 北京：人民出版社，1993：143.

的成就是全方位的、开创性的，五年来的变革是深层次的、根本性的。"①
我国的综合国力、国际影响力和人民幸福感显著提升，从而制定了新时代
中国特色社会主义发展战略，即 2020 年全面建成小康社会，2035 年基本
实现社会主义现代化，21 世纪中叶建成富强民主文明和谐美丽的社会主义
现代化强国。

3. 人民维度的新时代内涵

从新时代的人民性看，这个时代是人民建造美好家园、实现共同富裕
的新时代。党的十九大报告指出："我国社会主要矛盾已经转化为人民日
益增长的美好生活需要和不平衡不充分的发展之间的矛盾。"②新时代我国
的主要矛盾发生了重大的转变，体现出国家走向了新的发展历程，体现出
人民走向了新的美好生活。新时代的中国要解决好眼前问题才能有更大的
发展。一方面，中国特色社会主义的发展解决了多方面短缺的问题，从国
家到民生，都是在党的领导下进行的；另一方面中国特色社会主义的发展
走向更大的发展格局，在解决好眼前问题的基础上，更加注重"质"。只
有解决了人民最关心的问题，人民的生活水平才会提高，才实现共同富裕。

4. 民族维度的新时代内涵

从新时代的民族性看，这个时代是全体中华儿女勠力同心去实现中华
民族伟大复兴中国梦的新时代。鸦片战争后，中国陷入了半殖民地半封建
的黑暗时代，实现中华民族的伟大复兴，需要不断开拓、不断创新、积极进取，
改变人民的命运，在探索的过程中诞生了中国共产党。在中国共产党的正
确领导下，努力奋进，把握新时代的新时机，奠定了政治发展的根本基础，
迎来了质的变化，成为中华民族新时期的中坚力量。在中国共产党的带领下，
中国人民彻底推翻帝国主义、封建主义和官僚资本主义三座大山，完成了
新民主主义革命，建立了新中国，结束了中国几千年的封建社会，向自由
平等的新时期转变。中国共产党领导人民进行了伟大革命，确立了社会主
义基本制度，为中国的繁荣发展打奠定根本政治前提和制度的基础，使中

---

① 习近平. 决胜全面建成小康社会 夺取新时代中国特色社会主义伟大胜利——在中国共产党第
　十九次全国代表大会上的报告 [N]. 人民日报，2017-10-28.
② 习近平. 决胜全面建成小康社会 夺取新时代中国特色社会主义伟大胜利——在中国共产党第
　十九次全国代表大会上的报告 [N]. 人民日报，2017-10-28.

华民族成功实现从站起来、富起来到强起来的质的飞跃，使中华民族伟大复兴迎来光明前景。

5. 世界维度的新时代内涵

从新时代的世界性看，这个时代是我国日益走近世界舞台中央、不断为人类做出更大贡献的新时代。党的十八大以来，中国的经济实力迅猛提升，总体稳居世界第二，对世界经济的发展起到至关重要的作用，成为推动世界经济的重要力量。习近平提出人类命运共同体及"一带一路"的倡议，推动诸多方面的发展，受到各国的重视与大力支持，中国已经成为推动、维护世界和平发展的引领者。中华文化的影响力日益增强，为中国特色社会主义事业的发展指明了方向，提供了选择，贡献了力量。中国特色社会主义拓展了发展中国家走向现代化的途径，给世界上那些既希望加快发展又希望保持自身独立性的国家和民族提供了全新选择，为解决人类问题贡献了中国智慧和中国方案。

简而言之，新时代就是中华民族实现强起来的时代，是中国特色社会主义发展的战略安排。在新时代背景下，研究大学生思想政治教育途径和方法的创新策略，并逐渐按照新方法对大学生进行思想政治教育任重而道远。

（二）协同育人机制

"协同"是被广泛应用于社会生活中的词汇，泛指相互合作和共同作用以完成某一目标的过程或能力，这种过程就是协调各个方面，使其作用于主体、并服务于主体的能力，主要目的是要产生一种"1+1>2"的效果。

1. 协同的含义

目前对于"协同"的定义并未达成统一，国外不同学者在不同领域的定义也不同。他们从"协同"的产生、表现形式及"协同"的效应等不同方面界定了"协同"的概念。

在已有的研究成果的基础上，笔者认为："协同"的含义可以总结为在某种追求系统整体最优为目标的模式支配下，系统内各个主体发挥自身优势，通过非线性的相互作用，有机结合，使系统朝着有序且稳定的方向发展，通过自组织功能最终实现协同，产生协同效应，各个部门和各个子系统的行为效果超过了其自身单独作用的效果总和，即"1+1>2"，在宏观上形成新的有序状态。

2. 协同的主要作用

"协同"思想的起源很早，而真正形成系统的协同理论是 20 世纪 70 年代的物理学家赫尔曼·哈肯（Hermann Haken）创立的协同学（synergetics）。协同理论的研究重点是在一个远离平衡态的开放系统如何通过这个系统内部的协同，自发地形成有序结构，并能够与外界进行物质和能量的交换。1977 年《协同学导论》和 1983 年《高等协同学》的出版系统地论述了协同理论。哈肯在《协同学 —— 自然成功的奥秘》中定义为："协同学是一门在普遍规律支配下的有序的、自组织的集体行为的科学。"[1]

"哈肯从各种复杂开放系统入手，研究它们从旧结构转变为新结构的相似性，找寻它们从无序转变为有序的规律和机理，进而得出系统内部大量子系统的协同效应是形成系统整体性的重要因素。"[2] 作为复杂系统论的重要分支之一，协同论已经有了广泛的应用，具有普遍适用性。

（1）协同效应

协同效应是指在开放且复杂的系统内，内部各构成要素相互协同作用而产生的整体效应结果。无论是自然系统还是社会系统中，只要存在与系统外部环境产生资源和信息能量的交换过程，或内部的子系统在不断地累积过程中达到某个临界点时，这个系统的各子系统之间就会产生协同作用。这种作用可以让系统在达到临界点时发生质变进而产生协同效应，而这种效应可以让无序的系统变为有序的系统，最终产生一种具有稳定结构的系统，并使得各个子系统和系统内各个子部门的行为效果超过了其自身单独作用的效果总和，用公式表示就是"1+1>2"。

（2）伺服原理

伺服原理主要描述了系统内不稳定和稳定的因素间在相互作用过程中，系统内快变量服从慢变量，形成系统自组织的过程，在稳定与不稳定的临界区，只有序参量，也就是少数几个集体变量会支配子系统其他变量的行为，

① ［德］赫尔曼·哈肯. 协同学——大自然构成的奥秘 [M]. 凌复华，译. 上海：上海译文出版社，2013：9.

② 李超逸. 系统视域下大学生思想政治教育诸要素协同模式研究 [D]. 山西农业大学，2013：6.

使系统达到有序状态。

（3）自组织原理

自组织是指一个系统在无外部指令的情况下，系统内部各子系统发挥其内在性和自主性，按照某种规则，依靠各子系统之间的相互协作，形成一定的结构或功能。而系统发生自组织行为最重要的条件之一就是系统的非线性作用，简单来说，非线性作用就是系统内部的子系统和系统内的各个子部门之间相互联系，各个系统中任何微小的变化都会导致系统产生巨大的变化，这种协同作用使得系统能够自行演化发展，最终实现功能或结构上的有序。

3. 协同育人的含义

关于协同育人，学界虽然已经做了一定的研究，但其概念还没有一个统一的界定。有学者将协同育人定义为"各个育人主体以人才培养和使用为目的，在系统内共享资源、积蓄能量的有效互动"[1]，也有学者将其定义为："协同育人模式是指两个或两个以上的办学主体通过相互合作、互相配合，发挥各方优势，共同制定培养方案，充分利用各方教学资源，提高学生实践创新能力，培养能适应和满足经济社会发展需要的高级专门人才的一种人才培养模式。"[2]

本书中的协同育人是指高校内部基于社会需要，在思想政治教育系统内坚持相互协作与资源共享，协力为社会发展培养全面人才的实效互动过程。

4. 协同育人机制的含义

机制是指社会这个系统内各系统构成要素之间相互运行的过程及原理。换言之，是指"系统各构成要素在遵循一定机理的基础上相互作用所形成的比较稳定的关系及其运行过程和方式"[3]，机制不是静止的，而是按照既定规律运行的动态过程。在已有研究成果的基础上，笔者对协同育人机制的内涵做出界定：协同育人机制是指教育实践过程中的各子系统，各构成要素在遵循协同育人原则的基础上，为了共同的育人目标的实现而形成的相互协作的稳定的关系及其内在的运行过程和方式。

---

① 徐平利. 试论高职教育"协同育人"的价值理念 [J]. 职教论坛，2013（01）：21.

② 蔡志奇. 应用型本科协同育人模式多样化刍议 [J]. 教学研究，2014（04）：5.

③ 胡新峰. 大学生思想政治教育机制研究 [D]. 东北师范大学，2014：10.

二、协同育人与高校思想政治教育的关系

（一）大学生思想政治教育及其价值

1. 思想政治教育

"思想政治教育"这一概念基于视角的不同有不同的界定。从本质上来看，思想政治教育是一种兼具政治目的性、手段多样性和超越性的实践活动；功能上来看，思想政治教育具有意识形态功能和非意识形态功能，即政治性与科学性的统一；从表现形式和特点上来看，思想政治教育除了意识形态特性以外，还表现出渗透性、主体性、与时俱进性，以及主体各要素的内在联系性特点。此外，还有些学者将其归纳为施加论、内化论及需要论。

基于此，笔者认同以下定义："思想政治教育是指社会或社会群体用一定的思想观念、政治观点、道德规范，对其成员施加有目的、有计划、有组织的影响，并促使其自主地接受这种影响，从而形成符合一定社会一定阶级所需要的思想品德的社会实践活动。"[①] 换言之，思想政治教育是将马克思主义观点与中国实际相结合，教育者将正确的政治观点、思想观念、道德规范传授于受教育者，为社会培养出符合新时代预期的人才而进行的教育活动。思想政治教育是有效社会活动的重要组成部分，是社会健康发展不可或缺的有机内容。

2. 大学生思想政治教育

大学生思想政治教育是高校教育工作者运用科学的理论，通过向大学生施加有目的、有计划、有组织的影响，促使他们自觉地接受这种影响，进而帮助大学生树立起共产主义的崇高信念、中国特色社会主义的共同理想和社会主义核心价值观的一种实践活动，其核心是政治教育。大学生思想政治教育是思想政治教育的一个分支，是以马克思主义理论为指导，并随着社会进步不断丰富完善的；是以大学生为特定的教育对象，运用强大的理论体系来武装大学生的思想和指导他们行为的过程。这就意味着大学生的思想政治教育不但具备思想政治教育应当具备的典型特征，还包含一

---

① 陈万柏，张耀灿. 思想政治教育学原理 [M]. 北京：高等教育出版社，2015：4.

些个性化特征：对于大学生而言，其个体不仅拥有较为复杂的思想情感，还会伴随着客观环境的改变而不断发生变化。而客观环境自身的变化也存在着一定的规律性，并被我们所认识和掌握，无论这种变化源于社会、政治方面，或者是经济、客观环境方面，这也就意味着大学生的思想活动必然有规律可循，能够通过一定的方法，实现对其认知和掌握。因此，大学生思想政治教育本身也具备典型的规律性特征，必须充分把握其思想发展变化这一客观规律。

3. 思想政治教育价值

"价值"是人类社会生活普遍存在的一种现象。中国古代的义利之争或理欲之争，西方关于善与恶、正义与非正义、美与丑的关注，都显示出对具体事物"好"或"不好"的价值认识。受历史条件的限制，过去人们对价值问题的理解没有由个别上升为特殊，价值判断与事实判断在他们那里是同一个东西。随着西方近代自然科学大发展以来，一些哲学家开始从一般价值上探讨价值问题。西方逐渐形成了价值学这一研究价值和价值理论的哲学分支，但是从"总体上看，在他们对问题的理解和处理上，唯心主义和机械论的倾向是其主导的方面"[1]。比如，新托马斯主义价值学把价值归结为神、上帝，理解为一种客观精神。真正揭示了一般价值本质的是马克思主义。马克思主义价值理论认为，价值现象普遍存在于社会生活领域，是一个历史的概念，并通过不同主体的不同实践方式表现出来。价值绝非客观事物本身或者客观事物所具有的某种属性，它不是一个实体范畴，而是主体与客体之间的一种关系范畴。马克思本人在人类生产生活的意义上就曾强调："'价值'这个普遍的概念是从人们对待满足他们需要的外界物的关系中产生的"[2]。他还指出："人在把成为满足他的需要的资料的外界物……进行估价，赋予它们以价值或使它们具有'价值'属性……"[3]可见，"价值"正是主体与客体产生了一定联系、形成了一定关系时，因客

---

① 马俊峰. 马克思主义价值理论研究 [M]. 北京：北京师范大学出版社，2012：11.

② 中共中央马克思恩格斯列宁斯大林著作编译局编译. 马克思恩格斯全集（第19卷）[M]. 北京：人民出版社，1963：406.

③ 中共中央马克思恩格斯列宁斯大林著作编译局编译. 马克思恩格斯全集（第19卷）[M]. 北京：人民出版社，1963：409.

体的属性满足了相应主体的需要而实现的。因此，我们要充分地认识到"价值"是实践性与历史性、主体性与客观性、多样性和特殊性的辩证统一。

"思想政治教育是一定的阶级、社会、组织、群众与其成员，通过多种方式开展思想、情感的交流互动，引导其成员吸纳、认同一定社会的思想观念、政治观点、道德规范，促进其成员知、情、意、信、行均衡协调发展和思想品德自主建构的社会实践活动。"[①]自阶级产生以来，作为一项重要的社会实践活动，思想政治教育在不同历史时期及其不同的发展阶段上，为维护一定的阶级、社会、组织、群众及其成员的利益，都形成了相应的地位和作用，具有不同程度的价值。那么，如何理解它的价值？当前，学界对其价值的定义大体呈现出两种重要的分析角度。一是借鉴价值哲学理论和立足思想政治教育事实，在人与社会双重价值主体建构上，将其理解为一种肯定的意义关系[②]；二是把思想政治教育价值理解为一种效益关系，并认为思想政治教育价值主客体之间的效益关系有四类，即高效益关系、一般效益关系、低效益关系和无效益关系[③]。实际上，无论哪种表述都阐明了思想政治教育的价值是一个关系范畴，特别强调了我国思想政治教育在促进人的全面发展和社会全面进步上的一致性，只是对于不同价值主体具有不同的特殊表现形式。在借鉴已有研究的基础上，笔者认为，所谓思想政治教育价值是指，思想政治教育在教育活动中以自身的属性满足主体发展需要的效益关系。理解这一内涵，可以从以下三个方面来把握。

（1）思想政治教育价值的主体是人和社会

思想政治教育的价值，是在满足一定社会及其成员需要的基础上产生的。在阶级社会中，思想政治教育归根到底是为统治阶级的根本利益服务的，统治阶级总是用占统治地位的思想来影响该社会的群体与成员。一个社会内部所包含的不同阶级、集团和个人的社会总体，就是思想政治教育价值主体的活动和存在形式。概括起来，我们又可以把思想政治教育价值主体归纳为两种：社会价值主体与个体价值主体。第一，思想政治教育价

① 张耀灿. 对"思想政治教育原理"的重新审视 [J]. 学校党建与思想教育，2011（28）：12-13.

② 项久雨. 思想政治教育价值论 [M]. 北京：中国社会科学出版社，2003：32.

③ 王丽. 思想政治教育价值结构研究 [M]. 北京：中央编译出版社，2019：148-189.

值概念中的主体既可以是处于一定历史条件下的社会主体，也可以是单个社会成员。在这个意义上，价值主体由于自身所处的现实状态及需要的发生根源不同，因而对思想政治教育提出的价值诉求势必不同。所以，我们必须要"具体价值主体具体分析"，客观分析相应价值主体的利益与需要、目标与能力、权利与义务。第二，作为价值主体的人和社会既密切联系，又严格区别。社会价值主体对思想政治教育提出的发展需要不但体现在经济、政治、文化、生态等方面，还包含着对其社会成员的思想政治素质提出一定的要求。而当个体作为价值主体时，其不仅具有作为自然个体的需要，尤为重要的是还存在着作为社会个体的需要，每个社会成员对思想政治教育提出的生存、发展和享受需要都是不尽相同的，因此思想政治教育对于不同的人具有不同的价值。

（2）思想政治教育价值的客体是思想政治教育实践活动

思想政治教育价值概念中的客体是作为一种教育活动的思想政治教育，其本质属性有怎样的规定，就会怎样地影响着自身价值的发挥。第一，意识形态性是思想政治教育的本质属性，这就意味着现存的资产阶级与代表人类未来前景的无产阶级的思想政治教育有着根本区别。与前者代表剥削阶级、少数人利益的意识形态所不同的是，无产阶级思想政治教育是为绝大多数人服务的，由此产生的价值是符合人的全面发展和社会全面进步的。第二，思想政治教育的实践性决定了自身的价值发生、价值创造、价值发展、价值评价等一系列价值周期运动的鲜活底色。教育实践活动是思想政治教育价值之所以客观存在的来源、基础和目的。只有在教育实践活动中，才可能使一定的价值主体实际再现出作为复杂脑力劳动的思想政治教育之于自身的效益程度和大小，进而创造、展现、评价、再创造、再展现、再评价思想政治教育的价值，最终认定其价值是否满足自身的需要及是否符合价值目标。第三，社会性决定了思想政治教育总是在一定的社会关系和社会条件下实现自身的价值，总是要适应一定社会的要求来培养满足社会所需要的成员。由于社会分工形成了不同的社会职业，因而对不同人群开展思想政治教育，势必会产生不同类型的价值。比如，从社会群体来看，有之于工人的价值、之于干部的价值、之于大学生的价值等；从个体来看，具有之于个体工人的价值、之于个体农民的价值、之于个体大学生的价值；

等等。总之，思想政治教育实践活动的开展，需要覆盖不同类型的个体与群体，才能较好地使自身的价值最大化、最优化。

（3）思想政治教育价值的实质是产生价值客体的属性满足价值主体需要的效益关系

如何研判思想政治教育价值的实质？一是要明确价值主体的需要是什么，二是要看价值客体的属性是否发挥，三是要判定前两个方面是否契合，它们构成的效益关系是否形成。首先，作为价值客体的思想政治教育实践活动，其教育目标、内容和方法等的制定与实施往往取决于自身的本质属性，价值主客体效益关系的形成尤其需要思想政治教育本质属性的规定和制约。其次，一定价值主体的需要得到了思想政治教育本质属性的规定和制约之后，自然会在实践中得到不同程度的满足，产生相应的价值。比如，当思想政治教育与个人联结为一定的满足与被满足的效益关系时，就产生了个体价值。最后，把握思想政治教育价值实质的关键在于确定"效益关系"。"效益关系"表明了思想政治教育的价值主客体关系状态"是一个以主体尺度为尺度的概念……在效益中，主体的需要和目的不再是'应该'的和'可能'的东西，而是'已经'的和'现实'的"[①]。也就是说，思想政治教育的价值在丰富多样的教育实践中，实现了由"潜"到"显"的质变转化，让相应价值主体明白了思想政治教育对自己的意义，并且由内而外地体现了思想政治教育的作用。同时，"效益关系"还客观呈现了价值的程度和大小。价值的产生和实现不仅要对相应的思想政治教育价值主体有益，也要符合思想政治教育的本质属性，进而其效益关系才可能呈现出高效益、正效益或积极效益等"好"的效益程度和大小；否则，就会是低效益、负效益或消极效益等"不好"的效益程度和大小。

总而言之，正确理解和把握思想政治教育价值的内涵，既要明确不同价值主体的不同需要，在个人与群体、个人与社会之间寻找契合点和平衡点；也要认真研判如何满足个人的特殊需要，形成稳定的效益关系；更要覆盖人们社会生活的方方面面，对不同实践对象积极开展相应的思想政治教育实践活动，推动思想政治教育价值的不断深化。唯有如此，思想政治教育

---

① 李德顺. 价值论——一种主体性的研究 [M]. 北京：中国人民大学出版社，2013：45.

才能通过较好地满足人的全面发展和社会的全面进步，有效地实现自身的价值。在这个意义上，研究大学生思想政治教育个体价值就是题中之义。

4. 大学生思想政治教育个体价值

所谓大学生思想政治教育，就是高等教育相关部门和高校教职员工按照一定社会的要求，遵循大学生的思想行为特征和成长发展规律，通过科学的教育、管理、服务等职能方式，培养大学生思想水平、政治觉悟、道德品质、文化素养的思想政治教育。根据前面的论述，笔者认为，所谓大学生思想政治教育个体价值，是指思想政治教育根据一定社会发展需要对大学生思想政治素质提出的要求，在教育活动中以自身的属性满足单个大学生发展需要的效益关系。

（1）大学生思想政治教育个体价值的主体是个体大学生

每个大学生的思想政治素质得到高校思想政治教育的引导、满足、提升和保持，就能够成为个体价值的主体。单个大学生构成个体价值的主体，可以从这几个方面来理解：第一，特指单个大学生。从一般意义上来看，作为现实的个人的大学生，构成个体价值的唯一主体。换句话说，个体价值的主体是在大学生思想政治教育一切教育实践活动中，需要得到满足的单个大学生。第二，每个大学生造就着大学生群体，这一群体也孕育着单个大学生。一个个大学生不是抽象、原子式的个体，而是社会群体的重要组成部分，即构成大学生群体的大学生个体。他们的需要既发端于个人学习生活的实际需要以及社会化需要，也源自大学生群体赋予自身的群际需要。第三，不同的大学生个体的思想政治素质发展需要不同。大学生个体这些需要的满足不是任意的，而是特指单个大学生以教育活动为基础和载体，得到大学生思想政治教育各构成要素及其相互作用关系直接或间接地影响而满足的需要。此外，值得注意的是，当大学生个体在进行自我教育时，大学生思想政治教育个体价值的主体具有二重性。单个大学生在思想意识上把自己一分为二，把自己既作为教育者又作为受教育者，这时他既是个体价值的主体，又是个体价值的客体。这并不矛盾，实际上这就是大学生思想政治教育实践活动的方式之一。只要大学生自己能够正确地进行自我教育，并且满足了自身的需要，产生了符合社会要求的思想和行为，就能以价值主体和价值客体的双重身份共同建构个体价值。

（2）大学生思想政治教育个体价值的客体是大学生思想政治教育实践活动

普遍来讲，由于大学生心智还不成熟，社会经验不足，自制力比较薄弱，因此，只有不断加强大学生思想政治教育，才能强化每个大学生的理性辨别能力，帮助其抵御不良信息的侵扰，提高未来社会存续和发展的能力。大学生思想政治教育正是在这一持续育人的过程中，使得大学生个体上述综合能力素质实现跃升，从而得以成为个体价值的客体，发挥出个体价值"供给侧"的重要作用。第一，从本质属性来看，大学生思想政治教育具有政治性、主导性、创造性和超越性等本质属性，它不仅承担着培养每个大学生形成社会所要求的思想政治素质，也以自身的属性与每个大学生成长成熟成才的需要相一致、相契合，"培养社会主义事业的合格建设者和可靠接班人是大学生思想政治教育对社会需要的回应，这与大学生自身成长成才的需要之间是一致的。"①第二，从育人功能来看，按照一定社会的要求，大学生思想政治教育在教育过程中引导、满足、提升和保持每个大学生的思想政治素质时，就在事实上转化成为大学生思想政治教育个体价值的"供给方"。第三，从育人过程来看，大学生思想政治教育总是在实践前后树立目标、制定方案、确定内容、选择方法和评估效果等。这些作为，就是为了让每位大学生有理想、有本领、有担当，进而使得国家有前途，民族有希望。相反，如果大学生思想政治教育消极怠慢、保守僵化、故步自封，那么它就不能构成个体价值的客体，就不能作为个体价值创造活动的供给方而存在。

（3）大学生思想政治教育个体价值的实质是产生大学生思想政治教育的属性以满足大学生个体需要的效益关系

能否形成效益关系，是判断大学生思想政治教育个体价值是否产生和实现的关键。大学生思想政治教育"在满足大学生个体成才需要的过程中，由于受各种正面、负面因素的影响，满足需要的程度就出现了三个层次：高价值、中等价值和低价值"②。高价值，即大学生个体的高需要得到强属性的大学生思想政治教育的满足，形成的效益关系稳定、持续、牢靠。中

---

① 张亚丹. 大学生思想政治教育价值论 [M]. 北京：人民出版社，2017：34.

② 王丽，罗洪铁. 大学生思想政治教育个体价值与相关概念的辨析 [J]. 思想教育研究，2016（07）：22.

等价值，即大学生思想政治教育的部分属性满足了大学生个体的部分需要，使得这一效益关系不充分、不平衡。而低价值，则是大学生思想政治教育具有的属性较少甚至没有充分满足大学生个体的需要，因而这样构成的效益关系容易波动、松散、中断。因此，在大学生思想政治教育过程中，要竭尽所能地覆盖大学生学习、生活和创业创新的方方面面，要因事而化、因时而进、因势而新地改善这一效益关系，否则不利于个体价值的持续生成、优化实现以及保持稳定。

不难发现，大学生思想政治教育个体价值既具有价值活动的一般共性，也具有自身的特殊性，它是以单个大学生为实践对象的思想政治教育价值活动。随着时代的不断发展，这一价值活动必然会呈现出不同的时代内容，产生出不同程度的效益关系。因此，为了促进和深化个体价值较好地保持高水平的效益关系，就必须回答现实的大学生个体身处的时代方位是什么，这个时代对大学生个体提出地要求是什么，大学生个体在这个时代的需要有什么，进而引起了其个体价值如何变化和发展？

（二）协同育人与高校思想政治教育的关系

思想政治教育价值诉求上应是培养全面发展的个体。协同育人则强调在符合人发展诉求的基础上，遵循协同育人原则，达成和谐共融的一种平衡状态。因此，协同育人是思想政治教育发展的必然要求，是正确树立思想政治品德的关键，是加强思想政治教育实效性的必要方式。

1. 协同育人是思想政治教育发展的必然要求

首先，协同育人立足思想政治教育整体。《关于进一步加强和改进新形势下高校宣传思想工作的意见》中提出的加强和改进新形势下高校宣传思想工作的基本原则是坚持齐抓共管、形成合力；主要任务是努力构建全员全过程全方位育人格局，形成教书育人、实践育人、科研育人、管理育人、服务育人长效机制[①]。协同发展的理念是让整个思想政治教育系统在充分发挥自身优势的基础上加强各子系统要素的联系。当前协同育人发展环境仍有其改进的空间，思想政治教育各主体之间没有形成十分有效的整体合力，

---

① 中共中央办公厅、国务院办公厅印发《关于进一步加强和改进新形势下高校宣传思想工作的意见》_中国政府网 [EB/OL]. http//www.gov.cn/xin wen/2015-01/19/content_2806397.htm.

这种合力不是简单机械的相互合作。在协同发展理论中，主体在共同的理念中及制度框架内实现对结构内的资源整合，实现结构绩效的提高。①

其次，协同育人优化思想政治教育过程。思想政治理论课（以下简称思政课）教学是目前接受思想政治理论教育的主渠道，但如果想让大学生接受系统的思想政治理论单纯依靠思政课程是远远不够的。马克思主义指出，世界是一个普遍联系的有机整体，所以不仅是在思政课中可以讲授思想政治理论，在其他学科中也可以反映思想政治理论。虽然现在的高校都是按照大学生所选专业对其进行专业教育，但由于思想政治教育这门学科的特殊性，使其可以融入其他学科的教学环节中，以一种隐性的教育方式加长思想政治教育时间，扩大思想政治教学的队伍，提高思想政治教学的辅助资源，实现教学资源的合理优化配置，开创相互作用的协同育人机制体系。

2. 协同育人是思想政治品德正确树立的关键

首先，协同育人坚持以学生为本的教育理念。"人的本质不是单个人所具有的抽象物，在其现实性上，它是一切社会关系的总和。"②可见，人的社会本质属性既包含了物质属性又包含了精神属性，道德教育就是要培养人的丰富的社会属性，形成正确的文化观、历史观和国家观，成为社会主义合格建设者，而这与协同育人理念不谋而合。大学生群体的思想道德水平对其是否能成为国家发展的后备力量，社会主义事业的接班人有着深远的影响。随着经济的发展，高校培育学生的重点转移到提升学生的知识文化水平，对其正确树立思想政治品德则被相对弱化，而要给一个人树立一种牢固的思想观念是需要很长时间的。协同育人理念更加注重在高校思想政治教育过程中协同整个系统内的各主体对于高校大学生的影响，考虑到这个群体对于思想政治教育的接受与认可程度，并帮助学生形成"内驱力"，认可并接受思想政治教育。

其次，协同育人坚持全员育人、全过程育人、全方位育人的育人模式。

① 刘俊峰. 构建大学生思想政治教育整体协同机制探究 [J]. 学校党建与思想教育，2015（01）：45-46.

② 中共中央马克思恩格斯列宁斯大林著作编译局编译. 马克思恩格斯全集（第1卷）[M]. 北京：人民出版社，1972：18.

社会、学校和家庭等多方面因素都对大学生思想道德水平的提高有影响。"单一的学校教育无法塑造出社会需要的完整的人，脱离社会的教育无异于空中楼阁，是虚幻而不现实的。"[①]现如今的教育过程中，教育主体间联系性不够紧密，学校的教育与家庭的教育相脱节，各思想政治教育部门相脱节，思政课教学与学生思想相脱节等。通过协同育人整合教育资源，形成教育整体合力，使思想政治教学能够渗透到各个育人环节中，提升整体教育水平，构建全员育人、全过程育人、全方位育人的教育模式，使大学生能够树立正确的思想政治品德。

3. 协同育人是加强思想政治教育实效性的必要方式

"思想政治教育的实效性，主要指方法的可操作性，在实践中的可行性，产生良好结果的可靠性。"[②]思想政治教育实效性的提升需要高校内外部各育人主体相互协同。

首先，协同育人体现思想政治教育系统的整体协同性。协同育人的重点就是系统内的教育主体、客体、载体和环境等要素，使这些要素之间互通有无，有机衔接，从而实现"1+1>2"的育人效果。教育主体作为高校思想政治教育系统内的第一要素，包括党政部门、管理部门、教学部门和后勤服务部门及思政课与非思政课教师、校内管理与服务人员等，主导整个系统；教育客体是大学生这个受教育者，其能否主观能动地接收教育信息并及时反馈，决定整个教育过程的实效性；教育载体包括思想政治教育内容、教学方法和目的，是教育主客体间的连接桥梁；教育环境是除教育外，潜移默化影响受教育者一切外因的总和，而高校思想政治教育水平也由这四个系统要素是否高效协同所决定。协同育人理念旨在提升大学生的整体能力，充分开发与利用学校内外部的优质教育资源，通过良好的互动与交流，高校思想政治教育的实效性得以提升。

其次，协同育人充分利用教育载体构建全方位的育人模式。作为一个开放的系统，系统内的主客体处在不断变化的社会环境中，如何适应新形势下社会赋予思想政治教育的新要求，是提升思想政治教育实效性的关键。协同育人充分利用各种教学手段，建立全方位、全过程育人模式，灵活运

① 张传宇. 试论高校思想政治教育的合力机制 [D]. 上海：复旦大学，2010：34.

② 张耀灿，徐志远. 现代思想政治教育学科论 [M]. 武汉：湖北人民出版社，2003：135.

用多样的教育载体，如思政课、心理辅导、思想政治宣传会议、网络媒体、学生社团等，充分考虑大学生个体的差异性，因势利导，隐性地拓宽教育资源，使高校思想政治教育工作有效开展。

三、新时代高校协同育人机制构建的体系系统

高校协同育人机制构建需对构建系统的内部要素做进一步探索。高校协同育人机制构建的原则是整个工作过程中必须遵循的准则，高校协同育人机制的特征是系统内外部产生协同效应的结构基础，而高校协同育人机制的模式和机理则为进一步分析高校协同育人工作系统如何运作提供了重要依据。

（一）新时代高校协同育人机制构建的原则

1. 方向性原则

要建立协同育人的机制，实现思想政治教育系统协同发展，必须坚持方向性原则。高校思想政治教育是为社会主义现代化建设服务的，因此，协同育人的方向性原则表现为对大学生进行马克思主义信仰、社会主义和共产主义理想信念的教育，"目的是使思想政治教育为人民服务，为中国共产党治国理政服务，为巩固和发展中国特色社会主义制度服务，为改革开放和社会主义现代化建设服务，为实现全面建成小康社会服务，为实现中华民族伟大复兴的中国梦服务"[①]。这不仅关系到大学生自身的健康成长，而且关系到整个国家和民族的兴衰沉浮，因此，坚持方向性原则是协同育人机制建设的首要原则。

2. 系统性原则

系统性原则亦称整体性原则。要求从宏观上把握，将协同育人看成是由若干要素组成的有机整体，包括教育者队伍、受教育的学生及教育的各种介质，这些要素都不是孤立存在的，而是有其相关性的。每一个要素都有其自身不同的特点和功能，任何一个要素出现不和谐都必将对协同育人整体效果产生重大的影响，进而影响教育目标的实现。也就是说"高校的思想政治教育活动必须从整体的角度统筹规划、全面协调。这意味着不仅

---

① 杨光. 高校思想政治教育以文化人研究 [D]. 长春：东北师范大学，2018：7.

要关注系统内部各子系统、各要素在协同过程中的作用，更要着重把握大学生思想政治教育过程中的各个子系统及构成要素之间的关系，使大学生思想政治教育系统的整体结构有序、功能良好；使大学生协同过程中各环节协调一致、配合顺畅，发挥协同作用，产生协同效应"[1]。

3. 制度性原则

制度性原则是重要保障，是为达到协同育人的预设目标，提高协同育人实效，所应遵循的原则。制度性原则可以统一高校思想政治教育的权利、义务，具有规范、强制和稳定的作用。换句话说，让制度在不断完善中得以良好循环，使高校思想政治教育工作相关部门与人员可以有章可循，可以按照规章制度办事。坚持制度性原则的关键是要建立长效教育机制，使机制能够发挥长效作用就必须随着客观条件的变化而使机制作出相应的调整，实现系统的自我优化，进而推动形成新的有序的稳定的结构，最后使协同育人活动具有科学性和可持续性，实现整个系统的自组织行为。

（二）新时代高校协同育人机制的特征

1. 组织性特征

"自然界和人类社会中的任何系统都可以通过其内部子系统之间的相互作用与协作，形成具有一定功能的自组织系统。"[2]高校思想政治教育系统作为社会系统的子系统，一个向着思想政治教育总体目标运动的演进系统，它是开放的、非平衡的、非线性的系统，其本质上是自组织的。在与外部环境沟通交流中，高校协同育人系统融合互动，生成序参量，进而推动整个系统的运动发展。组织性特征又可以分为自组织性特征和他组织性特征，其中自组织特征主要体现在协同育人工作系统在不受外部指令干扰的情况下，按照相互默契的某种规则，各尽其责又协调地完成工作。然而，在强调高校协同育人系统的自组织性的同时，也不能忽视他组织性特征在高校协同育人中的作用，他组织性特征也在某种程度上影响了系统的变化。例如，由于现在高校毕业生面临的就业压力越来越大，思想政治教育工作

---

[1] 崔江婉. 协同理论视域下大学生思想政治教育研究 [D]. 西安：西安建筑科技大学，2017：15-16.

[2] 张丽娜. 行业特色型高校协同创新的机制研究 [D]. 北京：中国矿业大学，2013：15.

者需要在就业方面对大学生进行教育，相关部门也出台了具体意见和实施措施，引导学生正确、理性地看待就业形势，合理调整就业预期，形成合乎实际的就业观念，不断提高大学生的就业和创业的能力。由此可见，高校协同育人系统正是通过其内部系统与外部社会教育系统之间的相互作用，增强了高校协同育人机制稳定性和活力。

2. 秩序性特征

协同学理论指出，系统是在无序与有序中转换的。这就需要在系统中寻找一个或多个序参量来控制整个系统，使其成为可以主导系统秩序化的因素。哈肯定义序参量为"使一切事物有条不紊地组织起来的无形之手，序参量由单个部分协作而产生，反过来，序参量又支配各部分行为"[①]。因此，在高校育人工作过程中，不仅要重视整体，同时还要关注对整个系统的发展起至关重要作用的要素，把它作为整个系统的序参量。可以把教育目标作为高校协同育人系统的序参量，例如，在思政课教学中，可以把教师和学生作为序参量，在思想政治教育过程中能够产生有效互动，提升整体效果。因此，秩序性为高校协同育人机制提供了发展的动力，系统也在有序和无序间的转换中不断完善。

3. 关联性特征

关联性是秩序性的前提，是组织性的保障。高校协同育人工作既包括受教育者，也包括教育者团队，以及教育的内容、方法、环境、资源等各种介质，这些要素之间既相互独立又相互关联，也和高校协同育人整个系统之间存在相互作用关系。根据协同学理论，社会中所有系统内的各子系统之间都是有机衔接并相互作用的，正是这些关联性使系统的结构和功能得以优化。关联性包括内部关联、外部关联和系统关联。所谓内部关联与外部关联就是存在于高校思想政治教育系统内各构成要素之间的，存在于各要素与周围环境之间的关联性，这种关联性使得高校协同育人的结构独特又稳定。教育者与受教育者的关联是内部的关联，这种主客体的关联、主体间的关联更多地体现出了一种协同关联。总结教育实践的过程，思想政治教育的教育者与受教育者不再只是教育的发动者和教育的接受者，就

---

① [德]赫尔曼·哈肯. 协同学——大自然构成的奥秘[M]. 凌复华，译. 上海：上海译文出版社，2013：9.

思想政治教育内在协同关联性特征而言，教育者与受教者的地位相应地发生了变化，这一地位从单一的主体间关联转换成了一种内部的协同关联。而教育者、教育介质、受教育者也形成了一种外部的协同关联。因此，为形成较为完善的思想政治教育结构需要重视内部关联性与外部关联性的结合。

高校协同育人系统是一个整体，是一个全员、全过程、全方位的育人系统，高校的教师与其他员工都肩负着育人使命。这个系统中的各子系统都有其完整性和独立性，为了达到教书育人的目的就必须强调系统间的关联性。关联性为高校协同育人机制奠定了基础，使系统得以有机整合。

（三）新时代高校协同育人机制构建的模式

1. 高校协同育人机制构建的内容

加强高校协同育人研究，是贯彻落实全国高校思想政治会议精神和中共中央、国务院《关于加强和改进新形势下高校思想政治工作的意见》的要求。从学术界现有研究来看，对高校协同育人机制建设的相关研究尚且较少，且缺少具体的实施路径。在关于高校思想政治教育机制分类的研究方面，根据思想政治教育学的内化与外化这对重要范畴，张耀灿将高校思想政治教育机制划分为内化机制、外化机制[1]；陈秉公将机制根据思想政治教育机制作用的方式将划分为激励机制、沟通机制、整合机制、调节机制、管理机制[2]；万美容则根据思想政治教育目标实现的不同作用方式将机制划分为"启动机制、调控机制、评估机制、保障机制[3]。

本书以科学构建高校协同育人机制为目标，针对如何解决思想政治工作在哪方面协同、为什么协同、怎样协同和如何长期保持协同等问题提出了自己的观点。在前人研究的基础上，笔者认为，协同育人机制由形成机制、驱动机制、运行机制和保障机制构成。其中，形成机制是协同育人的基础，驱动机制具有先导性、关键性作用，运行机制处于核心、目标地位，保障机制是有效、充分运转的根本保证。

---

[1] 张耀灿，徐志远. 现代思想政治教育学科论 [M]. 武汉：湖北人民出版社，2003：125.

[2] 陈秉公. 思想政治教育学基础理论研究 [M]. 长春，吉林大学出版社. 2007：257.

[3] 万美容. 论思想政治工作运行机制的构建 [J]. 探索，2000（04）：66-68.

2. 高校协同育人机制建设的模式

（1）教育目标协同模式

教育目标作为高校协同育人系统中的一个重要子系统，自成系统，标准不同，分类也不相同：可以依据重要程度划分为主要目标和次要目标；可以依据实现时间划分为长期、中期与短期目标；可以按照目标所针对的对象划分为群体目标和个体目标。除此之外，还有很多不同的标准，但整体却是相互影响并联系的系统。因此，必须加强教育目标子系统内部各个子目标的协同，在符合思想政治教育的一般规律下每一具体目标的设定都要在注重学生能力基础上与总目标方向一致。并且，在高校总目标的作用下，思想政治教育与哲学、心理学等其他学科都有着密切的联系，因此要使高校思想政治教育目标与其他学科的教育目标进行协同。

在诸多机制形成的过程中，建立健全有效的制度，使各部门及其部门成员在职责不同的基础上，利用不同资源与方法形成合力，建立有效目标协同模式。在队伍选拔上要严格把关，公平、公开的选拔德才兼备的教师和干部；加强对思想政治教育工作者的培训，建立分层次、多形式的培训体系，不断提升其思想政治理论水平和业务素质；完善评奖评优奖励制度，增强整个思想政治教育队伍的主动性与积极性。还应完善投入保障制度，应对开展思想政治教育理论研究、社会实践、校园文化建设、毕业生指导等都给予相应的资金保障，确保各项工作顺利展开。

（2）教育组织协同模式

高校协同育人工作运行的"龙头"是高校领导管理运行机制，对协同育人工作能否落实产生直接影响。目前，高校管理部门主要分为党委和行政，党委主抓思想政治教育、行政主抓业务是高校的一贯做法，这种做法看起来把思想政治教育工作的地位提升到一定的高度，实际上却使思想政治教育工作流于形式，影响了实效性，进而影响了人才培养的质量。从提高协同育人效果出发，教育组织协同模式就是要优化领导责任机制。高校可成立思想政治教育工作领导小组，党政一把手任组长、副组长，主要负责领导和监督思想政治教育工作；马克思主义学院与各级党委、团委、各学院组成协同工作机制，定期对学生思想政治教育工作进行目标制订、专题研讨等，确保思想政治教育工作得到有效落实。

3. 教育环境协同模式

（1）校园育人环境系统的协同

校园文化建设是高校思想政治教育的重要途径和有效载体，其根本宗旨是优化育人环境，其建设过程就是育人的过程。通过校园文化建设，可以把德智体美育有机协同，促进大学生群体全面发展。首先，学校思想政治教育工作领导小组应从总体对校园文化进行规划，建设兼具思想性与娱乐性、开拓性与继承性的校园文化。其次，正确处理学术性与功利性的关系，加强校风、教风和学风建设。最后，充分利用学术活动、科技活动、体育娱乐活动等实践活动载体，在大学生的学习生活中融入思想政治教育。

（2）网络育人环境系统的协同

网络的快速发展使其成为大学生获取学习知识和信息咨询的重要渠道，是高校思想政治教育工作的新载体。网络丰富的信息资源极大地满足了大学生学习、生活和娱乐的需求，使其增加了接受多种教育的机会，最大程度地得到了信息资源共享。因此，学校应建设新媒体平台，兼具思想性、知识性、趣味性及服务性，用以传播先进思想，更好、更全面地为大学生服务。

（3）学校育人环境与家庭系统、社会系统的协同

育人机制建设是一项系统工程，需要学校、家庭、社会三者协同互动，形成全方位育人合力。首先要建立学校与家长之间的联系沟通机制。高校育人需要家庭的参与，要让家长成为大学生身边的支持者和激励者，形成学校和家庭协同育人机制，既分工明确，又协调同步，增强育人影响力。其次要搭建"社会需要、学科优势、人才培养"三位一体、有机结合的社会实践平台。根据国家培养需要及社会发展需要，让大学生在实践中激发创新精神，增强创业能力，夯实职业能力和素养，增强社会责任感和时代使命感。

4. 高校协同育人机制建设的机理

（1）内部协同和外部协同

内部协同是对高校协同育人系统组织性、秩序性、关联性的重要支持，也是高校协同育人的动力源泉。高校思想政治教育机制内部有着错综复杂又紧密联系的关系，其中部门协同、制度协同和人际协同是内部重要的协

同关系。高校思想政治教育工作的顺利展开需要将一系列错综复杂的非线性关系协调一致。处理好如下协同关系有利于协同工作的顺利展开：其一，协调好校级与院级的关系，旨在将目标和实践相结合。其二，协调好各学院内部不同班级和系之间的关系，促进信息流通，并获取及时反馈。其三，协调好专业教师与辅导员之间的关系，将教学任务和管理工作相结合。其四，协调好教师和各社团之间的关系，努力营造互动性的教学体制和学习氛围。另外，这种内部协同也具有顺序性和发展性，各种关系的变化直接或间接地影响实际协同效果。发挥协同系统内部各主体间的联系，提高其互动性有助于高校协同育人工作实效性的发挥。目前，许多高校开始重视全员育人，其中首先需要重视党委和团组织人员及核心工作人员的优势，并对全体教学人员和其他工作人员提出具体要求，要求重视和关心高校思想政治教育工作，不断形成教书育人、管理育人和服务育人的全方位高校协同育人格局。

外部协同是内部协同的"护盾"，保障内部协同的实现。高校思想政治教育受各种因素的影响，其系统运作需要综合考量各种外部推动因素，如社会的发展与主体的需求都会影响思想政治教育预期效果的实现。因此，高校协同育人需要做好学校与社会资源的优势互补。为推动高校协同育人工作的顺利进行，需要兼顾内部与外部两个方面，外部协同的各因素影响着整体协同效果。处理好家庭、社区、企业和社会各组织、各团体之间这些外部协同因素能够为高校协同育人工作保驾护航，因为作为主体的外部因素，在思想政治教育信息传递过程可能产生一些负面信息的反馈，这些负面信息会对其他层级的思想政治教育工作产生不良影响。

（2）纵向协同和横向协同

纵向协同主要体现在时间纵向协同和层级纵向协同两个方面，是高校思想政治教育工作协同育人工作的结构支撑。时间纵向协同就是要重点把握协同的连续性。序参量变化中的集体性行动和临界点的涨落都是时间纵向协同的体现。从幼儿园教育到大学教育的整个过程中，思想政治教育是分年龄层次地开展。高校思想政治教育是其中一环，在此阶段，大学生在心理上更加成熟，并且能够对事情做出自我判断和自我分析。他们的思想和行为不仅受外在环境的影响，同时也反作用于社会发展。纵向协同正是基于此，关注高校思想政治教育群体的心理成熟度和时代特点，完善大学生的社会化的同时，也在接受教育过程中不断提高他们的思想水平，以培养高素质人才为目标，为学生的全面发展奠定基础。

层级纵向协同则强调协同的顺序性。目前，高校思想政治教育体系是一种典型的层级教育管理体系，应重视协同合作。首先，要确保信息的及时、通畅传递，以免因层级的传递影响工作而出现错误；其次，要确保通力合作，以免造成被动执行、分散管理的后果；最后，更需要加强监督管理机制，防患于未然，确保思想政治教育工作的活力，避免官僚主义的出现。

横向协同主要体现在空间横向协同和机制横向协同两个方面，可以使协同育人工作的内容和方法不断扩展和创新。空间横向协同包括理论与实践育人空间及现实与虚拟空间的协同。通常来讲，思想政治教育活动需要理论指导，而理论的创新和检验也需要在具体的实践中获得反馈，两者相辅相成。我们需要先掌握正确理论知识，将其内化于心，外化于行，并在实践中不断升华，加以反思。同时，这一过程也不是一蹴而就的，需要不断反复，在反思中发展。

现实空间包括了校园环境和家庭环境等现实的育人空间，虚拟空间则是借助高科技手段实现跨越时间、空间限制的开放领域。思想政治教育利用新媒体平台开展工作已成为可能。一般而言，现实育人空间的信息数量低于网络育人空间但其信息质量却高于网络育人空间的差异性，使得这两种空间必须同时存在，不能相互替代，必须保证二者间的横向协同。

机制横向协同就是要建立扁平化的横向协同思想政治教育机制。综上所述，高校思想政治教育呈现出层级体系，要将协同育人体系的金字塔结构变为"倒T"结构，减少育人的层次，增加育人的幅度，建立直接的沟通，以保证实效。

四、新时代高校思想政治教育面临的机遇与挑战

（一）新时代高校思想政治教育面临的机遇

1. 全球化带来的机遇

在全球化进程中，资本、技术、人才等各类要素在全球范围内流动，推动了经济、政治、文化的深入交流。大学生以各种形式与途径参与全球化，

增加了对世界其他国家发展现状的直观认识，开阔了大学生的国际视野。国与国之间的经济、文化、科技交流与学习，使大学生有机会、有条件对比中西方的发展道路、理论、制度、文化，了解各自的发展优劣，有利于增强大学生对中国特色社会主义的道路自信、理论自信、制度自信、文化自信。

（1）全球化有利于增强中国特色社会主义道路自信

当前，中国经济总量跃居全球第二，综合国力大幅度提升，对比西方国家近年来经济发展与社会治理所面临的各种困境，反观中国经济快速发展所取得的成果，可以增强大学生对中国特色社会主义道路的自信。可以说，中国在过去几十年走出了一条不同于西方、却更加成功的现代化之路，并取得了巨大的成就。

这条道路的成功，开启了多元化发展道路的时代，是对人类社会发展规律的新探索，为全世界特别是广大发展中国家提供了一条可借鉴的发展道路。历史和实践雄辩地证明，西方现代化道路并非放之四海而皆准的"普世道路"，中国特色社会主义道路符合中国国情，指引中国人民走向繁荣富强，增进人民的福祉，为破解人类面临的共同难题提供了"中国方案"。无疑，中国的崛起使大学生更加坚信中国特色社会主义道路的正确性。

（2）全球化有利于增强中国特色社会主义理论自信

经济全球化使中西方的现代化理论能够放在一起充分比较，以发现孰优孰劣。大学生认识到自由主义、民主主义这些曾经作为探索中国发展道路的西方理论方案行不通，通过对近年来中国改革开放取得的成果研究，以及对比世界其他发展中国家发展的现状，认识到中国特色社会主义理论体系因为指导了中国人民实行改革开放，所以具有科学性、人民性和开放性，为当代中国指出正确的发展道路和方向，迎来了中华民族伟大复兴的光明前景。

特别是党的十九大以来，习近平站在时代发展和战略全局的高度，在改革发展稳定、内政外交国防、治党治国治军等方面发表了一系列重要讲话，形成了一系列治国理政的新理念新思想新战略，深刻回答了党和国家发展的重大理论和实践问题，为理论自信增添了新的底气，这些更加坚定了大学生对中国特色社会主义理论的自信。

（3）全球化有利于增强中国特色社会主义制度自信

中西方不同国家的交流，为大学生开展制度比较研究提供了机会。通过比较世界各国的社会制度，大学生可以认识到中国特色社会主义制度是历史的选择、人民的选择，是中国共产党领导中国革命、建设和改革的经验智慧结晶，是当代中国立足国情、继承传统、人民至上、包容互鉴、求同存异的最新成果。虽然西方的自由民主制度曾推动了历史的发展，但也存在很多弊端。

近些年，一些发展中国家照搬西方"自由民主制度"而纷纷失败，西方传统工业化道路导致了日益严重的全球生态环境问题，第三波"民主化浪潮"国家出现了政治混乱与发展停滞，"民主之春""英国脱欧公投"等运动中西方民众对其民主制度不断质疑和批判。历史和现实表明，西方的"自由民主制度"并不完美，也绝不是人类社会制度的终结者。而中国特色社会主义制度经历了实践检验，显示出巨大优势，随着时间推移，它独特的世界性价值正赢得越来越多国家的认可。显然。全球化提供了便利的条件使学生能够比较研究，能够发现和认识到中国特色社会主义制度的科学性、优越性、先进性。

（4）全球化有利于增强中国特色社会主义文化自信

全球化促进了我国文化的繁荣发展，丰富了人民群众的文化生活，加快了我国文化的对外传播，中西文化交流愈加频繁。互联网的快速发展使大学生通过电脑、手机等就可以充分了解西方文化，通过学习和对比，大学生能够认识到中国特色社会主义文化既传承了中华优秀传统文化的精粹，又吸收了西方先进文化的养分，还继承和发扬了中国共产党领导创造的革命文化和社会主义先进文化；认识到西方自由民主文化是基于基督教文明与资本主义精神的，而中国的历史文化传统和国情有其独特性，中国文化的发展必须走独立自主道路，不能照搬照抄西方，探索中国社会发展不可能脱离特定的历史条件和文化传统。

全球化给中国文化的对外传播提供了条件和平台，提高了中国文化的对外影响力，彰显了中国文化价值。随着全球化推进，文化多样化深入发展，大学生对中国文化在世界范围内的影响力有了全新的认识，增强了中国特色社会主义文化自信。

2. 市场经济带来的机遇

随着社会主义市场经济的改革与发展，公平竞争意识、自由平等意识、民主法制意识等观念进一步深入大学生心中，社会主义市场经济使受教育者的主体地位明显得到提升。这些观念和意识逐步改变了教育者和受教育者之间的传统地位，师生之间的互动性得以加强，大学生分析与解决问题的能力得以提升，有更多的机会把理论与实践相结合。教育者和受教育者的共同参与度提高，有利于更好地开展思想政治教育。

（1）社会主义市场经济有利于增强师生之间的互动

在市场经济地位没有确立以前，尤其是在计划经济时代，思想政治教育方法较为单一，主要是教育者向受教育者灌输理论，受教育者处于被动地位，教育者和受教育者之间的地位不对等。市场经济中的平等、自主、参与、竞争等意识深入人心，当代大学生主体地位意识显著增强，受教育者在学习中更愿意突出自己的地位，更希望与老师开展互动，更乐于把自己的观点在课堂上进行分享；在教学活动中，学生的参与性、积极性、需求性也较高，思想政治教育的第一课堂和第二课堂变得更加活跃，这些都增加了思想政治教育的实效性。

（2）社会主义市场经济为大学生提供理论与实践相结合的机会

随着市场经济的发展，经济越繁荣，大学生越有机会参与市场经济实践活动，在参与过程中，获得大量的学习素材、资料、案例，学生把课堂理论和社会实践相结合，二者之间互相作用，相互影响。在课堂学习中，学生能够思考社会中的各类现象和问题；在社会生活中，有更多机会把课堂所学知识运用到对现象的分析、对问题的解决上。

不仅如此，社会主义市场经济的发展提升了大学生分析与解决现实问题的能力，大学生作为受教育者除了在校园内获得理论知识、科学方法外，还从与其他公民的交往中汲取了生活经验，提高了工作技巧，提升了职场能力等。总之，市场经济的发展使大学生积极参与市场活动的意识显著提高，分析与解决问题的能力得到了整体性的发展。

（3）社会主义市场经济为思想政治教育提供了物质基础

思想政治教育活动作为教育活动的有机组成部分，需要赖以生存和发展的物质基础。经济发展得越好，生活水平越高，大学生就越有信心学习、参与思想政治教育活动，对国家制度、党的政策认可度越高，思想政治教育效果越佳。

反之，如果经济发展停滞不前、持续下滑，生活水平得不到保障，大学生就业率低或社会失业严重，学生就越没有动力和信心学习及参与思想政治教育活动，只会关注与就业有关的专业知识，对于思政课漠不关心，思想政治教育活动开展的效果就会越来越差。

社会主义市场经济的发展使社会物质产品、精神产品更加丰富，这增强了大学生对生活的信心和对未来共产主义美好社会的向往。社会主义市场经济的发展为思想政治教育创造了不可或缺的物质基础，为思想政治教育活动带来了新的生命力。

3. 科技革命带来的机遇

科学技术发展日新月异，新科技革命以信息技术的广泛应用为标志，数字化、网络化、信息化成为社会经济发展的大趋势。我国互联网用户，尤其是移动互联网用户发展迅猛，互联网推动了服务型政府建设及信息公开，互联网构建了透明的公益新生态。

（1）新科技革命使获取信息、接受教育、传播文化更加便捷

大学生利用互联网了解世界、参与政治，思想政治教育工作者借科技手段开展工作，新科技革命为思想政治教育提供了前所未有的发展优势和机遇，给思想政治教育带来深远的影响。科技成果的广泛使用创新了思想政治教育教学的新手段，思想政治教育活动作为一种实践活动，与其他任何社会实践活动一样，因为工具的创新、手段的更新为思想政治教育活动提供了便捷途径，从而提升了思想政治教育的时效性、实效性。

科技革命实现了从理论到实践的转化，最终通过生产活动创造出人们所需的商品，如课堂教学所需要的各类多媒体设备、电脑和移动终端设备，以及为教学服务的各类网站、App、微博、微信等平台，为思想政治教育提供了极其便利的手段，改变了传统的板书、课本讲授方式。新科技不断地融入思想政治教育工作中，通过大数据可以实现智能化的思政课教学，如VR技术为大学生提供了诸如"重走长征路"等虚拟现实体验。各类教学内容、图片、音频、视频借助于新的技术展现给学生，在最短的教学时间里输出最多的教学内容。这些科技成果在思想政治教育活动中呈现出生动、直观、

交互等特征，深受学生喜爱，增强了大学生思想政治教育的时效性、针对性、灵活性，创新了思想政治教育的手段，与当前高校思想政治教育发展的新情况、新形势相融合。

互联网的创新发展丰富了大学生思想政治教育的新载体，互联网技术的发展和应用为大学生的政治参与提供了载体，开辟了渠道。随着无线通信、数字电视和移动互联网等信息技术的发展，国家的政治生活和社会生活都增加了透明度，公众能够利用大众传播媒介较为有效地监督政府，表达诉求，影响政府的决策过程。

（2）科技发展使公民的科学文化素质和参政能力普遍提高

科技发展带来物质生活条件的改善、劳动方式的改变，使公民的科学文化素质和参政能力普遍提高，并有充足的时间参与政治生活。互联网技术的快速发展，催生了网络论坛、QQ群、微博、微信、可留言新闻面板等，这些平台均是当代大学生网络活动的重要场所。

每个平台都可以见到不同的观点，经常能够看到一篇在微信朋友圈广泛传播的、阅读量超过10万次的文章，这些文章中有社会评论、政治见解、经济分析、热点探讨，使大学生有更多的机会获悉不同的政治知识与见解、各类新旧思想观念、各种角度的分析和评论。互联网不仅提供了传播下载平台，而且提供了输入上传入口，大学生有机会发表个人的政治见解以及对各类事件的看法。

（3）生活方式的变革拓展了大学生思想政治教育的新空间

互联网技术促成了一种新的大学生学习与生活方式，改变了他们之间的交流方式与互动关系。它使每一个个体都能够与其他个体相互关联，通过交往与结合，个体的力量变得更强大。在互联网时代，社会就像一张无形的网，将每个个体、组织、集团都纳入其中，且能够保持有序、高效、低成本运行，因此互联网时代的特征被概括为大数据、跨界、高效、创新、信息共享。

思想政治教育活动的空间随着互联网的发展而深入社会各个领域，波及社会各个阶层。互联网所能到达的地方，就会有思想政治教育活动的身影。电台、报纸、电视、移动客户端纷纷出现在互联网上，尤其是移动互联网的快速发展，使人们随时可观看各类新闻资讯；通过关注主流媒体或报刊的电子版、微信公众号、移动客户端，就可以看到时政快讯、时事评论。科技革命使思想政治教育的空间得以拓展，大学生得以实现政治认知与参与。新科技革命催生的互联网，尤其是移动互联网，正以一种新的方式不断地拓展思想政治教育的空间，使思想政治教育效果得到了质的飞跃。

可见，新科技革命为思想政治教育的发展提供了历史新机遇，互联网、信息技术、数字化等促进了受教育者自身素质的提高，教育者能够借用新科技成果，开展思想政治教育活动，创新思想政治教育手段，丰富思想政治教育载体，拓宽思想政治教育空间，它以一种巨大的力量推动着思想政治教育活动向前发展。

（二）新时代高校思想政治教育面临的挑战

高校思想政治工作存在的问题制约着大学生思想政治教育的发展，科学认识这些挑战是加强大学生思想政治教育的关键。全球化、经济市场化、新科技革命在给思想政治教育提供机遇的同时，也带来了诸多挑战：全球化影响了大学生对中国特色社会主义道路、理论、制度、文化的认同；中国经济社会转型过程中出现的问题对思想政治教育产生了消极影响；新科技革命加大了思想政治教育的引导与疏导难度。

1. 全球化背景下高校思想政治教育的新挑战

在推进对外开放与融入全球化过程中，西方社会思潮、意识形态、错误价值观涌入国内，西方文化必然与中国特色社会主义主流文化发生碰撞，对大学生思想政治教育构成了新挑战。

（1）对社会主义道路认同的挑战

西方借助全球化加快推进"和平演变"等敌对活动，东欧剧变、苏联解体给国际共产主义运动带来了灾难性的打击，社会主义阵营锐减为中国、朝鲜、古巴、老挝、越南五个国家，除中国外，其他四个社会主义国家综合国力较弱，在国际上的政治、经济影响力较低，国际共产主义运动的低潮助长了资本主义敌对势力的气焰。全球化为西方敌对势力推行西化提供了便利，这势必削弱大学生对中国特色社会主义道路的认同。

此外，西方发达国家一直致力于将普通制造加工业等产业链的低端部分转移到发展中国家，这就使一些高消耗、高污染、高排放、以牺牲生态环境为代价的企业项目进入中国，对我国经济转型发展、生态文明建设构成不利因素，影响了大学生对中国特色社会主义道路的认同。

（2）对社会主义理论认同的挑战

在围绕中国如何改革与发展的过程中，有关政治经济制度的主张始终存在各种讨论和交锋，在某些时期，意识形态领域的斗争依然激烈。在具有影响力的社会思潮中，既有旧的，也有新的，这些思潮以各种形式通过互联网、书籍等媒介得以传播和影响，干扰了当代大学生对主流意识形态的认知和理解。全球化裹挟各种不同社会思潮冲击中国主流意识形态，影响了大学生对中国特色社会主义理论的认同。

新自由主义、民主宪政、民主社会主义等思潮长期冲击我国主流意识形态，历史虚无主义沉渣泛起，使大学生陷入历史虚无主义的理论陷阱和话语陷阱，大学生很容易被"普世价值"的字眼或表象所迷惑，陷入西方学说的圈套中。近年来，"民主宪政"也在互联网上兴风作浪，有些学生对西方理论缺乏深入了解，经常将其与民主混为一谈。这些都直接干扰了大学生对党和国家的理论、路线、方针、政策的认可和践行，影响了大学生对中国特色社会主义理论的认同。

（3）对社会主义制度认同的挑战

当今世界各国环境复杂多变，西方敌对势力不断地对中国特色社会主义制度进行丑化、矮化，试图颠覆中国共产党的执政地位。境内外一些敌对势力互相勾结，从事有组织、有目的的反华活动，挑起民族矛盾、攻击社会主义国家制度，阴谋推动"和平演变"，在不同程度上动摇了大学生对中国共产党的信任、对社会主义制度与共产主义的信仰，影响了大学生对中国特色社会主义制度的认同。

敌对势力有意虚无、丑化社会主义制度，往往借助于互联网等手段，把丑化党的理论、污蔑社会主义制度的观点糅合进文章，通过微博、微信等平台实施分化活动，刻意宣传和强化个别恶劣的形象，抹黑共产党员在民众心目中的良好形象，进而降低、削弱、否定共产党执政能力的合法性；同时通过各种手段宣扬西方议会民主、多党制和三权分立制度，不明真相或意志不坚定的大学生受其蛊惑，削弱了大学生对中国特色社会主义制度的认同。

（4）对社会主义文化认同的挑战

随着资本主义企业文化、商品文化的输入，国内消费观念及文化观念遭到冲击，出现了"以洋为尊""以洋为美""唯洋是从"的现象。以强大经济实力为后盾的西方文化使一些人出现文化自卑心理，更有甚者热衷于"去思想化""去价值化""去历史化""去中国化""去主流化"，缺乏对中国特色社会主义文化的自信。

西方资本观念、消费观念进一步入侵，利用非主流、错误的价值观冲击社会主义核心价值观，个人主义、享乐主义、利益至上等思想不断影响大学生，受西方文化的潜移默化影响，出现盲目崇拜海外文化的现象，侵蚀了大学生对民族传统文化和社会主义文化的认可。不仅如此，随着中国对外开放的深，怀有政治意图或宗教色彩的境外民间组织也在增多，资本主义国家的中文媒体对华影响也在加大，大学生被这些组织或媒体偏颇、错误的观点所迷惑，长此以往，会从各个层面影响大学生对中国特色社会主义文化的认同。

2. 经济社会转型带来的不同问题

（1）负面影响

社会环境变迁增加了大学生个体特征的复杂性，各类民生问题给思想政治教育带来难题，多元价值观挑战社会主义核心价值观，贪污腐败现象削弱党和政府的威信与公信，给思想政治教育带来消极影响。

社会环境变迁给思想政治教育带来冲击。社会加速变迁，转型成为社会发展的常态，引起了社会环境、校园环境、家庭环境发生新变化，增加了大学生个体特征的复杂性，给大学生思想政治教育带来了难度和挑战。当代大学生所处的社会环境与以往大为不同。社会性因素导致大学生价值取向发生变化、偏移，转型过程中的消极因素，会感染、波及、影响大学生。

受社会环境变迁的影响，在大学校园里，不同学生来自不同经济收入、职业背景的家庭，受其家庭和社会的影响，产生了不同的价值观念和行为习惯。因经济收入、消费能力、知识积累、家庭生活方式等存在较大差异，学生之间存在一定的隔阂和价值观念冲突，出现了大学生价值追求多样化的现象，部分学生中间存在消费攀比铺张浪费等现象，形成了不良的生活作风。随着城市化进程，农村人口向城市流动，农村子女出现留守现象，家庭育人功能逐步转移给老年人，家庭教育功能严重缺失，短板现象严重；城市小区建设呈封闭式，传统的邻里关系弱化，睦邻友好关系被逐渐消解，传统的尊老爱幼等观念也遭受冲击。

（2）各类难题

随着社会主义市场经济体制的改革，所有制结构和分配方式发生了深刻的变化，加之区域因素、政策因素影响，居民收入差距加大并呈现分化状态，随之而来的是各类民生社会问题的出现。当前，我国经济增长进入新常态，具体看来，房价、城市治理、留守儿童、医疗卫生、乡村教育等问题依然突出。

民生问题既是经济问题、社会问题，又是政治问题。我国经济社会转型期的民生问题，是国家和政府要面对的重要问题，民生问题能否得到解决，体现出我国政府是否有足够的政治意志和政治决心，民生问题的解决关乎全面建成小康社会，也反映着党和政府落实以人民为中心的思想和治国理念。

突出的民生问题给思想政治教育带来难题，财富分配不均、利益格局调整、社会结构分化、社会矛盾突出，这些关乎生存的民生问题有待于高度重视并逐步解决。民生问题解决的好坏，直接体现党的执政能力、执政水平是否到位和执政地位是否稳固。

（3）多元化价值观

随着我国社会主义市场经济的发展，资产阶级的自由主义、个人主义、享乐主义、利己主义等价值观不断冲击、挑战社会主义核心价值观，对社会发展产生负面作用。这些资产阶级价值观对大学生的价值观、人生观的形成产生不利影响，误导他们做出错误的行为；在价值判断上，往往将西方价值观视为价值标准；在判断一个人是否成功时，往往用金钱多少、地位高低进行衡量，分辨不清人生的真正价值。

贫富差距过大容易引发人们思想震荡、价值真空与信仰缺失，西方价值观与社会主义核心价值观交织并存，价值多元主义、价值相对主义及价值虚无主义对大学生社会主义核心价值观培育工作构成极大的挑战，导致价值观多元化倾向，这对思想政治教育来讲，无疑加大了复杂性，增加了难度。随着我国经济社会转型深入推进，这些多元化的西方价值观将对大学生的世界观、人生观、价值观产生较大的影响。

3. 新科技革命带来的挑战

新科技革命在推动社会经济发展的同时，也给大学生思想政治教育发展带来了新的挑战。在新一轮科技革命中，互联网影响深远并引发了数据革命，数据革命给人类社会带来的变革将更为彻底，更为激烈，速度更快，机遇更多，风险也更大。信息化、网络化加大了思想政治教育引导与疏导的难度，挑战大学生甄别信息的能力，学生个人的不良生活习惯也给错误思潮以可乘之机。

（1）信息化、网络化加大思想政治教育难度

移动互联网发展迅速，给信息的获取、传播带来了极大的便利，大学生使用互联网浏览新闻、发表评论、互动跟帖，没有时空的限制与约束。然而，信息化、网络化导致各类信息鱼龙混杂，有些文章所反映的价值观或意识形态是与我国当前的价值观或意识形态格格不入的，大学生却难以分清。比如，互联网上某些文章抨击国有企业，反对公有制；有些抨击集体主义价值观，歪曲唯物辩证法等；一些人对流传的负面消息和图片进行二次甚至多次的解读、编写，在网上产生极坏的影响。

微博、微信等大学生常用的媒体平台因其信息量巨大、内容繁杂、鱼目混珠，对大学生的政治倾向和价值观都有误导作用。这些自媒体平台出现之后，网络缺乏审查主体，法律法规和监管不到位，对各类文章的审核、审查严重缺位，文章只要不是赤裸裸的违法，一般就能在网上传播，所以，经常可以看到各类文章在网上大行其道，宣传资本主义价值观、意识形态、政治观念，这加大了思想政治教育引导难度。

（2）挑战大学生甄别信息的能力

互联网为信息发布与共享提供了畅通的渠道，成了人们获取各类信息的工具，尤其是近年来移动终端设备的发展推动了移动互联网的飞跃发展。大学生使用手机可以获取各类信息，由于他们处于理论知识的学习阶段，知识体系和思维方式处于积累过程中，对社会缺乏深入的认知和理解，尚未形成一套成熟的知识系统与思维体系，缺乏对事件和问题的科学分析和辩证看待的能力，在复杂化的网络内容面前，难以完全分清与剔除负面消息，会不可避免地受到互联网的负面影响，这就给错误思想、思潮以可乘之机。

互联网信息传播中还充斥着大量的西方政治意识形态、社会负面消息、

谣言、低俗信息等内容，如宣扬私有化，鼓吹多党制、三权分立，宣扬西方的生活价值观，编造历史虚无主义。它们都借助移动互联网等来增强其影响力，企图以话语内容的复杂化消解马克思主义的权威性。如果大学生识别不出其目的与真相，就会被其所迷惑，影响价值观，这给大学生思想政治工作带来了严峻的挑战。

（3）依赖网络的行为习惯给错误思潮以可乘之机

大学生通过搜索引擎检索信息，通过门户网站获取新闻资讯，通过微博发表与寻找问题，通过微信朋友圈、QQ空间发布生活与工作动态、在线交流等。互联网成为大学生的生活必备品，找学习资料，解答疑难问题，查找作业、论文、调查报告等都离不开网络，过分依赖网络的习惯已经在大学生中普遍存在。过分依赖网络就是过于信任网络内容，把网络中的文章、图片、视频等内容视为符合客观实际的、正确的内容，这就容易让错误的、似是而非的内容影响自己。

事实表明，网络上充斥着低级写手，有些内容违背事实，有些内容生搬硬套，有些内容纯粹为了商业利益来吸引眼球。从政治角度看，有些文章带有特定的政治目的，只是以各种形式进行华丽的包装，掩人耳目。如果大学生过于依赖网络，久而久之，这些内容就会侵入大学生的头脑，导致其对事情的是非曲直难以辨析，对课本上的内容排斥，甚至反感。

第二章 新时代高校协同育人机制 构建的理论基础

新时代高校协同育人机制构建问题既是一个实践性问题，也是一个理论性问题。毋庸置疑，新时代高校协同育人机制最终要在实践中得以实施、实现，但是在实施之前首先要解决它的理论基础问题，因为实践只有在科学的理论指导下，才能保证其成功实现。新时代高校协同育人机制构建问题，只有汲取马克思主义理论及其他人类社会发展的文明成果的丰富营养，从而构建其厚重而坚实的理论基础，即一个科学的理论基础，才能保证其在实践中得到有效的实施。

高校协同机制构建的理论基础有很多，本书立足思想政治教育的学科视野，主要选取马克思主义的人学理论、马克思主义中国化的教育思想与论断、中国传统文化中的兼容并蓄思想，以及协同学和系统论这几个方面进行初步的探析。

一、马克思主义的人学理论

（一）关于人的本质学说

人类社会是自然界发展到一定阶段的产物，是物质世界的高级运动形式和存在形式。辩证唯物主义和历史唯物主义通过对社会物质生产劳动的考察，揭示了人类社会与自然界的对立统一关系，丰富了对人的本质的认识。马克思主义关于人的本质的学说主要包括三个方面的内容。

1. 劳动是人类的本质活动

人是自然界发展的产物，是自然界的一部分，但人类社会产生之后又是一个不同于自在自然的特殊性社会历史创造过程。一定意义上讲，劳动产生于人类之外的客观自然界与人的自然力相结合，因此，劳动是人和自然之间相互作用的物质过程。把劳动归结为人类的本质至少包括三个方面的内容：一是劳动创造了人本身。恩格斯说："手不仅是劳动的器官，它还是劳动的产物。"①从手脚分工开始，人类就处在形成之中。生产工具、语言交流、社会关系等人类特有的标志都是在劳动过程中逐步形成的，同时劳动对人的锻造，不是单纯地塑造单个个体的被动过程，而是一个群体性的集体互动与习得的过程。这就意味着劳动在创造人的过程当中，隐含了"教与学"的内容。二是劳动是人与动物的区别。真正意义上的劳动不是被动的机械性重复，而是具有创造性特征。所以人的劳动从一开始就是创造性的，这种创造性表现在人对于劳动对象的选择与劳动工具的制造上，它体现了劳动者的主体地位与特有智慧。这就意味着劳动是以一定的知识传承与积累为前提的。三是劳动是有目的有意识的活动。恩格斯在《路德维希·费尔巴哈和德国古典哲学的终结》一文中指出，"在社会历史领域内进行活动的，是具有意识的、经过思虑或凭激情行动的、追求某种目的的人；任何事情的发生都不是没有自觉的意图，没有预期的目的的。"②人的劳动目的性构成，包括了对人的物质需要的满足和对人的精神需要的满足。人类正是基于劳动，编制了人类社会复杂的关系网络。所以，人的生命存在形式、人的意识、人的需要、人的活动目的、人的能动性创造及人的一切社会关系都是在劳动中形成和发展的。劳动不但丰富了人的生活，产生了音乐和诗歌，还在丰富人的精神世界的同时，不断改变人自身的物质性存在。这就意味着教育本身就是一种特殊的劳动，劳动必然不断丰富教育的内容。教育集成如同劳动集约一样是现代社会走向复杂系统的必然选择。

2. 人的本质是一切社会关系的总和

物质资料的生产是人类社会存在和发展的基础，人类在物质资料生产

---

① 中共中央马克思恩格斯列宁斯大林著作编译局编译. 马克思恩格斯选集（第三卷）[M]. 北京：人民出版社. 2012：990.

② 中共中央马克思恩格斯列宁斯大林著作编译局编译. 马克思恩格斯选集（第四卷）[M]. 北京：人民出版社. 2012：253.

过程中,不但要与自然界产生相互作用、形成人与自然的关系,更重要的是,作为个体的人从一开始就面临着,无法独立进行全部的物质资料生产的问题,因此,在人类认识世界和改造世界的过程中,人与人之间必须彼此联系、相互作用,结成一定的社会关系。这正如马克思所指出:"人们在生产中不仅仅同自然界发生关系。他们如果不以一定方式结合起来共同活动和相互交换其活动,便不能进行生产。为了进行生产,人们便发生一定的联系和关系;只有在这些社会联系和社会关系的范围内,才会有他们对自然界的关系,才会有生产。"① 由此可见,没有人与人之间的这种主体与主体之间的相互关系,人与自然之间的主体与客体之间的生产关系将不复存在。主体与主体之间的相互关系影响着人类认识与改造自然的能力与水平。因此,人的本质不能局限在单个的自然人身上,必须从人类社会来进行发掘,而社会生活的全部内容就体现在人与人之间发生的社会关系上。所以,马克思在《关于费尔巴哈的提纲》中指出:"人的本质并不是单个人固有的抽象物,在其现实性上,它是一切社会关系的总和"。② 这种社会关系的总和不是一次性形成的,而是一个动态发展的过程,它随着人类的社会实践而发展,是一个不断生产、劳动、生活、交往与学习的过程,一定程度上,体现了教育的历史性及其教育内容的社会性。

3. 人的需要即人的本质

人的本质不在于其自然属性,而在于其社会属性。但是人类社会是由一个个活生生的自然人构成的,所以,如果完全排除了人的自然性存在,就可能回到了抽象的人的本质论中,甚至滑入宗教神秘主义的泥潭。所以马克思在关于人的本质是"人的一切关系的总和"的基础上,进一步强调了人的社会性与自然性的统一,说明人不但是社会的存在,也是自然的存在,不但是个体的存在,也是社会性"类"的存在的统一。因此人的本质就是人的存在,这种存在是以需要为动力和前提的。换言之,人的需要即人的本质。"人的需要"在这里是指人的个性需要与共性需要的统一,表

---

① 中共中央马克思恩格斯列宁斯大林著作编译局编译. 马克思恩格斯全集(第六卷)[M]. 北京:人民出版社. 1961:486.

② 中共中央马克思恩格斯列宁斯大林著作编译局编译. 马克思恩格斯选集(第一卷)[M]. 北京:人民出版社. 2012:550.

明人的需要及其满足具有历史性、延续性、永恒性的时间特质，也有多样性、丰富性、广延性的空间特质。为探索人的自由而全面发展埋下了伏笔。对教育和思想政治教育的目的性达成提供了思路。

（二）关于社会发展学说

人类社会作为一种与自然界相对独立的力量，具有复杂的层次结构和形态，按照经济基础和上层建筑的矛盾运动规律，社会形态适应生产力的不断发展，由低级到高级、由简单到复杂，大体要经过原始社会、奴隶社会、封建社会、资本主义社会、共产主义社会（第一阶段是社会主义社会）这五种形态的发展过程。如果以人的发展水平和在社会中的自由程度来划分，又可以分为：人直接依赖于人、人直接依赖于物、人的全面发展能力成为人们的共同财富，即人的依赖关系阶段、物的依赖关系阶段、人的个性自由全面发展阶段这样三大社会形态。如果按照劳动交换关系（社会经济联系）又可将人类社会历史划分为：自然经济、商品经济、产品经济三种社会经济形态。社会基本矛盾运动推动社会形态的变革，自从人类社会进入阶级分化社会以来，又经历了奴隶社会、封建社会和资本主义社会，形成了奴隶主和奴隶、封建地主和农民、资本家和无产者三大对抗阶级。"无论哪一个社会形态，在它所能容纳的全部生产力发挥出来以前，是决不会灭亡的；而新的更高的生产关系，在它的物质存在条件在旧的社会胎胞里成熟以前，是决不会出现的。"① 占统治地位的阶级为了维护他们的经济利益，总是要巩固他们的上层建筑与思想意识形态。总是利用所掌握的国家机器直接控制教育。因此，不同时代国家的思想政治教育具有不同的指导思想、教育目标、教育内容、教育方式，并分别依托不同的资源、信息、工具、技术等，在不同的时空、制度和文化中进行。上述具象化要素在社会历史时空中不断沉积，为思想政治教育工作进一步创新提供了基础。

（三）关于人的自由而全面发展理论

马克思主义关于人的自由而全面发展的理论，为思想政治教育最终目标的确立指明了方向。马克思、恩格斯继承和发展了千百年来关于人类解

---

① 中共中央马克思恩格斯列宁斯大林著作编译局编译. 马克思恩格斯选集（第二卷）[M]. 北京：人民出版社. 2012：3.

放与每个人自由而全面发展的优秀思想成果，在人与自然和谐统一的物质观基础之上，阐释了人的社会本质及其人类解放的科学内涵，全面深入地研究了人类解放的现实条件和正确道路，为人类社会的未来发展和实现教育的最终目标指明了方向。

1. 人的自由而全面发展是马克思主义关于未来社会发展的理想目标，是科学社会主义的基本原则

关于人的发展与未来社会的走向问题，一直是中外学者所关注的焦点话题。中国古代的理想社会分别是"并耕而食""小康社会""天下大同"。道家的理想人格是：至人无己，神人无功，圣人无名；儒家的理想人格是："修身、齐家、治国、平天下"（《礼记·大学》），君子"穷则独善其身，达则兼济天下"（《孟子·尽心上》）。古希腊思想家柏拉图对未来社会的设想是："理想国""哲学王"。资产阶级启蒙思想家卢梭强调：人性本善、信仰高于理性，坚持社会契约论，主张建立资产阶级的"理性王国"。与一般的思想家不同，马克思、恩格斯适应社会发展的需要，在新的历史条件下创立了唯物史观，揭示了社会发展的客观规律，阐明了生产力和生产关系的矛盾运动是社会发展的根本动力，生产方式的变革是社会发展的决定力量，并运用科学的世界观、方法论，从商品入手研究了资本主义社会经济运行的基本规律，创立了剩余价值学说，科学论证了资本主义必然要灭亡、社会主义必然要胜利的基本原理。从已有的思想材料出发，马克思、恩格斯借鉴了空想社会主义的有益成分，批判和克服了空想社会主义的根本缺陷，使社会主义由空想变成了科学。科学社会主义的创立从根本上实现了社会主义从空想到科学的伟大飞跃，为人类勾画了未来社会发展的美好蓝图；在未来共产主义社会进行科学预见和严密论证的过程中，指出未来的共产主义社会将是一个生产力高度发达、物质财富极大丰富、人民精神境界极大提高，每个人自由而全面发展的社会。

2. 马克思主义对未来社会人的生存状况和发展趋向的本质性规定

人的自由而全面发展包括了人的需要的全面满足、人的素质的全面提升、人的能力的全面发展、人的社会关系的高度和谐、人的个性自由得到充分展示。人的需要的全面满足既是对物质需要的极大满足，又是对精神需要的极大满足，其本质是社会的物质文明和精神文明达到高度发达的水

平。人的素质的全面提升是指在未来的共产主义社会，每个人从自在、自为、自觉状态完全进入自由状态，实现人的解放。人的身体素质、道德素质、审美素质、智力素质、劳动素质等都实现了质的飞跃。人的能力的全面发展是指在未来的共产主义社会，劳动不再是人谋生的手段，而成为人们生活的需要和自觉地行动，社会已经超越了劳动分工，每个人可以胜任任何工作，可以完全自由的发展和发挥他的全部才能和力量，并且不会因此而危及这个社会的基本条件。所以马克思恩格斯在《德意志意识形态》中指出："而在共产主义社会里，任何人都没有特殊的活动范围，而是都可以在任何部门内发展，社会调节着整个生产，因而使我有可能随自己的兴趣今天干这事，明天干那事，上午打猎，下午捕鱼，傍晚从事畜牧，晚饭后从事批判，这样就不会使我老是一个猎人、渔夫、牧人或批判者。"[①] 人的社会关系的高度和谐是指，人已经摆脱了人对人的依赖和人对物的依赖的历史阶段，人的主体性得到充分发展，每个人之间建立了普遍平等的社会关系，个人与个人之间的利益矛盾，个人与社会之间的利益矛盾得到了完全的解决，人与自然、个人与个人、个人与社会的关系走向了全面协调。人的个性自由得到充分展示是指在未来的共产主义社会中，人的自由而全面发展，既不是发展的终点，也不是对每个人个性的抹杀，恰恰相反，这是人们谋取更高层次发展、更高程度发展的新的开端，就是为所有人创造条件，以便每个人都能自由的发展他的人的本性。

3. 人的自由而全面发展实现的路径是人的彻底解放

未来的共产主义社会与人的自由而全面发展的实现需要一定的社会历史条件。其中，生产力的发展对人的自由而全面发展起着决定性作用。只有生产力发展达到了非常高的阶段，人们才能真正摆脱自然力和社会关系对人的束缚，使每个人的自由发展成为一切人自由发展的条件。这就意味着，人们在改造自然的过程中成为自然的主人，人们在改造社会的过程中成为独立自由的主体，人们在摆脱已有的思想观念束缚获取知识上成为自身的主人、成为思想自由的人。人类的彻底解放，标志着人类从必然王国飞跃到了自由王国。

---

① 中共中央马克思恩格斯列宁斯大林著作编译局编译. 马克思恩格斯选集（第一卷）[M]. 北京：人民出版社. 2012：165.

4. 人的自由而全面发展是教育和思想政治教育的价值旨归

人的自由而全面发展包括了人的需要的全面满足、人的素质的全面提升、人的能力的全面发展、人的社会关系的高度和谐、人的个性自由得到充分展示。一方面教育在提升人的素质、能力，塑造人格等方面的功能完全契合了人的自由而全面发展需要，因此，教育在人的自由而全面发展过程中必将起到重要的推动作用。另一方面，思想政治教育所面对的首要问题是，培养什么样的人，怎样培养人、为谁培养人。所以思想政治教育关涉人的本质与人的发展问题，必须符合人自身成长发展的规律，符合社会进步的规律，因此，人的自由而全面发展问题自始至终对思想政治教育有统领与支配作用，是思想政治教育所要追求的目标和基本价值。

二、马克思主义中国化的教育思想与论断

（一）毛泽东德、智、体全面发展思想

毛泽东同志历来重视学校的思想政治教育问题，将其视为关系青年成长的首要问题。1957 年，毛泽东在《关于正确处理人民内部矛盾的问题》中强调指出，我们的教育方针是"使受教育者在德育、智育、体育几方面都得到发展，成为有社会主义觉悟的有文化的劳动者"[①]。这一德智体全面发展的理论是毛泽东结合当时中国社会发展的实际，针对当时中国的学校教育，在继承了马克思主义人的全面发展学说的基础上提出来的。

毛泽东同志提出的受教育者要实现德、智、体全面发展的思想，是将马克思提出的实现人的自由而全面发展的理论在中国社会主义建设实践中的继承与发展，是与中国社会主义建设所经历的不同历史时期相适应的，为高校思想政治教育提出了阶段性的目标。毛泽东同志认为，作为社会主义事业的接班人，要在学校接受教育从而实现德、智、体三者的协调发展，从而为学校教育的实施提出了目标，尤其是思想政治教育工作方面。这是与当时中国所处的历史时期以及当时的国际环境相适应的。当时，新中国刚刚建立不久，社会主义建设刚刚起步，国际上欧美等西方资本主义国家

---

① 中央档案馆，中共中央文献研究室编. 中共中央文件选集（1949 年 10 月 –1966 年 5 月）（第46 册）[M]. 北京：人民出版社，2013：90.

对中国实施经济封锁、政治打压等遏制政策。因此，毛泽东同志认为，意识形态等精神领域的斗争，防止"和平演变"，将是新中国长期面临的挑战。必须要培养造就大批合格的无产阶级革命事业接班人，以适应这一当时需要。毛泽东同志还特别强调了理想信念以及正确的政治观点对思想政治教育的重要性，认为这是做好学校思想政治教育工作的首要问题。毛泽东指出："学校一切工作，都是为了转变学生的思想，……政治教育是中心一环……"①认为受教育者应该把坚定正确的政治方向放在第一位，"没有正确的政治观点，就等于没有灵魂"②。可见，毛泽东同志提出的思想政治教育发展的思想，不仅包含对学校思想政治教育工作目标的关怀，同时还包括对学校思想政治教育内容的设定的思考，即将政治教育及坚持正确的政治方向作为学校实施思想政治教育的重要一环，从而保证思想政治教育工作实施坚持正确的政治方向，这为高校思想政治教育提出了重要的目标与原则支持。

毛泽东同志的德、智、体全面发展理论在以后的中国社会主义建设实践中得到了继承和不断发展。例如在此基础上，进一步提出了培养学生成为德、智、体、美、劳五育全面发展的社会主义接班人的理论；后来又提出了培育"四有新人"的理论，都是以毛泽东同志德、智、体全面发展的理论为基础，并在中国社会主义现代化建设的不同时期提出来的。

（二）邓小平的"四有新人"思想

邓小平同志依据马克思主义关于人的全面发展学说，结合中国改革开放和社会主义现代化建设的实际，在1985年3月召开的全国科技工作会议上明确提出，教育全国人民做到有理想、有道德、有文化、有纪律，即"四有"新人的教育目标，从而明确了新时期对人才培养的整体要求，为大学生思想政治教育工作提出了新的目标与任务。

"四有"新人继承了毛泽东同志的德、智、体全面发展思想，既保留了德育与智育的内容，又突出了作为社会主义现代化的建设者应该具备的

---

① 中共中央文献研究室，中央档案馆编. 建党以来重要文献选编（1921–1949）（第16册）[M]. 北京：中央文献出版社，2011：539.

② 中共中央文献研究室编. 毛泽东文集（第七卷）[M]. 北京：人民出版社，1999：226.

理想和纪律方面的素质要求。邓小平同志指出："为什么我们过去能在非常困难的情况下奋斗出来，战胜千难万险使革命胜利呢？就是因为我们有理想，有马克思主义信念，有共产主义信念。"① 应该说，理想教育在某种程度上仍然与智育的范畴重合度很高，而纪律素质，同样是一个人思想品德修养的重要体现。"我们这么大一个国家，怎么才能团结、组织起来呢？一靠理想，一靠纪律。组织起来就有力量。没有理想，没有纪律，就会像旧中国那样一盘散沙，那我们的革命怎么能够成功？我们的建设怎么能够成功？"② 可见理想与纪律对于事业发展的重要作用，尤其是中国正处于转型时代，才使得邓小平同志将二者与德育、智育相并列地提出来。依据邓小平同志的思想，理想信念教育可以通过加大对青年的革命传统与社会主义理想教育来实现；而关于纪律教育，邓小平同志强调，学校要通过加强革命秩序和革命纪律教育来实现；而对于思想品德教育，邓小平同志指出："艰苦奋斗是我们的传统，艰苦朴素的教育今后要抓紧，一直要抓60至70年，我们的国家越发展，越要抓艰苦创业。"③ 即通过加强对青少年进行中华民族优良传统教育和革命传统教育，从小培养"四有"新人具有共产主义品德。"四有"新人的思想不仅对于人的全面发展的理解有了新的发展，同时也赋予其更多的时代内涵。当然，也对大学生思想政治教育工作就提出了新要求。理想与纪律教育的实现，是大学生思想政治教育的首要工作内容与任务，也必然成为高校思想政治教育坚持社会主义办学方向的现实要求。

（三）江泽民"四个统一"思想

1998年5月4日，江泽民同志在庆祝北京大学建校100周年大会的讲话中，对北京大学以及全国高校的大学生们提出了"坚持学习科学文化与加强思想修养的统一""坚持学习书本知识与投身社会实践的统一""坚持实现自身价值与服务祖国人民的统一""坚持树立远大理想与进行艰苦奋斗的统一"④，即"四个统一"的教育思想。

"四个统一"的教育思想是对邓小平同志提出的"四有"新人思想的

---

① 邓小平. 邓小平文选（第3卷）[M]. 北京：人民出版社，1995：110.

② 邓小平. 邓小平文选（第3卷）[M]. 北京：人民出版社，1995：10.

③ 邓小平. 邓小平文选（第3卷）[M]. 北京：人民出版社，1995：306.

④ 江泽民. 江泽民文选（第2卷）[M]. 北京：人民出版社，2006：124-125.

继承与发展，是"四有"新人教育目标的实现途径与基本原则，为新时期大学生思想政治教育提供了教育原则的指导。坚持学习科学文化与加强思想修养的统一，强调了思想政治教育在学校教育中的重要性。在学校教育中智育是理所应当的第一要务，而强调智育与加强思想政治教育相统一，意在强调大学生在获得科学知识的同时，要真正成为社会主义合格的建设者，必须要接受并通过思想品德的教育过程，从而坚定其社会主义理想，为中国特色社会主义建设事业奉献自己的才智。坚持学习书本知识与投身社会实践的统一，是强调实践对于获取知识的重要性，书本知识要真正被大学生掌握必须要在实践中不断检验，这符合马克思主义认识论的基本原理，从而也为思想政治教育工作的开展提供了理论基础。坚持实现自身价值与服务祖国人民的统一及坚持树立远大理想与进行艰苦奋斗的统一，即价值观、理想、艰苦奋斗等教育都属于思想政治教育的内容，为高校思想政治教育工作提供了指南。

（四）胡锦涛"三点希望"教育思想

2011 年 4 月 24 日，在庆祝清华大学建校 100 周年大会上，胡锦涛同志提出了"三点希望"，即希望"把文化知识学习和思想品德修养紧密结合起来、把创新思维和社会实践紧密结合起来、把全面发展和个性发展紧密结合起来"[①]的教育思想。

其中希望"把文化知识学习和思想品德修养紧密结合起来"是对江泽民同志提出的"四个统一"中第一个统一的重申，可见重视大学生思想政治教育工作并将其放在三点希望的第一位，是我党历届领导人的共识，已经成为打造社会主义建设者和接班人的第一要求。第二点希望，即希望"把创新思维和社会实践紧密结合起来"，倡导创新、重视创新已经成为中国社会主义建设过程中的一个新特点，高校教育是实现创新的最前沿，在高校教育领域提倡将创新思维与社会实践结合，就是向高校教育提出了更高的要求，即在创新的过程中坚持与社会实践相结合，尽快在培养人才方面形成社会效益，从而推动高校教育快速发展。第三点希望就是"把全面发展和个性发展紧密结合起来"，这是我党的教育思想在坚持以马克思主

---

① 胡锦涛在庆祝清华大学建校 100 周年大会上的讲话 [N]. 中国教育报，2011-04-25.

的关于人的自由而全面发展学说在新时期的又一新发展。一直受应试教育的影响，素质教育我们已经提出有近几年了，但是如何实现素质教育在培养人才中的效应，则历来是我国教育发展的瓶颈。而提出要实现人的全面发展，要注重人的个性发展，则是在教育理念上又向前迈进了一步。一个人的全面发展不是全能型发展，更不是均衡发展，而是要在尊重个性差异的基础上的全面发展。这一思想符合因材施教的基本理念，同样也成为高校教育的一项基本原则。重视个性发展也必然会成为高校思想政治教育内涵中基本的教育原则之一，成为高校思想政治教育的基本理念。

（五）习近平关于新时代大学生思想政治教育工作的新思想新论断

党的十八大以来，习近平结合历代中国共产党人关于思想政治教育的经验，针对如何解决思想政治教育所面临的问题进行了深入思考和科学总结，进一步丰富和发展了党的思想政治教育理论，为新时代思想政治工作的建设与创新提供了科学指南，进一步完善了我国思想政治教育体系。其中，尤为重视大学生思想政治教育问题。思政课要坚持"八个统一"、高校思想政治教育教师要贯彻落实"六个要求"、思想政治教育方法要更具针对性、思想政治教育话语更具亲和力、牢牢掌握全媒体时代意识形态话语权等是习近平关于高校思想政治教育系列讲话精神的主要内容。习近平关于高校思想政治教育系列讲话精神也为高校思想政治工作指明了方向。

1. 高校立身之本在于立德树人 [①]

习近平强调，高校要把立德树人作为根本任务，是党和国家对高等教育关于人才培养提出的总要求，突出强调了高校思想政治教育工作的重要性，为高校思想政治教育改革和发展指明了方向。一是高校要回归和坚守育人之道。高校承担着人才培养、服务社会、科学研究、传承文明等许多历史使命，但人才培养是首要和核心任务，是其他一切任务得以完成的前提和基础。二是高校要将思想政治教育工作贯穿教育教学全过程。坚持做到思想政治与教学、管理、后勤服务的有机结合和隐性渗透，达到全员育人、全方位育人和全过程育人。三是高校要将促进大学生思想品德发展和人格

---

① 习近平在全国高校思想政治工作会议上强调：把思想政治工作贯穿教育教学全过程 开创我国高等教育事业发展新局面 [N]. 人民日报，2016–12–09.

现代化作为人才培养的重要目标。习近平在多种场合多次强调"国无德不兴，人无德不立"，高校要坚持思想政治教育为先、思想政治教育为重，以思想品德发展和人格现代化来引领和促进大学生的全面发展。

2. 因事而化、因时而进、因势而新①

习近平强调，做好高校思想政治教育工作，要因事而化、因时而进、因势而新。这是在新时期、新形势下对高校思想政治教育工作的总要求。深刻理解和准确把握这个总要求对加强和改进高校思想政治工作具有重要的理论意义和实践价值。一是要准确把握大学生的思想脉搏，密切关注大学生的思想动态，遵循高校思想政治教育工作和大学生成长成才规律，及时准确有针对性地为大学生释疑解惑，引导学生健康成长。二是要准确把握时代发展主题，紧跟时代发展步伐，与我国社会主义的现代化发展相适应，应时而动，顺时而进。使高校思想政治教育工作的目标理念、内容任务和方法手段做到关注时代发展、紧扣时代脉搏、顺应时代潮流、反映时代要求。三是要准确把握国际国内发展的新形势，主动顺应世界和中国的发展大势，沉着应对高校思想政治工作面临的新挑战和新机遇，积极推进高校思想政治教育工作的创新发展。

3. 传道者自己首先要明道、信道②

习近平强调，教师是人类灵魂的工程师，承担着神圣使命。传道者自己首先要明道、信道。习近平将高校思想政治教育工作者称为传道者，明道、信道是对高校思想政治教育工作队伍建设的总要求。明道是指教育者要正确认识事物发展的普遍规律和本质特性。于高校思想政治教育工作者而言，就是要正确认识我国高等教育事业尤其是高校思想政治教育工作的任务、性质和重要作用，明确自身所肩负的重要历史使命。正人须先正己，教育者要坚持修身意识，端正思想品德认知，树立正确的世界观、人生观和价值观，为学生树立榜样，努力做到以德立身、以德立学、以德施教。打铁还须自身硬，教育者要树立学习意识，加强自身思想道德建设，提高道德

---

① 习近平在全国高校思想政治工作会议上强调：把思想政治工作贯穿教育教学全过程 开创我国高等教育事业发展新局面 [N]. 人民日报，2016-12-09.

② 习近平在全国高校思想政治工作会议上强调：把思想政治工作贯穿教育教学全过程 开创我国高等教育事业发展新局面 [N]. 人民日报，2016-12-09.

认知水平，不断改进和提升思想政治教育工作的方式方法。信道是指教育者要坚定共产主义远大理想和中国特色社会主义的共同信念。马克思主义揭示了人类社会发展的必然规律，树立了共产主义的远大理想。教育者只有成为坚定的马克思主义者，才能成为人类文明传播者，才能成为大学生成长成才的引导者。教育者要坚持中国特色社会主义道路自信、理论自信、制度自信、文化自信，在思想上、政治上、行动上与党中央保持高度一致，牢固树立和自觉践行政治意识、大局意识、核心意识和看齐意识，为实现中华民族伟大复兴的中国梦而努力奋斗。

4. 社会主义核心价值观是全社会意志和力量的凝聚形态，是决定思想政治教育内容和方向的最深层次要素

社会主义核心价值观是大学生思想政治教育的核心内容，思想政治教育要坚持以社会主义核心价值观为引领。习近平在党的十九大报告中指出："社会主义核心价值观是当代中国精神的集中体现，凝结着全体人民共同的价值追求。"①培育和弘扬社会主义核心价值观是凝魂聚气、强基固本的基础；若抛弃传统、丢掉根本就等于割断了我国的精神命脉。社会主义核心价值观从国家层面、社会层面以及个人层面三个层面进行阐释。社会主义核心价值观反映了全体人民共同认同的价值观"最大公约数"，是中华儿女勠力同心、团结奋进的不懈动力。

5. 理想信念教育是习近平思想政治教育观的主要内容

理想信念教育应以马克思主义理想信念信仰为基本前提，以实现中华民族伟大复兴的中国梦为目标追求，以爱国主义为核心的民族精神为基本特征，以中华优秀传统文化为重要载体。习近平将理想信念形象地比喻为精神上的"钙"，如果丧失了理想信念，精神上就会"缺钙"，就会得"软骨病"②。这一论述形象而生动地体现了坚定理想信念对人精神世界的重要作用。习近平的理想信念教育观包括了以下两方面的内涵：一方面是政治信仰教育，即牢固树立"四个意识"，坚决做好"两个维护"，以马克思

① 习近平. 决胜全面建成小康社会 夺取新时代中国特色社会主义伟大胜利——在中国共产党第十九次全国代表大会上的报告 [N]. 人民日报，2017-10-28.

② 习近平在中共中央政治局第十三次集体学习时强调：把培育和弘扬社会主义核心价值观作为凝魂聚气强基固本的基础工程 [N]. 人民日报，2014-02-26.

主义为方向，坚定理想信念；另一方面是实现中华民族伟大复兴中国梦的理想信念教育，旨在实现将国家富强和人民幸福的中国梦作为最根本的目标，将为实现中华民族伟大复兴中国梦而不懈奋斗的理想信念固根铸魂于每一位中华儿女心中，并使之内化于心、外化于行。

6. 党史国史教育是思想政治教育不可或缺的重要组成部分

习近平指出，历史是最好的教科书，学习优秀传统文化、弘扬革命精神是我们思想政治教育的养料和根基。思想政治教育要加强国史党史教育。习近平指出："学习党史国史是坚持我国社会主义、推动各项事业继续前进的必修课。"[1] 强调以史为鉴，知史爱国。"学习党史、新中国史，就是要认真思考，我们这代中国共产党人该怎样把我们这一棒跑好，为下一代人跑出一个好成绩。"[2] 学习国史、党史是思想政治教育的必修课，是思想政治教育的重要组成部分。

习近平指出，全面依法治国是坚持和发展中国特色社会主义的本质要求和重要保障。法治观教育是习近平关于思想政治教育重要论述的重要组成部分，对于弘扬法制精神有着不可替代的作用，因此，思想政治教育还要包括法治与廉政教育，一方面要对人民群众开展法治观教育，让法治观念深入人心，让人民群众在处理问题时首先想的是这样做是否合法，在遇到困难时首先想到寻求法律途径，只有全民都有坚定的遵法守法、运用法律来解决问题的意识，才能有效地实现依法治国的目标。另一方面，要进一步加强党员干部廉政教育，坚持党要管党、从严治党，以猛药去疴、壮士断腕的决心，旗帜鲜明推进党风廉政建设，将反腐败斗争作为长期性的任务，以持续高压的态势惩治腐败，一体推进不敢腐、不能腐、不想腐，取得全面从严治党更大实质性成就，巩固当前反腐败斗争所取得的成果，营造风清气正的政治生态环境。

习近平关于思想政治教育重要论述还包括生态文明观教育，体现了创新性和时代性的要求，明确了以培育生态文化价值观来推进生态文明建设的工作思路，让生态文明意识成为全社会的广泛共识，提升公民生态文明

① 习近平在中共中央政治局第七次集体学习时强调：在对历史的深入思考中更好走向未来 交出发展中国特色社会主义合格答卷 [N]. 人民日报，2013-06-27.

② 高长武. 国史党史诗必修课 [N]. 中国纪检监察报. 2019-08-27.

素质，培养生态文明道德。生态文明观教育要加强生态文化价值观宣传，在社会上形成绿色环保、低碳节约生活方式的生态文明观念。建立起完善的生态文化教育机制，多角度全方位地开展生态文化教育，有力保障和推动生态文化理念的传播和推广，为生态文明建设提供理论和舆论上保障。积极鼓励群众参与生态环境维护，大力倡导生态文明行为，培养生态文明道德，从而让生态文明意识成为广泛认同的社会意识。

习近平新时代中国特色社会主义思想，是对十八大以来我们党理论创新成果的最新概括和表述，系统回答新时代坚持和发展什么样的中国特色社会主义、怎样坚持和发展中国特色社会主义等重大问题，这是全党全国各族人民为实现中华民族伟大复兴而奋斗的行动指南，必然会成为新时代高校思想政治工作的最直接的解读与指导。

三、中国传统文化中的兼容并蓄思想

（一）兼容并蓄的哲学传统

中华民族具有悠久的历史，在上下五千年的历史长河中，创造了辉煌灿烂、博大精深、源远流长的精神文化。中国传统文化沉淀着中国人民自强不息的精神追求，代表着中华民族独特的精神风貌，为社会的生生不息、民族的伟大复兴、国家的繁荣富强提供了丰厚的滋养，今天依然是我们推进改革开放和社会主义现代化建设的强大精神力量。"兼容并蓄"是中国文化的优秀传统，具有开放包容、平等共处、协调发展的文化基因与价值优势。自春秋战国时期以来，百花齐放、百家争鸣，各种思想不断涌现，彼此激荡。以孔子为代表的儒家思想家提出了"克己复礼""泛爱众而亲仁"的思想，主张建立以"仁"为中心的"过犹不及""和而不同"的"和""合"社会，强调"君子和而不同，小人同而不和"（《论语》）的人际关系。秦汉以后，天下殊途同归，中国进入了封建"大一统"时期。秦人招兵买马、广纳贤才，曾"西取由余于戎，东得百里奚于宛，迎蹇叔于宋，求邳豹、公孙支于晋"（李斯·《谏逐客书》），终得富国强兵。王朝建立之后，"一法度衡石丈尺。车同轨。书同文字"（司马迁·《史记·秦始皇本纪》）。汉代倡导礼法，德行并重。后历经三足鼎立，天下久分必合。魏晋南北朝时期，玄学风行、个性张扬，是一个思想解放、兼容并包的时代。此时，佛教开始在中国大面积传播，出现了儒、释、道三教合一的趋势。进入隋唐时期，社会开明、经济发达，在文化领域形成了一种多元文化格局。唐文化的兼容并包不仅仅表现在对待诸多外来文化，诸如京城长安的景教、羌笛、琵琶、胡舞等外来文化元素上，而且兼容并包是唐代文化发展繁荣的一个重要特征。自宋明理学开始，中国哲学思想逐步走向了保守与衰落。程朱理学吸收了历代儒学的思想精华，强调"理一分殊"，使中国儒家思想形成了更加严密的"形而上学"概念体系。1644 年清军入关，开始了清王朝 268 年的统治，期间满汉文化交流融合，交互共生。自鸦片战争之后，西风东渐，国难当头。诸多仁人志士提出了"中学为体，西学为用"（张之洞·《劝学篇·设学》）思想，魏源在《海国图志》中提出"师夷长技以制夷"。民国时期，蔡元培先生担任北京大学校长时，他倡导"思想自由、兼容并包"的办学方针，对北京大学的发展影响深远。综上所述，中国传统文化中的兼容并蓄思想经久不息、历久弥新，充分说明中华民族是一个不断学习进步、不断转化创新的海纳百川的民族。

（二）有容乃大的君子人格

"为人处世"之学是中国传统文化研究的重点。《周易》中讲："天行健，君子以自强不息，地势坤，君子以厚德载物"自强不息、厚德载物的思想，孕育着中华民族的宝贵精神品格，培育着中国人民的崇高价值追求。支撑着中华民族生生不息、薪火相传，使中华文明源远流长，绵延不绝。同时，"君子人格"是儒家思想所追求的为人处世的理想境界。"君子"一词在《论语》中属于高频词汇，一共出现了 107 次，君子人格伴随《论语》的流传而走入国人的心中。冯友兰曾说"孔子一辈子思考的问题很广泛，其中最根本最突出的就是对如何做人的反思，就是为人的生存寻求精神上的'安身立命之地'。"[①] 世界各个民族对个人优秀品格的追求如出一辙，如英国人塑造了风度翩翩的"绅士"形象，而中国儒家传统思想文化对君子人格的设定内容丰富而广泛，包括了容貌、德行、学问、才思、情趣，等等。其中有容乃大是"谦谦君子"的优秀品格，就是指君子的为人处世要胸襟博大、

---

① 　冯友兰. 中国哲学史新编（第一册）[M]. 北京：人民出版社，1981.

宽厚仁慈，谦虚谨慎、和而不同，兼容并蓄、博采众长。子曰："君子坦荡荡，小人长戚戚。"（《论语·述而》）就是说做人要像君子一样心胸宽广，视野开阔，从大处着眼，小处着手，而不能像小人一样，心胸狭窄、鼠目寸光、斤斤计较。子曰："君子成人之美，不成人之恶。"（《论语·颜渊》）意思是作为君子，要帮助好人广做好事，不助纣为虐帮助坏人做坏事。"君子乐见万物生，而不乐见死。"（《庄子·至乐》）"小人乐闻君子之过，君子耻闻小人之恶。"（《格言联璧·接物类》）子曰："君子泰而不骄，小人骄而不泰"（《论语·子路》），是指君子为人处世，态度端正安详、面容舒展而泰然处之，即使是位高权重也不骄傲自满，相反小人往往会志得意满、骄矜傲慢、盛气凌人，很难做到平和坦荡。这些至今依然流传于中国人口头的君子格言，已经不同程度地成为中华儿女为人处世的生活信条，成为人们做人做事的价值判断和行为准则。它以习用而不察、日用而不觉的形式影响着我们认识问题的视野、思考问题的角度，规范着我们处理问题的方式，调整着我们与人相处的态度、作风和格调。如同血脉一样流淌在每一个中华儿女的身上。

（三）兼济天下的家国情怀

儒家的"君子人格"重视自我的修身养性，但修身养性的目的是要正确处理个人与他人、个人与社会、个人与国家、个人与天下的关系。《礼记·大学》中讲："古之欲明明德于天下者，格物致知，修身、齐家、治国、平天下"。因此，君子必须具备"兼济天下"的家国情怀，做到"穷则独善其身，达则兼济天下"。这种思想为历代文人学者所推崇。孔子曰："君子喻于义，小人喻于利"（《论语·里仁》），可见君子乐得其道，小人乐得其欲。在《孟子·梁惠王上》中提到"老吾老，以及人之老，幼吾幼，以及人之幼"，意思是要孝老爱亲、尊老爱幼，要推己及人，己所不欲，勿施于人。楚国诗人屈原在《离骚》中讲："长太息以掩涕兮，哀民生之多艰"，倾诉了诗人对人民生活的关切，终因报国无门，秦军入楚，山河破碎，抱憾投江。唐代现实主义大诗人杜甫在《茅屋为秋风所破歌》中讲："安得广厦千万间，大庇天下寒士俱欢颜。"在秋风起、茅屋破，何以安生难以成歌的境遇下，诗人触景生情，推己及人，憧憬广厦万间寒士欢颜。

表达了希望变革"朱门酒肉臭，路有冻死骨"的黑暗现实之崇高理想，是诗圣忧国忧民爱国情感的自然流露。宋代范仲淹在《岳阳楼记》中讲："先天下之忧而忧，后天下之乐而乐。"他将国家民族利益置于个人利益之上，将为国担忧、为民分愁放在个人安乐之前，表现出诗人远大的政治抱负和广阔的世界情怀。国家兴衰、民族存亡与每一个人的生计息息相关，面对"国破山河在，城春草木深"的凄凉境况，顾炎武在《日知录》发出了"天下兴亡，匹夫有责"的慨叹。孙中山先生则提出"大道之行也，天下为公"，希望以资产阶级的民主共和替代封建皇帝以国为家、家国一体的专制统治。凡此等等，都是"兼济天下"的家国情怀的具体体现。

（四）兼容并蓄思想的启示

中国传统文化中的兼容并蓄思想，不仅是一种谦虚谨慎、虚心做人的精神理念，还是一种充满智慧的为人处世方法。在漫长的历史进程当中，兼容并蓄海纳百川的精神，作为中国士大夫阶层所秉持的价值观和方法论，始终激励着人们不断学习他人的长处，转化成为自己的东西，并形成本民族的特色。这是中华文明的一大特征，为协同机制构建提供了文化滋养。

1. 读书、治学、做人中的虚怀若谷

教育是一种信息的传递，文化知识的传承活动。受教育者只有"知之为知之，不知为不知"（《论语·为政》），怀有对未知知识的热烈渴望和浓厚兴趣，才能把对知识的追求变成愉悦的事情。正如毛泽东所说："虚心使人进步，骄傲使人落后，我们应当永远记住这个真理。"[1]做人犹如治学，牟宗三先生曾讲"为人不易，为学实难""无论为人或为学同是要拿出我们的真实生命才能够有点真实结果"[2]。谦虚是一种美德，思想政治教育从根本上来讲是"做人的工作"。2019年3月18日习近平主持召开学校思想政治理论课教师座谈会并发表重要讲话，指出"思政课教师，要给学生心灵埋下真善美的种子，引导学生扣好人生第一粒扣子"[3]。教会青年人懂得谦虚比什么都重要，一定要培养他们谦虚的性格。

---

① 中共中央文献研究室编. 毛泽东文集（第七卷）[M]. 北京：人民出版社，1999：117.

② 牟宗三. 为学与为人 [J]. 中国大学教学. 2003（01）：44.

③ 习近平. 论党的宣传思想工作 [M]. 北京：中央文献出版社. 2020：379.

2. 教学方法兼容中的综合运用

教学方法关系到教学效果的好坏与教学工作的成败。中国传统文化中的兼容并蓄思想，体现在教学方法的使用上，就是要综合分析多种教学方法各自的优势与不足，并结合教学内容和教学对象的特点进行融合使用，以提高教学的整体性效果。近年来，思政课的教学方法早已突破了简单的灌输式教学，呈现出方法多样化的态势，尤其是现代化教学方法与手段层出不穷，"慕课"（MOOC）"微课""翻转课堂""对分课堂""雨课堂""易班课堂""云课堂""壹课堂""蚂蚁课堂"，等等。相较于这些方法，传统教学方法有："讲授法""案例教学法""互动式教学法""讨论式教学法""情景体验教学法""探究式教学法""问题式教学法"等。不论是传统教学方法还是现代教学方法，各有优缺点：传统方法重视系统性的知识传授，现代教学方法注重受教育者的积极参与。单个方法的使用，存在很大的局限，因此，好的教学绝不能"一个方法打天下"，要注重方法的合理选择与综合使用，尤其要把传统教学方法与现代教学方法融合起来。

3. 教学内容兼容中的博采众长

优秀传统文化是中华民族共同的精神家园，具有世界文化意义，是人类宝贵的精神财富。因此，要在去粗取精、去伪存真的基础上，坚持古为今用、洋为中用、百花齐放、推陈出新，努力实现中华优秀传统文化的创造性转化、创新性发展。弘扬和传承优秀传统文化，主要在于入心入脑，要内化为我们每个人的日常言行。这要求我们从教育抓起，发挥课堂教学主渠道作用，在教学、研究体系中坚守中华民族的文化基因和精神命脉。所以，优秀传统文化理所当然是思想政治教育的主要内容。我们既要克服对传统文化的全盘否定，又要克服对传统文化的食古不化，要从传统文化当中吸取营养和力量，传承精神价值，激发爱国热情，弘扬以爱国主义为核心的民族精神和以改革创新为核心的时代精神。兼容并蓄精神是中华民族优秀传统文化的重要组成部分。只有做到兼容并蓄，才能实现博采众长。从辩证逻辑来看，兼容并蓄是量的积累过程，博采众长是质的飞跃阶段，只有博览群书、兼容并蓄，才能吐故纳新、博采众长、成一家之言。因此，兼容并蓄思想不仅丰富了思想政治教育的内容，而且在方法论上具有启迪作用。

4. 教学理念兼容中的有教无类

儒家思想的创始人孔子，开坛讲学、广收门徒。据传有"弟子三千，贤人七十二人"，是我国伟大的教育家。孔子的教育思想，以"仁、义、礼、智、信"为核心，具有丰富的思想内涵。在《论语·卫灵公》中，子曰："有教无类。"按照当前绝大多数学者的观点，"有教无类"是指不论贫富贵贱、不论地域界线、不论智愚善恶都有平等地接受教育的权利。但是也有学者认为，"有教无类"另有他意，是指"有教无颣"，意思是"如果对民众进行以仁义为核心的军事教育，就不会上下离心离德，导致国家覆亡"①。遵从绝大多数人的理解，孔子"有教无类"的教育思想体现了教育公平的理念，对后世产生了举足轻重的影响。一方面，在教育对象上"有教无类"，北宋大学士汪洙在《神童诗》中写下："天下中英豪，文章教尔曹，万般皆下品，惟有读书高。……朝为田舍郎，暮登天子堂。将相本无种，男儿当自强。"强调读书的重要作用，把读书视为人生的最高价值，鼓励每一个人都应该读书，只是在封建社会广大劳动群众根本没有接受教育的经济条件和权利。另一方面，在教育内容上"有教""无类"，普遍重视思想品德和伦理教育，主要教授六经（《诗》《书》《礼》《乐》《易》《春秋》）和六艺（礼、乐、射、御、书、数）。同时，在教育方法上主张言传身教，《论语·子路》中讲："其身正，不令而行；其身不正，虽令不行"。由此可见，教育对象的一视同仁、教育内容上注重思想品质教育、教育方法上强调言传身教。这些教育理念，在今天对我们构建高校协同机制仍然具有重要的借鉴价值。

四、系统论与协同学

（一）贝塔朗菲的系统论思想

1. 世界的系统性构成

（1）系统论的提出

公认的系统论的提出者是贝塔朗菲。美籍奥地利理论生物学家和哲学家路德维希·冯·贝塔朗菲（Ludwig Von Bertalanffy），是 20 世纪杰出的

---

① 章小谦. 孔子"有教无类"思想新探 [J]. 大学教育科学. 2019（04）：19.

思想家之一。他于 1901 年 9 月 19 日生在奥地利首都维也纳附近的阿茨格斯多夫，1926 年获维也纳大学哲学博士学位，曾先后在美国芝加哥大学、加拿大渥太华大学、阿尔伯塔大学、纽约州立大学任教。他涉猎的学科十分广泛，包括生物学、医学、心理学、行为科学、历史学、哲学等诸多学科。其中最具影响的是他对系统科学的巨大贡献。他于 1937 年提出了一般系统论的初步框架，1945 年在《德国哲学周刊》第 18 期发表"关于一般系统论"一文，1954 年发起创建一般系统论研究会，出版《行为科学》杂志和《一般系统年鉴》，建立关于生命组织的机体论，并由此发展成一般系统论；1955 年出版专著《一般系统论》，成为系统科学的奠基性著作；1972 年发表"一般系统论的历史和现状"，把一般系统论扩展到系统科学范畴。

（2）系统与系统论

一般认为，系统是由若干相互作用相互依赖的组成要素，按照一定的结构结合而成的，具有特定功能的整体。一个系统由若干要素构成，而它又可能是更大系统的组成要素。事实上，系统应该如何定义和描述的问题，没有明显和简单的答案，因为，一方面对于可以感知和观察的实体系统，它不依赖于我们的存在而存在，在我们感知和认识它之前并不能给出一个确指的概念。另一方面，由符号性的思维产物所构成的概念系统，属于抽象系统，其结构和要素就不那么容易被人们所观察、感知和推断。同时，涉及人和社会关系的价值系统，同样不是作为直接的感官材料所能感觉和给出令人信服的确指性概念的。一般情况下，系统有三大特征：一是系统的功能取决于系统的构成要素及其结构，二是系统与外部环境之间总要进行一定的物质、能量和信息等的交换，三是系统不是构成要素的简单相加，从功能上来讲，整体大于部分之和。

关于什么是系统论，贝塔朗菲认为："系统论是个广泛的概念，它远远超出了技术问题和技术需要的范围，它是应一般科学，以及从物理、生物、行为科学、社会科学到哲学等学科的需要而对它们进行的重新定向。他已经在许多领域中取得了不同程度的成功和成果，并预示了影响最大的新的世界观。"[①] 从广义上来讲，系统论包括了三个层次的内涵。第一个方

① 转引自 [美] 冯 · 贝塔朗菲（Von Bertalanffy.L.）. 一般系统论：基础 · 发展 · 应用 [M]. 秋同. 袁嘉新，译. 北京：清华大学出版社，1987：4.

面是作为系统科学的系统论是指，探索各种科学如物理学、生物学、心理学、社会科学等当中的"系统"的理论和科学。这时候系统论可以作为原理，用于对系统的分析。第二个方面的系统论是指系统技术，即现代技术和社会产生的问题，包括计算机、自动装置等硬件和相应的软件系统。第三个方面的系统论是指系统哲学，将"系统"作为一个新的科学范式引进以后，影响了人们思想和世界观的重新定向。系统哲学包括了系统本体论、系统认识论、系统方法论和系统价值论等。

（3）物质世界的系统整体性

贝塔朗菲的系统论不断深化了人们对于世界的物质性原理的认识，发展了马克思主义的物质观。在贝塔朗菲看来，生物界是一个以系统形式存在的有机整体，而且不仅仅是生物学、物理学、化学、社会学、历史学等其他各种科学，从研究对象上来看，都具有系统整体性特征。也就是说宇宙界的一切事物，从最小的原子到宏大的河外星系，从无机界到有机界、从自然物质到人工合成物质、从人类社会到思维运动、从自然科学到社会科学，都自成系统。所以，世界没有无系统的物质，也没有独立于物质之外的系统。系统是整个物质世界和一切事物所普遍具有的一种存在方式，是整个物质世界一切事物所具有的根本性质。系统论的提出揭示了物质世界的系统性和整体性、层次性和结构性。所以贝塔朗菲提出，科学的目标就是要发现不同层次上的组织原理。系统论表明物质世界的统一性直接表现为世界的系统整体性，同时物质世界的统一性是由物质、能量和信息的统一性来体现的。系统论在一定程度上丰富了马克思主义的运动观和时空观，阐述了自然界的一切物质都自成一种开放的系统，都与环境之间存在着物质、能量和信息的交换。在一定条件下自然界的复杂系统通过熵的变化，从无序运动到有序，从有序运动到无序，整个自然界都处在这种永不停息的运动之中。同时，系统论以要素、结构、层次、功能、有序、无序、整体等概念对物质世界存在的空间形式结构，空间的广延性等做了定量和定性的研究，深化了人们对物质空间的认识。可见，系统论从更深层面上揭示了世界的统一性在于它的物质性。

2. 系统的功能和要素构成

系统的功能是系统整体与它的外部环境相互作用的能力。功能是要素与结构的外在表现。系统环境是指存在系统之外的事物的总和，系统离不开环境，受到环境的制约。如下图 2-1 所示：系统与环境之间进行着物质、能量、信息的交换，系统的约束条件决定于环境。

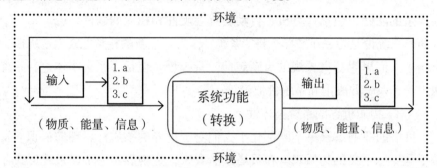

图2-1 系统整体与环境相互关系

系统的结构是指组成系统的各要素之间在数量上的比例和在时空上的联系方式，包括了数量的多少、时序的先后、空间的排列、逻辑上的层次。系统的结构具有稳定性、层次性、相对性、开放性特征，系统和结构的关系在于：结构是系统存在的基础、结构的变化会引起系统功能的变化，结构是系统和要素之间作用的纽带，系统的结构受系统本身的影响。系统的结构决定系统的功能，反过来讲，系统的功能受制于内部的结构，结构不同，功能可以相同，也可以不同。结构相同，功能有可能不同，也有可能相同。

系统的要素是指构成系统的基本组成部分或基本单元，或最小组成单元。要素通过相互作用决定系统的特征和功能。系统的整体功能大于组成系统的各部分功能之和，即通常所说的整体大于部分之和。系统的任何一个要素发生变化时，都会影响其他要素的发挥，同时影响系统的整体功能。

3. 系统论思想的启迪

（1）从生成逻辑来看，系统论是集成创新的理论源泉

20世纪七八十年代，贝塔朗菲提出的系统论在社会生活各个领域内被广泛使用，人们将系统论、协同论应用于管理创新领域，使集成创新有了自己的理论基础。同时，系统论所提供的系统思想与系统方法有助于我们正确认识思想政治教育系统的本质与功能。

（2）从构成逻辑上来看，系统论对集成创新提供了发展进路

系统论揭示了系统构成的层级结构、空间排列和时间序列以及构成元

素与系统功能之间的函数关系，彰显了自然系统的整体性、层次性、相关性与动态平衡性特征。正是基于系统论所提供的思想脉络，集成创新理论以系统功能倍增和系统创新（质的改变）为出发点，期望通过系统全部要素选择搭配、优化组合来创造匹配，实现系统内部的整合提升，从而形成新的功能或系统。所以，如果说系统论揭示了系统演进的规律，那么集成创新则是利用系统理论优化改进系统或创设新的系统，更具创新意蕴。系统论关于系统的整体性、层次性、相关性与动态平衡性等特征的概括，能够帮助我们正确分析思想政治教育的范围、对象、场域、时段等要素，有助于教育活动因事而化、因时而进、因势而新。

（3）从实践逻辑来看，集成创新理论是对系统论的实践深化与拓展

系统论的产生是基于人们对生物有机体的观察与研究的实践过程，早在 1924—1928 年贝塔朗菲曾发表文章提出生物学中有机体的概念即"生物有机论"，这可以被视为贝塔朗菲系统论思想的萌芽。集成创新理论是基于微电子计算机技术的发展，是在对人造系统要素的优化组合与结构设计的研究实践中形成的。所以，前者提供了分析框架，后者更强调功能与系统的创新再造。不论是系统论所倡导的系统有机论还是集成创新理论所强调的功能再造与系统重塑，都有助于思想政治教育系统内部各要素的正向作用和优化组合，对思想政治教育实现人的思想价值观念的再造与重塑具有重要的方法论意义。

（二）哈肯的协同学理论

20 世纪 60 年代，德国著名物理学家赫尔曼·哈肯（Hermann Haken）在对物理系统以及化学系统的研究中发现了协同学的基本框架。哈肯在对物理学系统和化学系统中出现的现象进行观察和研究时，发现其所观察的各个子系统中的各要素都会通过自组织将其运作状态由无序变成有序。由此，哈肯推断，世界上绝大多数的事物和系统都是在以自组织理论和核心的协同学理论的指导下进步和发展的。这里说所的自组织，即非人工后天推动。

1971 年哈肯在其团队研究的基础上，出版了名为《协同学》的著作，此书不管是在当时的物理学界还是其他学科领域，都引起了极大的反响。

直至今天，《协同学》一书所表达的思想和方法论对各学科的研究依旧有巨大的指导作用。

哈肯在书中以物理学和数学为工具，阐述了协同学的基本思想，对协同学的概念进行了简单且准确的提炼，即事物之间相互合作、相互协调，共同促进其整体结构的形成和功能的发挥。[①]因此协同学又可以称为协同合作之学。在哈肯看来，这里的协同、合作有两层含义：其一是我们要发现系统中各个要素之前的联系、总结其中所包含的规律性，其二是我们合理利用系统内部和外部各要素之间的联系，推动各要素之间合力的形成和更好的发挥。我国高校思想政治教育活动作为我国教育系统中一个重要的子系统，既有教学系统的普遍性特征，也有其自身区别于其他系统的特点。高校思想政治教育活动能够取得今天丰硕的成果，与高校思想政治教育内部各要素之间的协同作用的发挥有着莫大的关系。

协同学的根本理念，即把事物从无序变成有序的过程，它强调各个子系统的协同作用，从宏观角度使其联合，发挥出最大的集体效应。近年来，协同学已广泛运用到社会科学的各个方面，发展势头呈现出蓬勃生机。关于协同学应用于思想政治教育领域，郑永廷教授早在 1996 年就从德育发展的趋势上提出了"德育同其他相关领域整合发展"的观点。

把协同学运用到高校教育当中去，是高校思想政治教育传统模式的突破和革新，对做好高校思想政治教育工作起着积极作用。

---

① （德）赫尔曼·哈肯，高等协同学 [M]，郭治安，译. 北京：科学出版社，1989：22.

第三章　高校协同育人育人机制
构建的现状分析

近年来，我国高校思想政治教育取得了很多可喜的成绩，不管是从制度建设的角度，还是教学内容和教学方法的角度都取得了很明显的进步，如"三全育人"机制。我们在肯定高校思想政治教育活动取得的成绩的同时，依旧要认清目前存在的一些问题，并且采取适当的措施加以改进，从而促进高校思想政治教育工作不断向前发展。

一、新时代高校"三全育人"机制概述

2017年2月，中共中央、国务院印发《关于加强和改进新形势下高校思想政治工作的意见》，指出："坚持全员全过程全方位育人。把思想价值引领贯穿教育教学全过程和各环节，形成教书育人、科研育人、实践育人、管理育人、服务育人、文化育人、组织育人长效机制。"[①] 其中对于高校思想政治工作第一次明确提出了"坚持全员全过程全方位育人"，以下简称"三全育人"。"三全育人"机制的总体目标，是以习近平新时代中国特色社会主义思想为指导，坚持和加强党对高校的全面领导，紧紧围绕立德树人根本任务，充分发挥中国特色社会主义教育的育人优势，以理想信念教育为核心，以社会主义核心价值观为引领，以全面提高人才培养能力为关键，切实提高工作亲和力和针对性，强化基础、突出重点、建立规范、落实责任，一体化构建内容完善、标准健全、运行科学、保障有力、成效显著的高校思想政治工作体系，使思想政治工作体系贯通学科体系、教学体系、教材

---

① 中华人民共和国教育部政府门户网站 http://www.moe.gov.cn/.

体系、管理体系，形成全员全过程全方位育人格局。

（一）"三全育人"机制的由来

1. "三全育人"机制的实践来源

1950 年 8 月 2 日，中国教育工会第一次全国代表大会在北京召开，在与会代表的倡议下提出了"教书育人，管理育人，服务育人"的口号，这个口号的提出是对教育改革的一次历史性超越，也是对教育模式的一种新探索。1957 年，毛泽东同志在"关于正确处理人民内部矛盾的问题"中指出："思想政治工作，各个部门都要负责任，共产党应该管、青年团应该管、政府主要部门应该管、学校的校长教师更应该管"[①]，这其实就是全员育人思想的萌芽。

1987 年 5 月 29 日，中共中央印发《关于改进和加强高等学校思想政治工作的决定》，指出："加强教职工队伍的思想建设，大力提倡教书育人、服务育人。"[②] 这是"三全育人"具体内容建设的开始。

1995 年 11 月国家教委颁布了《中国普通高等学校德育大纲》，在德育途径中提出"教书育人、管理育人、服务育人"（简称"三育人"），指出："全体教职工都负有德育工作的责任。要高度重视和充分发挥教师的育人工作。教师要树立正确的教育思想，做到言传身教，为人师表。要发挥各科教学中的德育功能，结合教学相关内容和各个环节，有机地对学生实施德育。学校各项管理工作都应与德育工作紧密结合，着眼教育，从严要求，注意方法，使之成为学校德育的重要途径。学校各项工作都应有德育功能，全体业务人员都应热爱本职工作，以身作则，优质服务，使学生从中受到感染、激励和教育。"[③]

1996 年 10 月，党的十四届六中全会后，中国教育工会大力推进教师队伍建设和精神文明建设，在全国开展加强师德建设为中心的"树师表形象，创文明校风，为实现跨世界宏伟目标做贡献"的活动，将教育育人、管理育人、

---

① 毛泽东. 关于正确处理人民内部矛盾的问题 [N]. 人民日报，1957-06-19.

② 教育部思想政治工作司组编. 加强和改进大学生思想政治教育重要文献选编（1978—2014）[M]. 北京：知识产权出版社，2015 年.

③ 教育部思想政治工作司组编. 加强和改进大学生思想政治教育重要文献选编（1978—2014）[M]. 北京：知识产权出版社，2015 年.

服务育人的"三育人"推向新的广度和深度。

1999 年，中共中央国务院颁布了《深化教育改革，全面推进素质教育的决定》，江泽民同志提出"要以培养学生的创新精神和实践能力为重点，努力造就德育、智育、体育、美育等全面发展的社会注意事业建设者和接班人"。这是我国教育发展史上划时代的里程碑，教育目标有了新的方向，即从应试教育转向素质教育。此时已有学者提出"三全育人"的实施途径，如"建立全员育人的网络系统，建立执行的机制和制度，实施两课，发挥党团支部和两校一会的作用，开展社会实践活动等。

2002 年 2 月，教育部印发了《关于进一步加强高等学校学生公寓管理的若干意见》，其中提出："坚持管理育人、服务育人、环境育人的宗旨"。[①]

2003 年 12 月 22 日，教育部办公厅发出《关于进一步加强高校学生管理工作和心理健康教育工作的通知》，指出："强化育人意识，把教书育人、管理育人服务育人落到实处，形成全员、全方位、全过程育人的合力。"[②]

2004 年 8 月 26 号，《中共中央国务院关于进一步加强和改进大学生思想政治教育的意见》颁布，虽然没有明确提出"三全育人"这一概念，但是却充分诠释了"三全育人"的主要内容，如："充分发挥课堂教学在大学生思想政治教育中的主导作用"——课堂育人，"深入开展社会实践"——实践育人，"大力建设校园文化"——文化育人，"主动占领网络思想政治教育新阵地"——网络育人，"开展深入细致的思想政治工作和心理健康教育"——心理育人，"努力解决大学生的实际问题"——资助育人，"充分发挥党团组织在大学生思想政治教育中的重要作用"——组织育人，"大力加强大学生思想政治教育工作队伍建设"——管理育人和服务育人。[③]

2005 年 1 月 17 日—18 日，中共中央召开了全国加强和改进大学生思想政治教育工作会议。会议指出："要抓住中心，突出重点，扎实推进大学生思想政治教育……把育人融入于学校工作的各个方面，贯穿于教学的

[①]　教育部思想政治工作司组编. 加强和改进大学生思想政治教育重要文献选编（1978—2014）[M]. 北京：知识产权出版社，2015 年.

[②]　教育部思想政治工作司组编. 加强和改进大学生思想政治教育重要文献选编（1978—2014）[M]. 北京：知识产权出版社，2015.

[③]　教育部思想政治工作司组编. 加强和改进大学生思想政治教育重要文献选编（1978—2014）[M]. 北京：知识产权出版社，2015.

个各个环节，努力形成全员育人、全程育人、全方位育人的局面。"[1] 会议第一次明确提出了"三全育人"的教育理念。[2]

2012 年 3 月教育部印发了《高等教育专题规划》，在"加强和改进大学生思想政治教育"中明确提出"坚持全员育人、全过程育人、全方位育人"的指导思想。[3]

2017 年 2 月 28 日，中共中央、国务院印发《关于加强和改进新形势下高校思想政治工作的意见》，指出："坚持全员全过程全方位育人。把思想价值引领贯穿教育教学全过程和各环节，形成教书育人、科研育人、实践育人、管理育人、服务育人、文化育人、组织育人长效机制。"[4] 第一次明确了"三全育人"的具体内容。

2017 年 12 月 4 日，中共教育部党组印发了《高校思想政治工作质量提升工程实施纲要》，提出了构建"十大育人体系"的基本任务，即"充分发挥课程、科研、实践、文化、网络、心理、管理、服务、资助、组织等方面的育人功能，挖掘育人要素，完善育人机制，优化评价激励，强化实施保障"[5]，详细注明了"十大"育人体系构建的主要内容。

党的十九大提出了新任务新要求，我们站在新起点上，应用习近平新时代中国特色社会主义思想统领高校思想政治工作，扎实推进高校思想政治工作的创新发展。因事而化、因时而进、因势而新，推进高校思政工作的理念思路、体制机制、内容形式、方法手段的创新，推动"三全育人"综合改革，构建校内校外、课内课外、网上网下协同育人"立交桥"，着力打造"三全育人共同体"。各高校自觉将党的最新理论成功贯穿到大学生思想政治工作中，赋予了"三全育人"新的时代内涵，确保十九大精神在高校思政工作领域落地落实。

---

① 教育部思想政治工作司组编. 加强和改进大学生思想政治教育重要文献选编（1978—2014）[M]. 北京：知识产权出版社，2015.

② 进一步加强和改进大学生思想政治教育工作 大力培养造就社会主义事业建设者和接班人 [N]. 人民日报，2005-01-19.

③ 教育部思想政治工作司组编. 加强和改进大学生思想政治教育重要文献选编（1978—2014）[M]. 北京：知识产权出版社，2015.

④ 中华人民共和国教育部政府门户网站 http://www.moe.gov.cn/

⑤ 中华人民共和国教育部政府门户网站 http://www.moe.gov.cn/

2018 年 9 月 10 日在全国教育大会上，习近平总书记指出："培养德智体美劳全面发展的社会主义建设者和接班人，加快推进教育现代化、建设教育强国、办好人民满意的教育。"

2018 年 10 月 17 日，教育部办公厅公布了全国高校首批"三全育人"综合改革试点单位名单。共计 5 个"三全育人"综合改革试点省（区、市）：北京市、天津市、上海市、浙江省和湖北省，"三全育人"综合改革试点高校 10 所：清华大学、中国人民大学、北京科技大学、东北大学、大连理工大学、吉林大学、复旦大学、同济大学、东南大学、重庆大学，"三全育人"综合改革试点院（系）50 个：北京师范大学教育学部、中国农业大学农学院、北京理工大学机械与车辆学院、北京外国语大学欧洲语言文化学院、北京语言大学汉语教育学院等。拨付专项资金：试点区 100 万元，试点高校 50 万元，试点院（系）10 万元。2019 年 1 月 22 日，教育部办公厅公示了第二批"三全育人"综合改革试点单位遴选结果。其中，湖北有 2 所高校、3 个院（系）入选，分别是：武汉大学、武汉生物工程学院、武汉理工大学交通学院、华中农业大学植物科学技术学院、中南财经政法大学金融学院。

2. "三全育人"机制的现实需要

（1）满足了党和政府对高校德育提出的新要求

我国党和政府历来十分重视大学生思想政治教育，十分关心大学生的健康成长。因为大学生是一个特殊的群体，他们是中国社会主义现代化建设的接班人和主力军，事关国家和民族的未来。加强和改进大学生思想政治教育，是推动党和国家事业不断发展的必然要求是提高党的执政能力，巩固党的执政基础的重要保证。当今全球化浪潮不仅影响全世界各个国家和民族的发展过程，而且还直接冲击着每个个人，各种思想文化的激荡必然会影响每个人的生活方式和价值取向。我国市场经济的深入改革发展，在加快我国经济飞速发展的同时，唤醒了人们的个人意识，引起利益群体的多元化，人们思想活动的独立性，选择性，多变性，差异性明显增强。科学技术的迅猛发展，尤其网络的普及，它对大学生的强势吸引，引发了一系列的问题，网络德育也显得尤为重要。党中央深入分析国际国内形势，从中华民族的整体利益出发，召开了全国加强和改进大学生思想政治工作会议，颁布了《中共中央国务院关于进一步加强和改进大学生思想政治教育的意见》，它根据新的历史时期，新的任务和要求，从九个方面对大学生思想政治教育提出了一系列指导性的意见和要求，明确了新的历史时期大学生思想政治教育的方向。

加强大学生思想政治教育工作队伍建设。做好大学生思想政治教育工作，必须建立一支高水平的队伍，才`能使大学生思想政治教育有一个坚强的组织保证。而大学生思想政治工作队伍主体是学校党政干部，共青团干部，思想政治理论课和哲学社会科学课教师，辅导员和班主任。应加强对他们的选拔，培养和管理。同时，广大教职员工都负有对大学生思想政治教育的重要责任。人人育人，形成教书育人，管理育人，服务育人的良好氛围和工作格局。

加强和改进大学生思想政治教育的指导思想和基本原则。大学生思想政治教育应以马克思列宁主义，毛泽东思想，邓小平理论和"三个代表"重要思想为指导，应坚持教书与育人相结合，坚持教育与自我教育相结合，坚持政治理论教育与社会实践相结合，坚持解决思想问题与解决实际问题相结合，坚持教育与管理相结合，坚持继承优良传统与改进创新相结合。这些原则是在继承我国传统德育经验的基础上，站在新的时代高度，根据素质教育发展的要求提出的高校德育的战略性原则，这些原则包含了"教书育人""管理育人""服务育人"等内容。

提出了大学生思想政治教育的有效途径。课堂教学在大学生思想政治教育中应占主导作用，抓好两课教学，其他各门课程也应发挥育人功能。除此之外，还应深入开展社会实践，加强校园文化建设，占领网络思想政治教育新阵地，开展细致的思想政治工作和心理健康教育，解决大学生的实际问题。

"三全育人"德育模式的基本要求是全员育人，全程育人，全方位育人，它的基本内涵符合党和政府对高校德育的要求，它的提出是为了坚持党和政府对德育工作的指引方向，响应党和政府关于德育工作与时俱进，创新发展的号召。

（2）立足于当今德育实效性不足的现实困境

提高德育实效性，不仅是德育实践的要求，也是德育理论发展的需要。随着市场经济的不断发展，以及在我国党和政府对高校德育的不断重视与关怀下，我国高校德育取得了令人瞩目的成绩。进步是对不足不断弥补和完善的结果，因此我们在看到进步与成绩的同时，也应理性地审视当前高校德育所存在的问题，从而找到相应的对策及解决途径，推动高校德育向一前迈上一个新的台阶。而当前我国高校德育存在一个很突出的问题，即德育实效性不足，主要表现在德育工作并未受到充分重视，存在形式主义的弊病。我国高校德育工作历来被党和政府重视，德育工作者也致力进行德育理论研究和创新，但是在我国德育工作实际操作过程中，我们不难发现，德育工作提出的要求和口号要多于具体落实的措施和办法，一些深层次的思想问题以及函待解决的现实问题，不是没有将解决措施落到实处，就是无力解决。有些学校只在特殊的日子才去开展一些活动，如在学雷锋的日子去敬老院，或者为了应付评估或者检查，会采取一些应付的措施等，而一旦等评估检查工作结束，一些本该采取的措施，开展的活动又被抛之脑后，德育工作并未真正从理念上受到重视。许多老师甚至认为德育仅是思想政治老师的任务，他们更多地关注的是学生的学业成绩，而忽视了自己应有的德育责任。更多的是虽然认识到了德育的重要性，但是在德育工作中未能采取有效的措施，或者具体落实的办法，使德育工作取得成效，"口头上重视，现实中忽视"，存在着"假大空""花架子"现象。因此不仅需要重视德育，坚持把德育工作放在首位，而且要采取行之有效的措施，将德育工作落到实处。

德育方法落后，德育手段单一。灌输理论是马克思主义理论很重要的一个部分，是我国高校进行德育工作所采取的主要方法，它在以往的德育中发挥了重要的作用。而随着社会政治，经济，文化的发展，教育水平和受教育者自我意识的不断提高，"人们对权威的态度由过去盲目的依赖，崇拜或畏惧转向了冷静的观察和思考，甚至反对，对道德问题的解决和调适，更倾向于主体自觉地根据道德法则加以正确的处理。并且，在未来经济，信息和人际交流，交往日益频繁的世界里，日常生活方式及其道德价值观念正经历着由单一，稳定，封闭的状态转向多变，多样，和开放。"因而需要外部灌输与自主选择相结合。当前，我国进入了社会转型的新的历史时期，市场经济的飞速发展以及经济全球化浪潮的席卷而来，让我们面临着机遇与挑战。外部环境的急剧变化使得我国德育工作也面临了新的难题与困境，德育的环境，对象和内容发生了深刻的变化，因此也需要更新德育方法，才能有的放矢，与时俱进。而"传统的灌输方法重灌输，轻能力培养，重传递，轻思考，强调德育知识性的传授，忽视了道德选择和能力的培养"，重共性，轻个性，缺少层次性和个体性，忽视了每位学生的思想实际，灌输方法多采取强制说服的方式，轻启发诱导，因而很难将道德行为规范内化成学生的意识，学生极易产生抵触情绪和逆反心理，德育也很容易成为空洞的说教。因此，我们唯有更新德育理念，改善德育方法，拓宽德育渠道，才一能适应新时代的要求。

情感教育薄弱，师生关系疏远。德育的立足点与根本目标都是人的发展。以人性关怀为己任，是现代社会对德育的呼唤。思想政治教育的主要目的是将社会要求内化为受教育者的动机和意识，然后再由受教育者将这些意识外化为行为并产生良好的行为结果，因此，德育的深层本质应当是使受教育者真正从心底产生认同，发于情，出于自愿的行为，而非通过外在的强制与约束所产生的被动的服从的行为。正如马克思所说"道德的本质精神是自由，自律。"随着现代性的消解和对"知性德育"的反思和批判，高校德育正处在社会转型的新的历史时期，应重视高校德育情感性教育缺失的问题，应更新教育理念，关注大学生在道德生活中的情感体验及品格发展。"只有情感才一能使道德教育真正成为一种抵达心灵，发育精神的教育，没有情感道德教育就不可能变成精神发育的活动和生命内在的精神活动。""道德情感在个体道德的大厦中，直接参与道德认识，行为，品质，评价，信念的活动，它本身就是个体道德的存在方式，是全部道德现实化的根本环节。"尽管在教育学和心理学理论上，人们一直强调道德教育既要晓之以理，又要动之以情，但是在现实的教育实践中，人们往往弱化了情感的功能，一些教师不懂得，不善于也不屑于实践情感教育。其结果是，"现行的道德教育带有明显的唯理性倾向，重理性知识传授，轻感性体验内化重外在理智控制，轻内在情绪调节。"与此同时，受传统教师中心论的影响，教师高高在上，学生以教师为中心，学生对老师感情多是敬畏，受时空等各种因素的影响，师生间交流与沟通的机会很少，师生间关系比较疏远。新时期的德育必须深化以人为本的理念，以育人为核心，重视心灵，情感的交流对人格的培育。

"三全育人"德育模式强调以育人为核心，调动一切人员的积极性，发挥各种教育因素的作用，拓宽一切渠道，增强德育合力。它的提出是立足于当前德育实效性不足这个现实基础，因此应用"三全育人"德育模式，能够使德育工作与时俱进，增强德育的实效性。

（3）促进了德育理论自身的发展

育人为本，德育为先。德育要想取得实效，除了端正德育为首的位置之外，还必须紧密结合现实的社会发展要求，遵循德育本身应有的规律。德育理论的研究发展，是建立在解决现实问题的需要基础之上，不能脱离社会发展这个大背景。本世纪以来，我国整个教育理论研究的发展趋势主要体现在三个方面，"走向教育理论自身的批判""走向丰富的教育实践""走向多维度的综合"。而伴随着我国市场经济的发展，政治民主化过程的推动，中国当代德育理论的发展，也经历了几次不同的研究重心的转移。如有学者将其划分为三个阶段，分别为德育理论研究的科学化阶段，德育理论研究的现代化阶段，德育理论研究的人性化阶段。每一次德育理论研究重心的转移，都是结合新的现实背景，对过去的德育概念，范畴，及理论体系的发展。当今，我国进入了社会主义现代化建设的新阶段，德育发展也开始了新的历程。市场经济的深化改革，科学技术的迅猛发展，网络的普及，都赋予了德育崭新的含义，引起了德育概念和范畴发生相应的变化。

全球化的浪潮打破了过去封闭的世界格局，整个世界之间的联系变得更加紧密，更具有开放性。这样的时代背景也对德育提出了新的要求，德育面临的开放的环境迫使德育也必须更新理念，建立与时代相适应的新思想，新方法，新模式，刁一能保持其发展的生命力。环境的开放性，使得教育对象接受信息更为便捷，其价值观，思维方式也更易受影响。因此，德育必须打破过去单一的，封闭的模式，建立一个整合，开放的体系，刁一能适应时代的要求。另外，德育本身也是一项系统工程，它需要调动各方面的力量，整合各方面的资源，才能最大程度地发挥其实效性。而"三全育人"模式正是一种开放的，动态的，整合的德育模式，它契合时代和德育理论本身发展的要求。

（4）推进高校德育创新发展

新中国成立年来，特别是改革开放多年，中央号文件颁布以来，高校德育在摸索中前进，在改革中发展，并取得了丰硕的成果。但是由于历史及现实的各种原因，我国德育理念，德育方法，德育手段等都还比较落后，德育工作要创新发展，必须立足于实际，用先进的理念作指导，将理论与实践相结合推动高校德育的不断发展。因此在新的时代背景下，以理论研究和实践探索的结合为切入点，将德育队伍协调，整合起来，形成德育工作合力，进一步推动高校德育创新发展，是当前德育工作者所不能忽视的重大课题。而"三全育人"模式，是一种大德育观，它以理论研究和实践探索的结合为切入点，一方面坚持党和政府对高校德育的指引方向，坚持调动一切积极因素，拓宽德育渠道，加强了德育理论创新，另一方面它又着眼于我国当前德育实效性不足的现实，以新时期社会和德育发展的要求为方向，重视实践探索，建立严密，具体的实践机制，理论与实践相互结合，完善队伍建设，开创新形势下全员育人，全程育人，全方位育人大学生思想政治工作体系的新格局，形成高校德育的强大合力，从而推动高校德育创新发展。

（5）提高高校德育科学性，实效性

当前，在经济全球化和科学技术迅猛发展的浪潮的冲击下，国际国内环境发生了深刻的变化，开放的网络更加速了各种思潮的相互激荡，大学生的价值观，人生观，思维方式极易受到不良思想，文化和风气的冲击。另外我国正处于全面，迅速的社会转型期，社会变革的新发展，在推动社会进步的同时，也不可避免地产生了一些问题，利益群体及其分配方式的多元化，人们之间的关系可能会因为利益的驱动或者竞争的加剧而有所紧张，如何在利益多元化及多元文化共存的情况下，教育大学生树立社会主义核心价值体系，树立以为人民服务为核心的道德准则，德育又如何在开放，自由的环境中，把握教育对象所面临的新冲击及网络时代下德育的新特点，构建与时俱进的德育工程，卓有成效地开展德育，是新时期德育工作者一项十分艰巨的任务。"三全育人"模式是一个开放，系统，严密的德育模式，它强调将校内，校外的各种德育资源整合起来，形成德育合力，让德育贯穿，渗透在学生学习，生活，成长的每个阶段，每个地方，形成时时有德育，处处有德育的局面，而传统德育显得过于封闭，单一，德育方法与方式相对落后，德育内容相对过时。"三全育人"模式适应当前开放的，多变的时代要求，因而能提高德育科学性。它强调动员全部力量进行育人，形成全员育人的格局，抓住大学生成长的关键时期，建立全方位育人的机制，开展全方位育人，从而最大程度地挖掘了德育资源，拓宽了德育的渠道，发挥德育的潜能，提高了德育对开放，多变的环境的适应能力，增强德育的实效性。

提升大学生综合素质当今世界各国的经济发展和科技进步主要是靠人才一，尤其我国进入了社会主义现代化建设的新时期更需要一大批高级知识分子来参与。要想培养高素质的人才，就必须坚持党的教育方针，促进大学生全面发展，提高大学生的综合素质。大学教育的目标不仅仅是使大学生获得专业知识和专业技能，更重要地是让大学生学会如何适应新的环境以及在新的环境中学会不断创新，自我发展与超越。这就需要大学生具有较高的道德文化素质，较强的专业素质，以及健康的心理素质等等。"三全育人"模式是一种全面的，系统的育人模式，它不仅调动全部力量参与德育工作，确保工作发挥实效，而且它从各个方面对大学生开展全方位地育人，育人的内容包括思想道德教育，心理健康教育等育人渠道既有教师的课堂教学主渠道，又有校园文化，课外活动，社会实践活动等多种渠道，多管齐下，全方位展开，使大学生不仅掌握应该学好的专业文化知识，形成良好的思想品德，还通过丰富多彩的校园文化活动以及社会实践活动锻炼了他们的才干以及人际交往的能力，开阔了眼界，促进大学生全面，健康地发展，促进大学生综合素质的全面提升。[①]

（二）"三全育人"机制的内涵

1. "三全育人"机制的定义及基本任务

（1）定义

全员育人，是指由学校、家庭、社会、学生组成的"四位一体"的育人机制。学校成员包括辅导员、班主任、党政管理干部、"两课"专业教师、图书馆工作人员、后勤服务人员等；家庭主要是指父母亲；社会主要是指由校外知名人士、优秀校友等；学生主要是指学生中的先进分子。

全程育人是指学生一进校门到毕业，从每个学期开学到结束，从双休

---

① 范小凤. 论新时期高校"三全育人"德育模式及其运作机制 [D]. 上海：华东师范大学，2011.

日到寒暑假，学校都精心安排思想政治教育，贯穿始终。

全方位育人是指充分利用各种教育载体，主要包括学生综合测评和奖学金评比、贫困生资助与勤工助学、学生组织建设与管理、校园文化建设、学风建设、诚信教育、社会实践等，将思想政治教育寓于其中。

（2）基本任务

充分发挥课程、科研、实践、文化、网络、心理、管理、服务、资助、组织等方面工作的育人功能，挖掘育人要素，完善育人机制，优化评价激励，强化实施保障，切实构建"十大"育人体系。[①]

①课程育人质量提升体系。大力推动以"课程思政"为目标的课堂教学改革，优化课程设置，修订专业教材，完善教学设计，加强教学管理，梳理各门专业课程所蕴含的思想政治教育元素和所承载的思想政治教育功能，融入课堂教学各环节，实现思想政治教育与知识体系教育的有机统一。

②科研育人质量提升体系。发挥科研育人功能，优化科研环节和程序，完善科研评价标准，改进学术评价方法，促进成果转化应用，引导师生树立正确的政治方向、价值取向、学术导向，培养师生至诚报国的理想追求、敢为人先的科学精神、开拓创新的进取意识和严谨求实的科研作风。

③实践育人质量提升体系。坚持理论教育与实践养成相结合，整合各类实践资源，强化项目管理，丰富实践内容，创新实践形式，拓展实践平台，完善支持机制，教育引导师生在亲身参与中增强实践能力、树立家国情怀。

④文化育人质量提升体系。注重以文化人以文育人，深入开展中华优秀传统文化、革命文化、社会主义先进文化教育，推动中国特色社会主义文化繁荣兴盛，牢牢掌握高校意识形态工作领导权，践行和弘扬社会主义核心价值观，优化校风学风，繁荣校园文化，培育大学精神，建设优美环境，滋养师生心灵、涵育师生品行、引领社会风尚。

⑤网络育人质量提升体系。大力推进网络教育，加强校园网络文化建设与管理，拓展网络平台，丰富网络内容，建强网络队伍，净化网络空间，优化成果评价，推动思想政治工作传统优势同信息技术高度融合，引导师生强化网络意识，树立网络思维，提升网络文明素养，创作网络文化产品，

---

① 中华人民共和国教育部政府门户网站 http://www.moe.gov.cn/

传播主旋律、弘扬正能量，守护好网络精神家园。

⑥心理育人质量提升体系。坚持育心与育德相结合，加强人文关怀和心理疏导，深入构建教育教学、实践活动、咨询服务、预防干预、平台保障"五位一体"的心理健康教育工作格局，着力培育师生理性平和、积极向上的健康心态，促进师生心理健康素质与思想道德素质、科学文化素质协调发展。

⑦管理育人质量提升体系。把规范管理的严格要求和春风化雨、润物无声的教育方式结合起来，加强教育立法，遵守大学章程，完善校规校纪，健全自律公约，加强法治教育，全面推进依法治教，促进教育治理能力和治理体系现代化，强化科学管理对道德涵育的保障功能，大力营造治理有方、管理到位、风清气正的育人环境。

⑧服务育人质量提升体系。把解决实际问题与解决思想问题结合起来，围绕师生、关照师生、服务师生，把握师生成长发展需要，提供靶向服务，增强供给能力，积极帮助解决师生工作学习中的合理诉求，在关心人、帮助人、服务人中教育人、引导人。

⑨资助育人质量提升体系。把"扶困"与"扶智"，"扶困"与"扶志"结合起来，建立国家资助、学校奖助、社会捐助、学生自助"四位一体"的发展型资助体系，构建物质帮助、道德浸润、能力拓展、精神激励有效融合的资助育人长效机制，实现无偿资助与有偿资助、显性资助与隐性资助的有机融合，形成"解困—育人—成才—回馈"的良性循环，着力培养受助学生自立自强、诚实守信、知恩感恩、勇于担当的良好品质。

⑩组织育人质量提升体系。把组织建设与教育引领结合起来，强化高校各类组织的育人职责，增强工作活力、促进工作创新、扩大工作覆盖、提高辐射能力，发挥高校党委领导核心作用、院（系）党组织政治核心作用和基层党支部战斗堡垒作用，发挥工会、共青团、学生会、学生社团等组织的联系服务、团结凝聚师生的桥梁纽带作用，把思想政治教育贯穿各项工作和活动，促进师生全面发展。

2. "三全育人"机制的特征

"三全育人"德育模式是一个有机，整合系统，全员育人，全程育人，全方位育人是支撑这个系统的三个支柱，它们之间既相互联系，相互依存，缺一不可，又有着各自的侧重点，有所区别。全员育人，全程育人，全方位育人是构成"三全育人"模式有机整体不可缺少的部分，它们相互联系，相互依存，密不可分。如果"三全育人"德育模式是一个三维坐标的话，那么全员育人是这个坐标体系里的立坐标，它规定了育人主体全程育人则是"三全育人"这个德育系统的纵向维度，纵坐标，它纵向规定了育人的时间范围而全方位育人则是"三全育人"德育系统的横向维度，是横坐标，从横向上对育人范围进行具体，全面地展开。三个要素从不同的维度展开，构成一个立体的，有机的，完整的系统模式。缺少任何一个维度，"三全育人"这个体系则不完整，难以支撑。相互区别"三全育人"模式的三个要素各自都有不同的侧重点。全员育人是立足于育人主体而一言，育人主体是德育系统内的德育队伍，德育计划的实施，德育工作的开展，德育目标的实现都需要人去完成，没有育人主体，再美好的德育蓝图也仅是海市蜃楼，再宏伟的德育规划也只是纸上谈兵。一定程度上育人主体的素质好坏决定着育人成果的好坏。没有教不好的学生，只有不会教的老师，可见育人队伍在对育人成果所起的作用是何其重要。因而育人队伍的素质建设也逐渐被提上日程。全员育人，强调全部人员都参与育人工作中，人人都是育人者，要加强育人队伍建设，提高育人队伍素质。"三全育人"德育模式是一种大德育模式，它动员所有的力量进行育人，具备以下特征；

（1）育人的整体性

育人是项系统工程，需要各方力量的支持与配合，刁一能拧成一股绳，形成育人合力。"三全育人"德育模式正是基于大德育观的前提所建立的，它从德育系统整体着眼，将全部人员调动起来参与德育工作参与德育工作并非放弃自己的本职工作，专门进行德育工作，而是在自己原本的职位上，将德育渗透其中，发挥育人的职能，形成教书育人，管理育人，服务育人的德育工作新格局，拓宽德育渠道，将家庭，学校，社会相互联系起来，把各种德育力量整合起来，充分挖掘德育资源，通过以党委为龙头，上下联动，各部分相互协作，形成一股强大的德育合力，是一种宏观的，整体的德育模式。

（2）育人的全面性

人的全面发展不仅仅是个人的人生追求，也是当今教育目标所达成的共识。邓小平早就提出要培养"面向现代化，面向世界，面向未来，有理想，有道德，有文化，有纪律的社会主义新人"，素质教育也提出了要根据人的发展和社会发展的实际需要，尊重学生的主体性，必须把德育、智育、体育、美育等有机地统一在教育活动的各个环节中。学校教育不仅要抓好智育，更要重视德育，还要加强体育、美育、劳动技术教育和社会实践，使诸方面教育相互渗透、协调发展，促进学生的全面发展和健康成长。"三全育人"德育模式以人的全面发展作为目标，它通过拓宽德育渠道，通过各种途径和手段，采用不同的方法，将显性德育与隐性德育相结合，开展全方位育人，使学生掌握必备的科学文化知识，锻炼适应社会的能力和才干，具备良好的身心素质和道德品格，健康自由地全面发展。全方位育人是从空间上对育人所涉及的范围、领域的展开陈述，确立好了育人主体及育人时间，那么育人究竟该在那些方面展开，育人主体又该在怎样的范围领域里去进行德育，以及该设计什么样的育人方法才能取得实效呢全方位育人则是对这些疑问的解答。全方位育人是以围绕育人这个核心点，基于大学生全面发展这个目标之上的。它突破了传统育人目标的狭隘性，教育的目标不仅仅是让学生掌握扎实必备的专业知识，养成良好的思想品德，而最重要的是应以学生为中心，让其根据自己的兴趣爱好去发展自己的个性，促进其最大程度地挖掘自己的潜能，全方位地展现自己，自由地发展自己，提高自己的综合素质，从而达到全面自由健康发展。这既是素质教育的目标和要求，也是"以人为本"理念应用于教育实践的要求。

（3）育人的全程性

当今随着德育研究的深化，学者们提出了多种德育模式。其他的德育模式有些也触及德育要持之以恒的问题，但是"三全育人"却将它明确地作为模式一个重要的构成要素加以强调。根据思想品德形成发展规律，人的思想品德的形成具有长期性和反复性的特点，这就需要德育工作应贯穿学生成长的始终。全程育人要求将德育伴随学生成长的全部过程，并且在不同的时期，实施不同的教育内容，从而使德育更有针对性，更能取得预期效果。体现了育人的全程性。

全程育人是从时间上而言的，它实际上是对"三全育人"德育模式进行的时间规定，包含两层意思，一是强调学校德育要拉长战线，贯穿学生在校学习的全过程二是要有所侧重，在不同的阶段实施不同的教育。确定了育人主体之后，那么育人时间也须有个界定。人的思想品德的形成，都是在日常学习，生活中通过内化，外化规律形成的，品德的形成并非短时间内一蹴而就的过程，而是一个长时间的潜移默化的过程，因此德育是一项连续性的工作，它应该贯穿学生成长的全过程。著名发展心理学让·皮亚杰在从事智力测验的过程中提出了著名的认知发展理论，他把儿童的认知发展分成四个阶段，儿童在不同的阶段的认知方式呈现不同的特点，因而教育者要根据儿童的认知方式设计教学。皮亚杰所提的认知发展理论虽然是针对于儿童，但是，皮亚杰的认知发展理论的教育原理同样可以应用于德育。因为人的身心发展具有连续性与阶段性的特点，因此德育应遵循学生的身心发展规律，根据其成长的不同阶段的需要及特点，采取不同的方式，有针对性地开展德育，才能增强德育的实效性。

3. "三全育人"机制的本质

（1）以"育人"为核心，重在整合

人是教育的出发点，也是教育的归宿。因而"育人"在德育体系中应当处于中心位置。"三全育人"德育模式由全员育人，全程育人，全方位育人三个要素构成，这三个要素围绕"育人"这个核心点相互联系，相互依存，从而构成一个有机，有序，和谐，完整的整体。育人既是"三全育人"德育模式的出发点，也是它的归宿，占据这个德育系统的核心位置。育人在"三全育人"德育模式内处于提纲挈领的地位。其他三个构成要素都是以育人为中心，都是为了实现育人这个目标而服务的。它们的最大目的是最大限度地挖掘潜在的或者现实的德育资源，并将其整合起来，形成一股合力，以便为了更好地实现育人这个目标。如果没有育人这个核心点，那么"三全育人"模式也就成了一盘散沙，没有方向和目标，也没有任何构建的价值和存在的意义。育人的成败，实际上是对"三全育人"德育模式构建的成败与否的检验。"育人"对于"三全育人"模式的重要性，无异于经济建设对于社会主义现代化建设的意义。总之，"育人"是"三全育人"德育模式的重心和归宿。以"育人"为核心，实质上也是以人为中心，以人为本理念的体现。

（2）全员调动，齐抓共管，形成教育合力

当今教育舞台上，多种多样的德育模式不断地进行演变，它们说明了我国德育研究正在绽放其蓬勃旺盛的生命力，推动了我国德育事业不断向前发展。但是我国德育实效性不足的问题仍然存在。无可厚非，德育实效性不足是由多方面的，复杂的综合因素所致，但是德育合力的缺乏却是最主要的因素。"三全育人"德育模式，提出全员育人，通过调动所有人员参与德育工作，形成以党委为统一领导，各部门齐抓共管的新时期思想政治工作格局。形成强大教育合力，这是以往其他模式所缺乏的弊端，它既是"三全育人"德育模式最大的特色和闪光点，也是其构建的价值所在。过去我们一直存在一个观念误区，认为德育仅仅是思想政治教育教师的职责，其他的任课教师只要完成自己的教学任务就万事大吉了，而思想政治教育教师在进行德育工作中，也往往采取传统的灌输方式，使得学生对老师所传授的规范，准则仅仅是被动接受，甚至产生抵触，逆反情绪，大大降低了德育效果。当今交通运输，信息通讯尤其互联网的高度发展，为促进经济，科技，文化，教育等各方面在全球范围日益频繁的交流提供了便利，信息的交流日益便捷使得人们仿佛生活在跨越国界的地球村落里，信息的便捷获得消除了人们交流的障碍，但各种思潮和文化的激荡也更加猛烈。对新事物敏感的大学生极易受到海量未过滤信息影响，因而仅仅靠思想政治教育教师单方面的思想教育是微不足道的，必须将全部人员调动起来，才能全面地了解到学生的思想特点，及时解决其出现的问题。全员调动，一方面能激发教育者进行德育工作的积极性，另一方面能通过不同部门及德育工作者之间的分工合作，向着共同的德育目标协作，无形中凝聚成强大的德育合力，从而增强德育的实效性。

（3）全程跟进，上下联动，抓好大学生教育的关键点

德育是塑造人的灵魂的伟大工程，而由于人的思想观念具有易变性，不稳定性，以及隐蔽性等特点，以及受教育者原有的价值观念，环境对受教育者的影响等多种因素，使得教育者对受教育者所传授的价值观念，道德准则等内化为受教育者自己的价值准则是有一个过程的，不是短时间内就能完成的任务。德育的最终目的是受教育者将内化的价值规范，外化成行为，并形成良好的行为习惯，进而形成稳定的品质。"三全育人"德育模式通过全程育人这一构成要素，鲜明地突出了育人的全程性，通过全程跟进，并且抓住大学生成刁`的关键点进行针对性的教育，既保证了育人时间的充足，又突出了重点，有的放矢，从而能更好地帮助学生顺利度过

成长过程中的转折点，如入学适应期，离校就业期等，大学生在这些转折时期很迷茫，也很焦虑，如果不能及时给予教育，部分学生容易迷失方向，浪费宝贵的时间荒废学业，有些甚至因负有严重的心理负担而产生心理疾病。而及时抓好关键点教育，能够帮助其解决思想包袱，如迷茫，焦虑等，使学生轻轻松松地学习，享受到学习的乐趣，促使学生身心健康发展。

（三）"三全育人"机制的意义

"三全育人"机制发挥着不可替代的作用，有助于提升高校思想政治育人工作的实效性，有利于适应社会主要矛盾变化的复杂性，能够满足大学生自由全面协调发展的迫切要求。

1. 提升高校思想政治工作的实效性

新时代背景下，国内外形势日益复杂，社会利益冲突日益凸显，大学生的思想行为变化日益复杂化。大学生的价值观不成熟，辨别能力有待增强，容易受到外界不良环境的影响。随着我国改革开放不断向纵深发展，网络暴力信息、西方社会思潮、落后思想文化等因素冲击新时代大学生已有的思想观念，动摇其理想信念。高校的核心问题是：培养什么样的人，为谁培养，如何培养人。如何引导大学生树立正确的思想观念，形成良好的行为习惯，是新时代高校思想政治育人工作的核心问题。三全育人模式从育人主体维度、时间维度、空间维度不断优化高校思想政治教育过程，提升高校思想政治工作的实效性。

（1）"三全育人"是加强高校思想政治工作实效性的有效保障。客观而言，随着互联网时代的高速发展，高校学生的思想、行为、生活复杂化的趋向日益明显，价值取向呈现多元性和不稳定性的特点，传统专任教师管"授课"、辅导员班主任等管"生活"的学生工作模式因责任不明确已难以有效兼顾全体学生。专任教师的教学能够开拓学生的理论视野和阅历，提升专业技能，却常常缺乏师生之间真挚的交流，难以撼动学生的心灵；班主任班级工作目标明确，却常常因为责任意识淡漠导致工作效果"参差不齐"；辅导员责任重大，却常常因为配置不足、工作繁琐而对部分学生"选择性忽视"。探索高校"三全育人"模式，让教师围绕学生充分发挥"授业—传道—解惑"的三维功能，力求学生工作"无盲区"，提高学生思想政治教育工作的针对性和实效性，最终实现学生的"成长成才"。

（2）整合教师资源，发挥教育合力。一方面，改变目前高校普遍存在的专业教学、教学管理、学生工作"各自为战""条块分割"的窘况。通过构建高校"三全育人"模式合理配置管理干部队伍、学工队伍、教科研队伍和工勤队伍，既能够加深教师之间的了解与沟通，还能够切实发挥教育合力。"三全育人"不仅适用于学生工作，还能够和专业学习、顶岗实习、专业实训、创新创业、学生就业等工作相互融通，切实整合教育教学资源。另一方面，"三全育人"是解决高校"师生比"失调的有效方法。目前，高校"师生比"大都是一个教师对应二三十个学生甚至更多，很多学生在大学生涯甚至和老师都难有一个有效的交流。倡导"三全育人"，其目标指向是育人为本，充分调动学校能够调动的一切教育教学资源。同一学生在大学生涯全程可以接受到多位老师的"学业引导"，通过对学生"思想引导、学业辅导、心理疏导、生活指导"，能最大限度实现学生"技""德"双赢。

（3）"三全育人"是提升大学生人才培养质量的有效探索。从高校发展的角度而言，"三全育人"注重整体功能，强调各个部门和岗位协同育人，要求部门之间去"形式主义"，是提升人才培养质量的"黏合剂"和"催化剂"；从师资队伍建设的角度而言，通过"三全育人"激发教师的责任意识，改变了以往任课教师只"教"不"导"的状况，倒逼教师通过更多的学生工作激发自身潜力和提升综合职业素养；从学生成才的角度而言，实施"三全育人"让学生更加了解和信任教师，在学习和生活期间遭遇的种种"窘况"和"困境"全程有多位通过学校制度明确的"导师"，不仅从学业上获得进步，更是在人格上受到影响，能够在教师"引导"的关爱中充分成长成才。

2. 满足大学生自由全面发展的需要

在当今社会，国际竞争的核心是人才竞争。个人的协调发展是社会全面发展的前提和基础。高校的主要职责是为社会培养全面发展的人。伟大斗争、伟大工程、伟大事业、伟大梦想是一个紧密联系、相互贯通的有机整体，统一于新时代坚持和发展中国特色社会主义伟大实践。"三全育人"既是对当下育人项目、载体、资源的整合，更是对长远育人格局、体系、标准的重新建构，为办好中国特色社会主义大学、培养德智体美劳全面发展的社会主义建设者和接班人贡献力量。"现实的个人"是推进党的建设伟大工程的主体，是建设中国特色社会主义现代化事业的能动性要素。人的发展程度直接关系到国家富强、民族复兴、人民幸福。三全育人模式将思想政治教育过程贯穿于大学生学习、生活过程，意在增强大学生的理论知识素养，提升大学生的思想政治素质，塑造良好的政治行为，促进大学生自由全面发展，为建设社会主义现代化事业培养全面素质型人才。

（1）在道德理想信念方面，能够引导新时代大学生树立对真、善、美的追求，在实践自己的理想信念的过程中注重提高自己的道德品质，坚定对伟大人格的向往和追求。当前国际、国内形势剧烈变化，不同的思想意识形态相互碰撞交流，在这种复杂的形势下成长起来的新时代大学生不仅仅接受了中国传统道德的熏陶，同时也不可避免的受到外来文化、价值观念的影响，如果不能正确地处理好这两个方面的关系，将会产生思想道德混乱，不能正确地认知社会上出现的不符合道德要求的现象。因此，要注重引导学生用辨证的眼光看待各种文化思潮，构建与社会发展、国家进步相适应的道德规范，并在树立内在道德要求的基础上在现实中加以实践，实现知行合一。[①]

（2）在生活理想信念方面，能够引导新时代大学生树立正确的人生追求，形成积极向上、奋发有为的生活理想信念。一方面，要认识到大学生追求物质生活的合理性，其对衣食住行等方面的需要是应有的，也是符合理想信念的形成从低层次到高层次的发展规律的，但也应注意对其物质追求进行科学的引导，以避免出现物欲化的倾向；另一方面，在物质生活得到满足的情况下注重提高自己的精神境界，认识到人的生活中不仅仅是物质生活，同时还存在着精神生活，探索自己的人生意义和生存价值，提高自己的生命质量。在生活理想信念教育中，要通过开展不同形式的活动，激发学生的热情，充实学生的日常生活，以避免因为整天无所事事而变得颓废，浪费光阴。具体表现为以下几个方面：

①培养勤奋刻苦的奋斗精神。大学是培养社会所需的德才兼备的各类人才的高等学府，大学阶段又是青年人学习的黄金时期。大学生最首要的

---

① 刘西华. 90 后大学生理想信念现状与教育对策研究——以 S 大学为例 [D]. 济南：山东大学，2013 年.

任务是掌握知识和形成良好的思想道德品质，并且良好的思想道德品质是大学生学好本领的精神动力和保障。勤奋刻苦学习的品质帮助大学生锻炼本领增长才干，给自己插上实现梦想的翅膀。所以，刻苦勤奋是大学生完成其首要任务的重要品质。

②培养朴实简约的优良作风。朴实简约的优良作风，就是反对铺张浪费和奢靡享乐，要做到"俭以养德"，帮助大学生涵养高尚的品德，为自己的成长打下坚实的基础。新时代的大学生树立节约节俭意识和养成节约、合理消费习惯是十分必要的。这是传承中华民族传统美德的需要；是国情和实现可持续发展的需要；是大学生形成良好习惯和成才的需要。

③培养不畏艰难的意志品质。无论是在大学的学习生活，还是未来的社会生活中，大学生的学习成长过程中都将遇到多样的困难和未知的阻碍。大学生只有有了坚定的信念，才能不被困难打败，半途而废，最终走向成功。在完成一项任务或达到一个目标时，大学生离不开艰苦奋斗精神为支撑，因为这种顽强的意志可以激励大学生克服、战胜或超越遇到任何的困难和阻碍。[1]

（3）在职业理想信念方面，能够引导大学生以理性务实的态度面对职业选择、职业规划及工作内容。一个人的职业体现了其人生的价值，更对其他理想信念的形成有着连接统筹的作用。在当前严峻的就业形势下，新时代大学生由于自己阅历的不足不能对自己的人生有一个正确的定位，虽然他们十分关注自己的职业理想信念，但是在确立的过程中对自己的定位缺乏正确的把握。再加上社会上一些不良现象的诱导。很容易在选择职业时产生困惑。在大学生对自身的职业选择有准确的定位的基础上，应该引导其通过主观的行动来实现职业和社会需求的平衡，在可以满足自身职业基本要求的基础上去祖国最需要的地方、投身于祖国最需要的行业，来服务国家的发展。同时，也不断纠正自己的职业价值观，明白职业的意义不仅仅是实现自身价值、获得物质生活的保障，同时也是服务他人，造福社会，进而树立崇高的职业理想信念，以马克思主义者的态度为追求人类的幸福而前进。

---

[1]　张颖. 新时代大学生艰苦奋斗精神教育研究 [D]. 长春：东北师范大学，2018.

二、高校协同育人机制构建取得的成就

为了更好地了解和把握高校协同育人育人机制构建的现状，并为进一步建立健全高校协同育人机制提供现实依据，通过参考部分专家和学者已有研究成果并结合自己的实际工作，笔者设计了《高校协同育人育人机制构建研究调查问卷》，随机发放到了华北理工大学、河北大学、河北科技大学、河北经贸大学、河北医科大学这五所高校。此次调查共发放电子版问卷 1000 份，共收回电子版问卷 1000 份，有效问卷 1000 份，有效率为100%。收回问卷后，笔者对数据进行了统计和分析。

（一）思想政治个体素养不断提升

高校对思想政治教育重视程度的不断提高，使受教育者的思想政治素养也在不断提升。如表3-1，在对大学生学习思政课的主要目的的调查中发现，只有 21.1% 的学生是为了应付考试和考研而学习，78.3% 的学生是为了提高思想政治素养和拓展知识；当学生被问到"您是否对思想政治教育的内容体系有所了解？"时，如表3-2所示，对思想政治教育的内容体系有一定了解的占绝大多数，可见对党和国家的方针政策大学生们不再是漠不关心，课下也会与老师和同学对这一部分内容交流看法，已经具备了更高的认识水平，说明大学生思想政治个体素养在不断提升。

表3-1 您学习思想政治理论课的主要目的是什么？

主要目的	百分比
应付考试	10%
准备考研	11.7%
拓展知识	48.2%
提升思想政治素养	30.1%

表3-2 您是否对思想政治教育的内容体系有所了解?

了解程度	百分比
非常了解	13.7%
有一定了解	79.9%
完全不了解	6.4%

(二)理念初步形成:"三全育人"得到贯彻

十八届三中全会通过的《中共中央关于全面深化改革若干重大问题的决定》,强调综合改革教育领域,并注重改革的系统性、协同性。习近平总书记在全国高校思想政治教育工作会议上着重强调高校思想政治教育工作,并指出要将其贯穿到教育教学的全过程,实现"三全育人"。[①]

为此,各高校深入学习党中央的教育文件,初步形成高校协同育人的理念,"三全育人"得到初步贯彻。首先,认识到"全方位育人"的重要性。协同育人是由众多要素构成的一个系统。育人目标的实现要从各个方面进行,发挥所有要素的协同优势,整体营造育人环境。其次,认识到"全过程育人"的重要性。高校协同育人不是一蹴而就的,是一个过程。协同育人要贯穿到学生发展的整个过程,并不断延伸,为思想政治教育提供支持,为社会发展做出贡献。最后,认识到"全员育人"的重要性。多元主体是高校协同育人的有效参与者。协同育人需要多元主体提高全员思想道德素质,发挥主观能动性,参与协同。

各个高校积极贯彻协同育人理念,形成独具特色的高校协同育人模式,典型模式有:上海交通大学实施知识探究、能力构建、人格养成的"三位一体"育人模式;北京大学重视思想政治教育与志愿服务的融合,形成"典型引领、点面结合、全面推进"的思想政治教育社会服务学习模式;首都师范大学践行以社会主义核心价值观为统领的大学生协同育人工作,搭建理论学习平台,形成"1144"模式,创建"四位一体、六级联动"的就业指导模式等;长春师范大学实施"1233"协同育人模式,发挥青马工程的

---

① 习近平在全国高校思想政治工作会议上强调:把思想政治工作贯穿教育教学全过程 开创我国高等教育事业发展新局面[N]. 人民日报,2016-12-09.

示范作用，实现青马工程的全覆盖，协同推进青马工程的有效落实等。

各个高校的探索成果，为高校协同育人有效路径的构建提供了参考，为高校人才培养提供了不竭动力。

1. 途径初步构建——"大思政"格局形成

随着协同育人理念在高校思想政治教育中作用的凸显，高校逐渐摆脱了仅靠思政课对大学生进行思想政治教育，而是依靠多种途径协同开展思想政治教育工作。当学生被问到"你是通过什么渠道接受思想政治教育的（可多选）？"时，只有3.2%的学生做了单选，96.8%的学生都做了多项选择；在被问到"您参加的思想政治教育活动是以什么方式组织的？"时，情况大致相同，可见高校注重育人要素之间的协同与合作，使得高校协同育人的实效性有所提升。

随着协同育人理念的初步形成，高校协同育人的途径初步构建，"大思政"格局逐渐形成。

首先，多元主体协同育人初步形成。在日常的思想政治教育中，高校开始高度重视协同育人，辅导员和班主任开始重视学生的思想动态，各专业教师开始树立协同互动思想等。其次，部门协同育人初步形成。部分高校成立与协同育人有关的委员会，部署协同育人工作，各部门进行初步地互动交流。再次，各类课程协同育人初步形成。思政课在课程体系中的地位增强，专业课程与思政课初步融合，形成了一定的特色育人活动。最后，平台协同育人初步形成。理论学习与社会实践联系逐渐密切，网络思想政治教育初步发展，校园文化建设受到一定重视。

就高校而言，"大思政"主要是联动社会、学校的一切力量做好大学生思想政治教育工作。上海高校"大思政"格局比较丰富，市校联动，政府领导班子联系高校制度支持教育改革，扩大思政的覆盖面，将习近平新时代中国特色社会主义思想贯穿到教育教学全过程，让学生坚持马克思主义立场，把握马克思主义观点和方法。上海许多高校为实现"大思政"格局，联合有效资源，开设了60余门"中国系列"思政课选修课，并形成星火燎原之势，如复旦大学的"习近平新时代中国特色社会主义思想"、同济大学的"中国道路"、华东政法大学的"法治中国"、上海中医药大学的"岐黄中国"、上海应用技术大学的"中国智造"、东华大学的"锦绣中国"

等课程。同时，上海高校将思政课内容融入专业课，如上海大学经济学院的"生活中的经济学""爱情心理密码"，邀请不同行业的专家走进课堂等。

总之，人员、部门、课程、平台协同育人的初步形成，促进了全员参与，高校思想政治教育内容得到丰富，思想政治教育方法得到创新，"大思政"格局逐渐形成。

2. 实效性初步显现——理想信念得到强化

随着党和国家对高校协同育人重视度的提高，高校协同育人的实效性初步显现。高校协同育人的实效性是围绕教育要求和人才培养目标，通过协同理念和思想政治教育的结合，实现育人各要素协同，整体最优，达到实际教育目标程度的结果。

首先，多元主体初步形成协同意识，育人主体的主体性和社会性被激发，思想道德水平得到初步提升。笔者通过分析对比部分高校近两年关于大学生理想信念的调查报告得出：八成以上大学生的理想信念呈上升趋势。具体表现为大学生的思想更加积极进步，越来越关心政治，尤其是热点问题；大学生集体观念增强，大部分学生可以把集体利益放在首位；大学生生活态度更加积极乐观，能够以进取的心态追求实用主义；大学生自我意识增强，思维活跃，学习生活中自我教育能力提升等。随着中国特色社会主义建设的不断发展，大学生的理想信念将会更上一层楼，为实现中国梦而奋斗终生。

其次，课程中的德育资源得到一定程度的挖掘，马克思主义和中国特色社会主义理论成为理想信念的有效支撑。习近平总书记多次强调要做好大学生的理想信念教育工作，发挥好思政课的优势。一方面，思政课考查方式多样化，笔试、网课、实践等相结合，在多样的考核中，学生学习积极性提高。另一方面，关于理想信念内容的思政选修课开设，受到大学生追捧，学生的理想信念得到强化。

再次，平台环境得到一定程度地净化，课上课下、网上网下"两联动"陶冶人的精神世界，直面人的生活世界。关于学生理念信念教育的网站层出不穷，如"学习强国""e支部""爱思政"等，学生通过App、微博、QQ、贴吧等随时随地学习，进而强化理想信念。

最后，中央一系列文件相继出台，要求各高校结合学校特点，建立思想政治教育机制。主要包括"导向机制建设、领导机制建设、教育教学机制建设、运行机制建设、长效机制建设、保障机制建设等"①。在上述机制的建设过程中，高校不断积累经验与教训，使高校协同育人机制建设得以发展与完善，为社会主义事业培养有崇高理想信念的建设者和接班人。

三、高校协同育人机制构建存在的问题

（一）机制构建方面存在的问题

1. 协同育人机制建设"有顶层，无设计"

在高校思想政治教育工作开展的过程中，各教育主体难以形成优势互补、融合渗透的运行机制，这就需要高校党委站在整体的高度，根据学校人才培养目标和学生特点，做出适合自己学校特色的顶层设计，要自上而下统筹确立高校思想政治教育的目标体系。

笔者发现，当学生被问到"您所在学校是否有统一的思想政治教育领导机构及制度？"时，结果如表3-3所示。

表3-3 您所在学校是否有统一的思想政治教育领导机构及制度?

选项	百分比
有	5.9%
没有	20.7%
不清楚	73.4%

仅有5.9%的高校拥有并制定了统一的领导机构及制度，这说明一些高校并没有意识到协同育人理念对高校思想政治教育工作实效性产生的重要影响，更没有或者很少将协同育人理念渗透到思想政治教育的实际工作中。对于"您所在学校各部门之间协同的效果？"，如表3-4所示，仅有15%的学生认为协同效果良好，可见虽然有国家层面的顶层设计，但是不少思想政治教育工作仍然存在着"有顶层，无设计"的现象，在具体的思想政治教育工作过程中，无法将协同育人理念真正落到实处。

---

① 胡新峰. 大学生思想政治教育机制研究 [D]. 长春：东北师范大学. 2014：15.

表3-4 您所在学校各部门之间协同的效果?

效果	百分比
良好	15.5%
一般	63.7%
不好	20.8%

2. 协同育人机制建设"有资源,欠整合"

首先,高校并没有形成全员育人、全过程育人、全方位育人的思想政治教育模式。调查显示,高校内部思政课教师与辅导员之间、其他专业课教师与思政课教师之间、思想政治教育工作者与行政管理工作者之间等教育主体之间协同效果都不甚理想,另外,校内外的优秀教育资源也没有形成良好的联动。当学生被问到"您所在学校是否有校企协同举行的思想政治教育活动?",结果如表 3-5 所示,81.3% 的学生表示没有或者不清楚,可见高校对利用校外环境对大学生进行思想政治教育缺乏重视,学生的参与度和效果都相对低下。

表3-5 您所在学校是否有校企协同举行的思想政治教育活动?

选项	百分比
有	18.7%
没有	61.6%
不清楚	19.7%

其次,学生接受思想政治教育的途径较为单一。调查结果显示,90% 的学生是通过学校教育接受思想政治教育的,家庭和社会教育的参与度非常低。当学生被问到"您认为哪种教育方式会对您的思想行为产生更强烈的影响?"时,结果如表 3-6 所示,71.4% 的学生认为将学校教育、家庭教育和社会教育三者结合起来更易使大学生的思想行为受到良好影响。可见,家庭教育和社会教育很少参与高校思想政治教育过程,尽管二者对大学生的思想行为影响力也很大,学校教育、家庭教育、社会教育三者并没有实现有机衔接和融合互动。

表3-6 您认为哪种教育方式会对您的思想行为产生更强烈的影响?

选项	百分比
学校教育	15.4%
家庭教育	7.9%
社会教育	5.3%
学校家庭社会三者结合	71.4%

高校内外部的开展协同育人的资源十分丰富，但是这些资源并没有合理且合力地应用到思想政治教育的工作过程中，并没有实现思想政治教育资源的共享、整合，这就使得协同育人机制建设效果不尽如人意。

3. 协同育人机制建设"有支持，缺保障"

思想政治教育工作的开展离不开外部保障机制的支持，但是笔者通过调查发现，在高校协同育人工作过程中，缺乏外部支持保障。

首先，机构设置缺乏协同性，机构分工虽明确但各机构之间配合度却不高。例如，由于各部门之间的工作存在交叉部分，会出现互相推诿的情况，这就使得协同育人实践中会造成"事不关己，高高挂起"的心理，各部门各行其是，缺乏配合意识。

其次，经费投入总量不足。高校思想政治教育工作的经费相对低于其他学科；在用途上也主要是用于对学生和教师的补助、奖励，而对于思政课体系建设的经费、对社会实践、校园文化建设、心理健康教育等的专项经费投入还是稍显不足，这就使得工作的开展力不从心。

最后，高校思想政治教育相关规章制度还不够完善。部分高校在制定相关规章制度时做表面文章，不够严谨，对于情况的估计盲目自信、过于乐观，这就使得规章制度的可行性不高，在工作中出现许的多问题，协同育人机制的效果就会大打折扣。

（二）各要素之间协同存在的问题

1. 主体间的不协同

高校思想政治教育的主体是高校思想政治教育的组织者和实施者，其决定着高校思想政治教育活动的主旋律。当下，高校思想政治教育在教育活动实践中依旧存在各个主体之间信息不对等、沟通不畅等问题。

（1）思政课教师和专业课教师之间沟通不畅

随着时代发展及国家培养人才的需求，高校各个课程之间的联系不断紧密、沟通也不断加强，但是由于高校思政课和专业课本身的属性和特质，彼此之间有时会出现一些信息不对等的情况。这样，既不利于高校各学科之间的交流与合作，也不利于高校学生社会主义核心价值观的培养及社会主义价值理念的继承和发扬。众所周知，在技术领域走在世界前列的西方一直将德育课程作为高等教育的重要内容，甚至通过宗教辅助完成高校的教学活动。

我国高校思想政治教育的目标是培养全面发展的人，加强高校学生人文素质的培养，强化高校学生整体的思想水平，是现阶段党和国家根据社会发展的实际情况所做出的重要教育举措。目前我国各大高校所有学生的课程安排中均有思想政治教育类课程，但是很多理工科专业却缺少人文社科类课程的设置，长此以往，容易形成高校学生偏科的现象，影响校园文化氛围的建设。不管是对高校还是高校学生来说，文化都是其赖以生存和发展的基础，高校思想政治教育的建设与高校学生对于中华优秀传统文化的认可和传承是相辅相成、密不可分的。高等教育必须以培养社会发展引领者作为自己的角色定位，才能合理保证高校功能的发挥。

目前我国高校的思想政治教育的组织者和实施者主要由校党委和思政课教师组成。高校思想政治教育活动，顾名思义，就是以高校学生为对象而开展的思想政治教育活动，使得高校学生的思想理念等与党和国家的发展要求相一致，实现人的自由和全面发展，这与人文素质教育有异曲同工之妙。人文素质教育通过向高校学生传授"人之所以为人之道"来促进高校学生内在思想品质的提高，因此从本质上来说，人文素质教育是包含在高校思想政治教育之中的，而且是其重要的组成部分。高校人文素质教育为思想政治教育奠定了基础，思想政治教育又为人文素质教育提供了价值的引导。

（2）学校相关职能部门、学生工作者与思政课教师之间缺少有效协同

我国高校辅导员制度要求辅导员应该对我国高校学生的心理状况、政治素养、思维理念的发展有一个全方位的把控。但是，目前我国高校辅导

员把精力更多地放在了行使行政职责上，对于学生的思想发展状况了解得不够全面和深入。根据调查问卷结果显示，我国部分高校辅导员对思想政治理论课的上课情况了解较少，以至于辅导员教师和思政课教师之间缺乏足够的交流，教育主体之间的沟通不畅，直接影响了高校思想政治教育的效果。

校党委作为我国高校的领导者，其对政策的制定必须建立在对高校思想政治教育活动的充分了解之上。这里有两方面的原因：首先，实践是检验真理的唯一标准，校党委制定的教育方针只有从学生的反馈中才能得知其科学性并不断完善；其次，校党委和辅导员只有真正走进课堂，切实了解当下思政课推进的难点，了解受教育者的所思所想，才能更好地为培养社会主义接班人服务。

校团委作为我国高校思想政治教育活动的基层组织，由于其组成成员大多是高校学生，工作中所体现出来的协调能力尚且有待加强。目前高校校团委工作安排存在与思政课相冲突的情况。比如，校团委有时在不和思政课教师沟通的情况下，在课堂时间将学生拉走去开展社团工作，给思政课的教学开展带来了很多不好的影响。学生参加校团委、社团等学校组织，对学生综合素质的发展是大有裨益的，但是不能影响正常的课堂教学，学生始终应该以学术研究为主。校团委、相关社团的活动时间应该与学生的上课时间相协调，同时应该与思政课教师保持沟通和交流，科学利用思想政治教育理论指导其实践活动。

2. 主客体之间的不协同

高校思想政治教育活动主体作为思想政治教育的组织者和实施者，其与客体之间的不协同主要表现为课堂内外过分强调了高校教师作为施教者的主导作用，从而导致作为高校思想政治教育活动双主体之一的学生主动性不足。

（1）主体和客体之间角色定位的不协同

长久以来由于高校思想政治教育根深蒂固的"以教育者为中心"的教育思想，加上应试教育的基本国情，我国绝大部分高校虽然意识到了时代的改变，以及当下的教育现状不能满足广大受教育者的需求的矛盾，但是由于牵涉面较广涉及的范围较大，我国高等教育的体制及理念的改进必然是循序渐进的。如前所述，我国的教育制度对高校思想政治教育主体和客体的相关特点和功能有一个明确的定位，且高校近几年一直在探索对教育现状进行改革，但是从我国目前的教育现状来看，"以教育者为中心的"的教育现状仍未得到明显改善。

高校思想政治教育活动本质上来说是一种思想引导活动，因此，其应该从受教育者的思想现状出发，拉近受教育者的思想和国家倡导的意识形态之间的距离，而不是从旧的、已经不适合当下社会发展需要的教学制度或者说教育者单方面的要求出发。在开展思想政治教育活动过程中，必须关注当下高校思想政治教育客体的主体性特征，教育者和受教育者之间必须及时沟通，不断根据时代发展情况和教育者的要求调整、改变思想政治教育的内容和方法。

（2）教师与学生未能形成有效协同

我国自1990年以来，由于国家发展和提升整体国民素质科学文化素养的需要，高校一直实行扩招，此项政策的实施对我国经济产生了长远的积极影响，但是，我国高校教师的数量和质量及高校的基础设施却没有和高校学生人数保持同步增长，师资力量甚至严重滞后于学生数量的增长速度，教师人数较少和学生人数较多之间的矛盾造成了高校教学质量的下滑。

当下我国高校思政课教师数量较少、而学生数量较多。互联网技术的发展虽然已经走在世界前列，但是互联网的应用，特别是在思想政治教育领域的运用依旧不是很成熟，导致当下思政课教师照本宣科的上课方式尚未得到明显的改善，强烈的政治色彩及枯燥的规范性表达依旧是目前思政课教师上课的主要特色。虽然应试教育模式下高校学生对于理论知识的掌握程度较高，但是却缺乏社会实践的支撑，高校思想政治教育活动追求的学生世界观、价值观的培养及精神思想的凝聚要求思想政治教育活动要持之以恒，强调潜移默化的内化，而不是追求速度、不求效果的灌输。

在长期的教育实践中，高校一直注重思政课之外的专业课的建设，对于以思政课为代表的公共课重视程度不够，资源的分配也很少向思想政治教育相关学科倾斜，导致从上而下难以形成对思想政治教育课程的正确认知。由于教育本身就是社会历史的产物，其教育内容和课程的设置、安排均会收到当时生产力水平的影响。我国在对高校思政课的设置过程中，主要考虑了当时的社会制度、社会的整体文化水平及可以应用到现实社会中的程度这三个方面。

新中国成立以后，我国高校的规模不断扩大，为了适应当时国家生产力发展的需要，成立的大多是理工类院校，学界也出现了"学好数理化、走遍天下都不怕"的号召，导致很长一段时间内，高校思想政治教育类课程及人文社科类课程没有得到足够的重视。大多数民众对社会主义理论没有深刻的理解，以至于到了改革开放后期，伴随着生产力的发展及人的思想的解放，社会上出现了一些对青少年的价值观教育及思想的成长有消极影响的政治事件。近年来我国高校都在积极实施课程改革，不断地扩大对思想政治教育类及人文社科类课程的人力物力投入。近年来，习近平多次强调思政课程和人文类课程的重要性，将思政课提高到了前所未有的位置，但是这种课程观念和教学资源的调整仍然需要一段时间的过渡。因为，我国目前仍然处于改革开放的重要时期，社会整体的经济发展方式及各行各业都面临着转型，仍然需要大量的专业人才来支撑，我国绝大部分高校对思政课的课程容量及重视程度相对于理工类课程而言仍然有一定的差距。

3. 主介体之间的不协同

主体和介体之间的不协同主要表现为高校思想政治教育主体在教育教学活动过程中所采用的方式方法及授课的内容与教育主体本身所希望达到的教学目标之间的矛盾。

（1）教学目标和方法之间的矛盾

目前我国高校思想政治教育的目标是促进学生的全面发展。学生的全面发展就是人的体力、智力、才能、主体性等各方面全方位的发展，而其教育教学成果需要学生在社会实践中得以反馈。互联网时代的发展，高校学生早已不适应传统的教育教学方式，高校也已经不是以往概念中的与社会完全隔离的象牙塔般的存在，高校思想政治教育也不是一个完全不受外界影响的独立体，互联网使高校和社会之间的联系更加紧密。目前我国高校学生日均上网的时间普遍较长，长期沉迷于网络，很容易导致高校学生"虚拟"与"现实"的错位，以逃避现实的心态面对社会环境，这对大学生个人的成长目标及高校的教育理念是相违背的。网络已然变成当下高校实施思想政治教育活动不可忽视的载体。因此，我国高校的思想政治教育活动必须根据时代的发展特点和要求做出相应的改变，虽然我们政治工作的根本任务和根本内容没有改变，我们所宣扬的优良传统也没有大的变化，但是由于时代不同，受教育的客体和对象也不一样，因此，我们实施高校思想政治教育活动的方式方法也必须发生改变。

有数据显示，我国 79% 的高校学生会在课堂上使用手机，且平均每节课使用手机的时间为 27 分钟以上，占课堂时间的 60%。就数据来说，这只是一个平均数，很多高校学生都是整节课将目光集中在手机上，这样不仅是对上课教师的不尊重，也会降低教师在课堂上的讲课热情，教育主体和教育客体在教育过程中精神状态的长期不匹配，影响了社会公众对高等教育的印象。

（2）教学目标与教学内容之间的矛盾

近年来，我国高校思想政治教育理论课一直在进行课程改革，纯理论灌输的教学方式一方面很难激发学生的学习兴趣，另一方面也不利于学生对知识进行内化。调查显示，我国 52% 的学生非常依赖或者说比较依赖微信等社交软件 App，且有 30% 的高校学生每天会发朋友圈。从兴趣领域上看，高校学生对网络信息感兴趣的范围前五名分别为美食、影视娱乐、游戏、旅游、时尚，对于时事新闻关心较少，甚至有相当比例的高校学生对时事新闻漠不关心。互联网的发展丰富了人们的精神世界，改变了人们获取信息的方式，让信息获取更加便捷，但是也分散了学生的注意力。目前我国高校学生基本人手一部手机，学生的视线很多被娱乐新闻所牵引，教师和学生零互动的场面经常出现，导致课堂的效率变得很低，特别是思政课相对于其他课程来说大班化的教学环境，其效率更有待提高。高校学生对形势政策相关内容的兴趣是很高的，但是由于网络上有关形势政策的信息很容易被娱乐信息所淹没，自己的关注度也就降低了。

4. 主客体与环体之间的不协同

高校思想政治教育主客体与环体之间的不协同主要表现为高校思想政治教育的主体和客体未能和环体要素形成合力。

（1）教师与学生家庭未能形成合力

只要一谈到教育，我们都会习惯性的将其与学校教育划上等号，夸大学校教育对一个人成长的作用，忽视家庭教育对孩子成长的影响，社会对如何创建一个良好的家庭教育环境关注度普遍不高且研究尚浅。学生在进入大学之前，学习和生活环境都相对封闭，家长和学校之间的交流虽然较多，但是应试教育的模式下，成绩永远是家长关注的焦点，甚至是唯一关注点；进入高校之后，由于目前我国高校尚未建立一个成熟的沟通平台和沟通机制，且孩子进入高校之后，家长放松对孩子的关注是目前存在的普遍现象。高校学生的家长不管是和专业课教师还是和思政课教师的联系较少，尽可能给孩子经济支持的同时却忽视了对孩子心理的关心。我国家庭普遍存在"精神追求不足"的现象，很多家在只追求给孩子富裕的物质生活而忽视了对孩子精神生活的塑造。家长每天高负荷地工作，丧失了很多和孩子相处的时间，将孩子的教育全权委托给学校和辅导班，很少有家长会腾出时间陪伴孩子参加社会公益活动、志愿者活动等，忽视了对孩子的感恩教育和礼仪常识的培养。另外，高校党政部门、教师等高校思想政治教育主体长期以来都是关注单一的学校教育的各项功能，缺少对家庭教育各项功能的足够重视，导致了目前我国高校思想政治教育实施过程中家庭环境和学校环境不协同的现象。

（2）教师与社会未能形成合力

高校教师在进行教学实践过程中，在对学生进行科学理论知识的传授上花费的精力较多，在对学生社会实践能力的培养上花费的时间和精力较少，导致学生对其传授的很多东西缺少一个感性的认知。目前，我国高校学生每年有将近三分之一的课程任务是在校外完成的。因此，社会环境的作用是不容忽视的。但是学生本身所能接触的社会资源毕竟有限，与各行各业人士接触的机会较少，如果可以利用教师的资源，将行业专家请到课堂，分享行业最新的观点和最前卫的研究方法，和同学交流自己一路的奋斗历程，定能给学生以极大鼓舞。

传统的教师对学生的要求和培养方式已经不能适应社会对环境的多方面要求，不仅造成了高校学生的个人成长和社会发展的要求存在一定的差距，产生认知上的局限，也降低了课堂的活力。

四、高校协同育人机制构建存在问题的原因

（一）缺乏完备的顶层设计

高校协同育人是一个自上而下的过程，需要高校领导班子给予高度重视并制定完备的顶层设计。因此，制定完备的顶层设计是高校协同育人的关键。

顶层设计的关键性体现在：一是具有方向上的引领性。在顶层设计的引导下，明确工作目标和任务，激发工作的主动性，协调行动，减少盲目性。同时顶层设计还能发挥约束和监督作用，指导各要素有序参与协同工作，约束不良行为，提高工作效率。二是具有方法上的指导性。协同育人出现问题时，顶层设计能有效地厘清问题的先后顺序，促使人员迅速找到问题的原因，对症下药，高效完成协同育人工作。三是具有内容上的统筹性。高校协同育人顶层设计必须站在契合实际的高度，才能有效统筹各要素的协同工作，及时避免工作冲突、责任冲突。四是具有行动上的实践性。在目标的指导下，协同育人顶层设计只有有效落实，发挥其操作性，才能促进育人工作的高效贯彻和执行。

目前，高校协同育人的顶层设计虽已初步形成，但还不够完备，做不到密集出台，衔接有序。具体表现有：一是顶层设计的决定性不够有效。协同育人理念与总目标虽源于顶层，然而协同育人工作的地位不够突出，导致成效甚低。二是顶层设计的整体关联性不够强大。各要素在顶层设计的决定下，围绕协同育人理念和目标所形成的关联性不强，各要素各行其是，缺乏要素间的衔接和匹配。三是顶层设计的实际可操作性不强。协同育人工作处于探索期，育人成效初步形成，仍需抓住本质进行有效设计。

（二）缺乏完善的制度体系

协同育人是一个系统工程，系统中各要素有序参与协同需要制度体系的保障。制度体系保障的重大意义体现在：一是具有方向上的引导。通过制度的规范，引导不合理的协同内容和方式，保障协同育人朝正确的方向发展。二是具有内容上的规范。各要素出现协同危机，制度给予及时的规范。三是具有行动上的指导。指导各要素按制度进行协同，并用制度保障协同

行为的顺利进行。

然而，高校协同育人的制度体系并未实现有上下统一和左右衔接，做不到不愆不忘，率由规章。具体表现：首先，高校多元主体和部门协同育人的协同、监督、评价等制度不完善，如部门以及人员合作意识淡薄，相互推卸责任、协同危机监管不到位等。其次，课程协同育人制度不完善。"思政课程"向"课程思政"转化的效果不明显，缺乏考核和评价制度。最后，高校在育人平台上缺乏制度约束。课堂和社会实践教学过程中，学生缺乏学习自主性和纪律性，逃课现象严重；网络和校园环境纯洁系数和安全系数不高，学生受到潜移默化的正影响不深刻。

高校协同育人的完成，要适应时代发展，适时完善制度，积极发挥制度的导向、整合和控制功能，抑制制度在一定程度上压制育人要素个性的负功能。

（三）缺乏浓郁的育人环境

高校环境是育人的基础，也是育人的一种手段。良好的环境给人以积极向上的影响，反之亦然。良好育人环境的作用体现在：一是具有方向上的引导。良好的育人环境有利于净化心灵，树立正确的价值观。二是具有行动上的指导。良好的育人环境有利于激发各要素的互动活动，使互动行为更加符合道德规范。然而，高校协同育人缺乏浓郁的育人环境，做不到"蓬生麻中，不扶而直"（荀子·《荀况·劝学》）。首先，社会文化、社会意识形态的多元化影响协同育人的发展。不良信息的传播，使育人各要素的主流价值观受到一定程度的冲击，导致育人主体和部门思想不统一，导致育人课程中思想政治教育资源的影响力降低，导致育人平台出现虚拟、混浊等。其次，校园环境的变化影响协同育人的发展。校园缺乏浓郁的育人环境，归根结底在于校园的软件建设和硬件建设。硬件建设方面存在的问题有：教学楼由多个学院共享，无法有效宣传学院文化特色；辅助教学的工具陈旧；校园商铺分布杂乱等。软件建设方面存在的问题有：学生学风不良，功利性强；部门相互脱节；课程德育资源挖掘缺乏等。

（四）高校内部及外部之间配合机制建设程度不高

首先，缺乏一以贯之的理念。思想是行动的先导、行动的指南。充分的思想认识是实现高校协同育人的前提。只有思想达到统一，才能实现认识的一致、行为的一致、步调的一致。一方面，思想统一，有利于各要素坚持协同理念，一致认识到协同理念对高校思想政治教育的重要价值。另一方面，思想统一，有利于各要素在认识一致的基础上，保持行动的一致，通过发挥自身的主观能动性，实现步调一致，为共同的目标努力。

目前，协同理念虽已初步形成，但这一观念并未真正植入每个育人主体的心中，也未真正贯彻到教育中去。缺乏一以贯之的理念。具体表现有：其一，协同育人理念贯彻的力度不够大。顶层设计不完备、制度体系不完善、育人氛围不浓郁，导致协同理念自上而下的贯彻出现形式化。其二，协同育人理念贯彻的意识不强。各育人要素基本保持原有的状态完成育人目标，协同互动中存在推诿、排他等不良现象。其三，协同育人理念贯彻的方式欠佳。各育人要素贯彻协同理念的方式只是通过简单的学习、实践，简单地贯彻，并未从根本上找到适合的协同方式。

加深对高校协同育人理念的认识、理解，做到协同育人理念内化的一致，第一，要在观念上更新、转变思想。从传统思想的禁锢中解放出来，认同协同育人理念对高校思想政治教育产生的积极作用。第二，将贯彻协同育人作为一种责任。各人员、各部门协作交流，各学科融合共享，各平台通力配合，为实现共同的育人目标努力，促进高校协同育人体系更加合理，更加趋于完善。

其次，高校协同育人机制的各要素处于失调和缺失状态。一方面，机制目标尚不明确，没有建立健全相应的协同机制使机制内各要素互动融合。一些高校由于缺乏具体的任务和要求，即使已经建立了协同育人机制，但在具体实施过程中，教育者仍然是按原有的教学经验开展思想政治教育工作，使建立的机制形同虚设。另一方面，整个系统内缺少横向协作机制。教育资源没有实现良好的资源共享，思政课教师和各学科专业课教师之间、和辅导员之间的沟通交流都不够，这种资源的浪费使得教师的协同育人效果难以提升。

最后，高校思想政治教育的方式方法相对落后。当学生被问到"您的思想政治教育理论课教师在教学中更注重课本知识的讲授？"，如表3-7所示，认为非常符合、比较符合和一般符合的高达81%，由此可见，高校仍以传统课堂的理论讲授为主要方式，教师将书本上的知识通过语言讲授给学生，直接进行理论灌输，而忽视了对学生自我教育的开展，仅有言传而没有身教，使得思想政治教育成为"假、大、空"的一门学科，无法与实践有机结合。同时，还忽视了通过运用网络新体来打破局限性的僵局。当学生被问到"您认为网络对高校思想政治教育工作的开展影响前景如何？"时，结果如表3-8显示，87.6%的学生认为网络对高校思想政治教育工作影响很大，还有8.3%的学生认为影响力一般，因此，在健全高校协同育人机制的过程，还要将网络环境的因素纳入其中。通过网络和新媒体实现高校思想政治教育资源共享，通过学生可以接受并喜欢的方式，实现全方位、多角度育人。

表3-7 您的思想政治教育理论课教师在教学中更注重课本知识的讲授？

选项	百分比
非常符合	7.8%
比较符合	28.3%
一般符合	44.9%
不太符合	8.7%
极不符合	10.3%

表3-8 您认为网络对高校思想政治教育工作的开展影响前景如何？

选项	百分比
影响力很大	87.6%
影响力一般	8.3%
影响力很小	4.1%

（五）高校内部与外部之间协同动力机制建设不足

高校内部与外部之间协同动力不足主要表现为导向性动力和调节性动力不足。缺乏导向性动力是指高校缺乏决定系统要素的结构性分布状况的动力指向。整个思想政治教育过程是在思想政治教育目标价值枢纽作用的观照下进行的，是以实现思想政治教育目标为导向来组织、协调和调整主体全部行动的过程。就是说，思想政治教育主体的全部活动都是服从和服务于目标的。高校各育人主体之间缺乏相互联系性，缺乏一套可以产生良性互动的协作机制，各育人主体之间往往有各自的培养目标，很难形成融合互动的协同育人模式。缺乏调节性动力是指缺乏相应的保障和激励机制。建立保障机制就是通过提供物质保障、队伍保障和组织保障使育人工作在更有底气的环境下开展；激励机制就是通过建立物质和精神激励相结合的机制，调动育人主体的积极性，使育人主体全身心地投入到思想政治教育活动实践中，共同为实现协同育人目标而努力。

第四章 新时代高校协同育人的形成机制

新时代高校协同育人的形成机制是指高校思想政治教育发挥协同效用时各要素的集合，形成机制是协同育人的基础。本章从形成机制的内容和构建两个方面阐述新时代高校协同育人的形成机制，首先将新时代高校协同育人机制中的形成要素分为高校思想政治教育的主体、客体、介体和环体，并且对此四要素进行了更加详细的划分；在此基础上从目标协同、主体协同、内容协同和方法协同等四个方面论述了形成机制的构成。

一、新时代高校思想政治工作形成机制的内容

（一）新时代高校思想政治教育的主客体

1. 高校思想政治教育主体

（1）高校思想政治教育主体的内涵

高校思想政治教育主体是指在高校思想政治教育活动过程中承担主动教育功能的行为者，既包括组织也包括个人。按照高校思想政治教育主体所属领域，可以划分为校内主体和校外主体。校内主体是指在高校内部承担思想政治教育功能的部门组织和教师员工，主要包括思政课教师、专业课教师、辅导员、校内管理与服务人员以及校内开展思想政治教育活动的机构和组织等。校外主体是指在高校外部具有主动思想政治教育功能的团体、组织和个人。主要包括社会、家庭以及校外各高校的思政课学科带头人、优秀课程教师、专家学者等。本书研究的教育主体主要指校内主体，以下称为教育者。

思想政治教育者是一系列观点与规范的传播者，他所传授的思想观念、政治观点、道德规范是符合社会发展要求的，教育者在思想政治教育过程

中起主导性作用。思想政治教育群体既包括专职思想政治教育工作者，也包括在本职工作岗位上兼有思想政治教育功能的个人或群体。

我们此处所说的教育者特指为思想政治教育工作者，具有以下特征。首先，思想政治教育者具有阶级性。思想政治教育在阶级社会是一种客观存在。马克思指出："统治阶级的思想在每一时代都是占统治地位的思想。这就是说，一个阶级是社会上占统治地位的物质力量，同时也是社会上占统治地位的精神力量……既然他们作为一个阶级进行统治，并且决定着某一历史时代的整个面貌，那么，不言而喻，他们在这个历史时代的一切领域中也会这样做，就是说，他们还作为思维着的人，作为思想的生产者进行统治，他们调节着自己时代的思想的生产和分配……"① 因此在阶级社会里，统治阶级为了全面地维护自己的统治，必然需要将所奉行的思想观点、政治观念、道德规范等传输给受教育者。思想政治教育者是带有明显的统治阶级意识形态色彩的产物，因而具有阶级性。其次，思想政治教育者具有主体性。在思想政治教育的过程中，思想政治教育者起主导性作用，思想政治教育的内容、形式、方式方法等都需要思想政治教育者的不断探索、开拓和创新。作为教育主体，教育者对受教育者施加影响，虽然教育者与受教育者在思想政治教育过程中是双向互动、相互作用的关系，但教育者在其中作为引领者、倡导者、组织者，具有一定的支配性，同时教育者从现实出发，结合一定阶级社会的客观实际与受教育者的思想道德状况，充分发挥主观能动性，努力做到因事而化、因时而进、因势而新。最后，思想政治教育者具有专业性。要更好地完成思想政治教育的任务，就要求思想政治教育者自身必须具备良好的政治素养，掌握丰富的理论知识，同时一般受过专业的培训及长时期的社会基层实践，对受教育者的思想道德状况有着良好的认知能力，善于开展思想政治教育工作。

思想政治教育者是思想政治教育过程中的主体力量，在思想政治教育的过程中承担重要的责任，发挥重要的作用。思想政治教育者主要发挥观念灌输职能、设计与组织活动职能、激励职能、引导职能的作用。首先，思想政治教育的本质是意识形态的灌输。历史和实践证明，只有不断地向

---

① 中共中央马克思恩格斯列宁斯大林著作编译局编译. 马克思恩格斯选集（第一卷）[M]. 北京：人民出版社，2012：178-179.

受教育者灌输当代社会核心价值内容，才能真正地、有效地提高受教育者的思想道德素质。思想政治教育者的任务是将一定社会的思想品德规范传导给受教育者，促使其内化为自身的思想道德认知体系。因此这就要求思想政治教育者应全面掌握当今社会主流思想观念与价值体系，按照社会发展的要求和受教育者的思想程度将其进行整合、转化与创新，形成受教育者所能接受的理论知识并进行灌输与讲授。灌输并不意味着思想政治教育者固化地给受教育者注入思想观念，而是采取多种方式进行观念的传输。其次，教育者具有设计和组织活动的职能。教育者在思想政治教育过程中，作为策划者和组织者采取多种多样、丰富多彩的活动，如参观访问、小组活动、实践调研、志愿服务等，充分彰显思想政治教育的感染性特点。教育者还具有激励的作用。斯金纳（B.F.Skinner）认为，在条件作用中，凡能使个体操作性反应的频率增加的一切安排，均称为强化，而当个体反应后在情境中出现的任何刺激，有助于该反应的频率增加的称之为正强化。① 思想政治教育的目的实现是教育者与受教育者共同作用的结果，有效的思想政治教育离不开教育者的激励。教育者为取得良好的教育效果，在思想政治教育的过程中，应该积极运用奖赏、鼓励、表扬等教育手段，激发受教育者的政治热情和接受程度，使他们从被迫学习转变为主动接纳。思想政治教育者还具有引导的职能。思想政治教育者作为引导者，不仅应关注受教育者对于社会思想道德的观念认知，还应该关注受教育者的健康成长，通过教育者的正确引导，受教育者的思想品德认知向着符合社会主义的方向发展；当受教育者对多元文化思潮产生困境时，思想政治教育者发挥其引导作用，让受教育者由价值冲突走向和谐的状态，让受教育者在成长道路上少走弯路。同时思想政治教育者应当以身作则，作为一个示范榜样，引导受教育者将思想道德规范内化于心，外化于行。

（2）高校思想政治教育主体的划分

本书将高校思想政治教育的主体按职能分为高校党委和高校团委；按教师授课内容分为思政论课教师、其他专业课教师和辅导员以及班主任。

---

① 转引自张春兴. 世纪心理学丛书 [M]. 杭州：浙江教育出版社，2007：179.

①处于领导地位的校党委

学校党委在对高校进行管理的过程中要坚持一切从实际出发，寻找和遵循科学的教学内容和教学方法。中共中央办公厅于 2014 年印发了《关于坚持和完善普通高等学校党委领导下的校长负责制的实施意见》，明确规定了高校党委在实际工作中要做好的工作包括：贯彻党的路线、方针、政策和党的教育政策；讨论和决定与学校改革、发展、稳定、教学和研究有关的重大事项和基本管理制度；选拔、培训、考核和监督干部全面推进学校各类人才建设，领导学校思想政治工作和德育工作，培养良好的学风和教学作风，以及领导基层党组织在高校、院系等方面的工作。①文件不仅对高校党委的地位进行了肯定，还对其政治执行、监督、领导等功能进行了明确。

高校党委肩负着高校各项工作的组织、协调的重任，把握、传导和落实国家关于思想政治教育的方向是其最核心的功能和职责。高校党委只有在积极贯彻党的决定的基础上，才能做好基层群众建设，推动我国高校协同机制的改革创新。

②处于辅助地位的校团委

高校团委肩负着掌管全校团委工作的重大职责，是高校党委开展工作的得力助手，在与基层团组织的交流过程当中发挥着指挥棒的作用。高校共青团工作是我国高校教育事业的重要组成部分，既是党的教育方针落实的有效载体，也是高校思想政治教育的实施主体。从我国高校团委的组织架构及人员组成可以看出，除了校团委、院系总支的主要干部由专职或者兼职的教师担任之外，其余大量的岗位都是由高校学生来担任的。同时大学生中团员的占比较高，团组织工作开展的好坏与否对高校思想政治教育工作实效性的发挥有着重大的影响。因此，校团委要积极做好基层团组织成员的教育工作。基层团组织上连接着校团委，下连接着广大学生，起着承上启下的重要作用。为了适应当下高校体制改革及新时代高校学生心理需求的重大变化，我们必须不断提高高校团委及基层团组织工作的主动性

---

① 中共中央办公厅印发《关于坚持和完善普通高等学校党委领导下的校长负责制的实施意见》中央有关文件_政策_中国政府网 [EB/OL].http://www.gov.cn/zhengce/2014-10/15/content_2766861.htm.

推进校团委创造性的发挥，同时要积极做好对基层团组织工作的监督、调整和激励。

③处于核心地位的思政课教师

思政课老师是高校思想政治教育工作最核心的实施者，其授课内容和授课方式会对形学生思想政治素养的提高有着最直接的影响。思政课教师是帮助高校学生形成科学的世界观和人生观、德智体美劳全面发展的关键，有目的地对学生的思维理念和政治立场进行引导和教育，具有"给学生心灵埋下真善美的种子，引导学生扣好人生第一粒扣子"的特殊使命和专业职责。

思政课教师由于其独特的角色以及现时代的背景，必须具备以下六大素养，即政治素养要强、对思想政治工作的情怀要深、教育的思维理念要不断更新、看待事物的视野要广阔、要有强烈的自律意识给学生做榜样、最后要有正确的人格，这是习近平总书记在结合时代特点的基础上对思政课教师提出的最新要求。这六大要求之间既相互联系又有非常明显的结构性特征，是新时代赋予思政课教师的新的使命，也对其提出了新的要求，无论是从构建高校协同机制的角度，还是从其教师队伍建设的角度，都具有十分重大的意义。

④专业课教师

本书所说的专业课教师是指高校中承担非思政课教学任务的教师，可以分为自然科学教师和人文科学教师。习近平总书记强调，高等教育要以立德树人为中心，把思政工作贯穿教育教学的全过程，所有教师对学生的教育和引导都应该是复合式的，应该同时积极引导思维理念、科学文化等各方面的发展。

习近平总书记的重要论述是对广大教师的普遍要求，是广大教师以德立身、以德立学、以德施教的基本功，是教师完成塑造灵魂、塑造生命、塑造新人时代重任的基本素质，更是每一名教育工作者都应对照努力的"穿衣镜"。要求每一位专业课教师都应该注重教育性和科学性的统一，突出强调思政课教师对高校学生肩负着知识教学和价值观教育的双重职责。因此，高校每一位教师都应该有着强烈的道德育人的使命，专业课教师在对学生进行专业教育的过程中，其自身所体现出来的学术严谨性及道德修养本身就对其学生有着潜移默化的影响。如果专业课教师在专业教育中融入价值观教育的内容，势必会产生"1+1>2"的效果。高校的专业课教育相较于思想政治教育理论课教育，有着独特的隐蔽性及权威性等特点。高校专业课教师在其与学生的日常交流和课堂互动中，虽然没有涉及明显的价值观教育。但是，教学实践的任何一个环节都需要价值判断和价值选择，因此，任何一个环节的教学活动都隐含了大量的价值观的传导。

⑤辅导员和班主任

我国高校辅导员制度的设立始于清华大学，至今已有五十年之久，随着经济社会的不断变化，辅导员的内涵也在不断丰富。《普通高等学校辅导员队伍建设规定》指出，辅导员是开展大学生思想政治教育的骨干力量，是高等学校学生日常思想政治教育和管理工作的组织者、实施者、指导者，辅导员应当努力成为学生成长成才的人生导师和健康生活的知心朋友。[①]我们现在所提倡的"大思政"，其对学生的培养包括思想、政治、品德、法制、心理健康等各个方面。培养高校学生健康的人格和高尚的思想品德是高校开展心理健康教育和思想政治教育的共同目标，具备良好的心理素质是建立好的思想政治素养的前提。关注所在班级学生的心理健康，以及采取适当的措施引导学生心理健康的发展，是高校辅导员和班主任工作的重点内容，但是根据调查，我国高校尚未形成关于心理健康的考核指标，面对高校学生心理方面遇到的问题，各相关部门有时甚至存在互相推诿的现象，导致目前我国高校心理健康教育的推广不顺畅。

我国《高等教育法》明确规定在实施高等教育的过程中，要以德为先，立德树人，促进高校学生德、智、体、美等全面发展。不管是树人还是发展人，都离不开辅导员和班主任对学生进行的心理健康教育和思想政治教育，思想政治教育和心理健康教育是其个人价值观和社会核心价值观融通的关键点。

2. 高校思想政治教育客体

高校思想政治教育客体是指在高校思想政治教育活动过程中教育主体的育人对象，即高校在校大学生是本书研究的教育客体，也称为受教育者。在高校协同育人机制构建过程中，教育客体的配合程度决定了机制是否能

---

① 普通高等学校辅导员队伍建设规定 _ 中华人民共和国教育部政府门户网站 [EB/OL]. http:www.moe.gov.cn/srcsite/A02/s7060/20171206_320698.html.

够高效运行，决定了高校思想政治教育育人水平的高低。因此，应充分调动教育客体的积极性，以培养教育客体的主体性为目的，充分尊重学生，建立科学的制度体系，对教育客体予以激励；将外部的推力内化为自我努力的动力，激发大学生进行自我教育，发挥学生组织和团体的作用，让大学生自觉地关注思想政治教育领域并发表自己的观点，有效激励学生成长成才，与教育主体共同推动整个协同育人机制的高校运行。

由于教育和受教育是同时存在的，因此，受教育者，即思想政治教育对象，既是高校思想政治教育活动的对象，也是"自我教育的主体"①。毫无疑问，对于主体定义的分歧造成了对于客体定义的分歧，与上述分歧产生的原因相类似，研究者过度关注受教育者的主体性特点，混淆了"主体的本质"和"主体性特征"这两个概念。② 对此，教育部思想政治教育司组编的《思想政治教育原理与方法》做了权威且详细的解释，书中明确指出，当思想政治教育客体由于一定的环境条件的变为主体的时候，他就不具备了客体的特性，而变成了思想政治教育的主体了。③ 因此，主体和客体一般是不会在一个时间在一个对象身上存在的。④ 书中明确指出，思想政治教育作为一种具有鲜明的政治引导性的教育活动，高校思想政治教育的客体——高校学生显然是不能担当起主体的职责的，因此笔者认为，思想政治教育作为一种具有鲜明政治指导意义的教育活动，高校思想政治教育的对象由于其价值观尚未完全形成、社会阅历尚浅，从而显然不能承担起主体的责任。笔者认为，对高校学生主体性的研究和分析要从高校学生的实际年龄和思维发展实际出发，在此角度下，教育者的主体地位依旧是不可替代的，教育者主体性发挥得好坏是高校学生思想境界、政治素养提升的关键所在。但是，由于学界充分重视受教育者的主体性，教育者应该在教育活动中注重对学生的引导，促进其主体性的发挥。

高校学生作为高校思想政治教育的客体，由于其本身的能动性，使其

① 项久雨. 思想政治教育主客体关系的马克思主义逻辑 [J]. 教学与研究，2017（07）：61.

② 林伯海，周至涯. 思想政治教育主体及其主体性的要素构成新探[J]. 思想教育研究，2011（02）：10–14.

③ 教育部思想政治教育司. 思想政治教育原理与方法 [M]. 北京：高等教育出版社，2014：311.

④ 教育部思想政治教育司. 思想政治教育原理与方法 [M]. 北京：高等教育出版社，2014：66.

具有了主体性的特征。思想政治教育活动的目的是让受教育者在当时的社会大背景下，对教育者所传授的知识和相关意识形态进行内化，在保证自己应有的独立性的前提下，对教育内容进行批判吸收并且提出自己富有创新性的观点和看法，在思想和经验的碰撞中不断丰富和增强自己精神世界的修养。

高校学生作为高校思想政治教育活动中作为教育活动对象的人，具有主体性、受动性及可塑性等特点。高校学生从来不是被动、消极地接受高校思想政治教育活动改造的"物"，而是有思想、有灵魂、有意识、有目标的人。因此，新时代的高校思想政治教育活动必须充分尊重高校学生的主体性和能动性，高校学生作为高校思想政治教育最基本的要素之一，其能动性的发挥对于高校协同机制的构建有着巨大的影响。

目前学界讨论较多的所谓思想政治延续性教育要求我们在进行思想政治教育的过程中，要学会充分发挥高校思想政治客体的主体性，即在课堂之外、或者说思想政治教育活动之外，高校思想政治教育客体凭借其强大的自我意识能力，继续对其思想进行内化。这就要求受教育者本身要制定适合自己的教育内容和选择适合自己的教育方法。世界瞬息万变、人的思想也是千差万别，教材中涉及的较多的是对过去事件的总结，因此，其从来都不是唯一的标准和行为准则，只有每一个受教育者都形成了自己独特的思想政治教育的观点和内容，再和大系统中思想政治教育的内容进行融合、摩擦，才能推动我国高校思想政治教育事业循序渐进地往前发展。另外，受教育者在其自身的社会实践过程中，都有自己对于社会万象的价值判断和价值尺度，这样的衡量标准是和其特定的人生际遇和年龄阶段密切相关的，本着对受教育者主体性充分尊重的前提，此类价值判断应该被尊重并且具有不可替代性。

（二）高校思想政治教育的环体

高校思想政治教育的环体是高校思想政治教育活动环境要素的总和。环体在本书中又可以理解为教育环境。张耀灿等人指出，教育环境由于其特有的全覆盖性和渗透性，既作用于教育者又作用于受教育者，且会制约着教育双方认知的提升，与此同时，环体又会接受教育主客体改造，教育主客体在其教育实践过程中对环体又有一定的反作用。[①] 一个好的环境会促进高校思想政治教育的发展，而一个坏的环境会抑制甚至阻碍其发展。高校思想政治教育的介体——即相关的教育内容和教育方法、设定的目标和思想政治教育的方法是依据环体来制定的，也就是我们所说的任何活动都要紧跟时代的要求，一定的环境决定一定的方法。高校协同机制作用的发挥需要各个环体要素共同发挥作用。

"人创造环境，同样，环境也创造人。"[②] 环境是思想政治教育中一个非常重要的影响因素。自古以来，环境的影响就得到人们广泛的重视，中国古代教育家、思想家孔子强调："性相近，习相远"的古话流传千古；《墨子》一书中写道："染于苍则苍，染于黄则黄，所入者变，其色亦变"，可见环境与人的思想和行为密切相关。思想政治教育环境是指影响受教育者的思想品德认识、形成和发展的外在因素，对受教育者的思想品德的形成和发展具有重要的促进作用。积极、健康向上的社会环境可以促进人产生崇高的社会情感和共鸣，消极、低俗的环境则不利于个体的思想品德发展，可能导致个体误入歧途。例如，游览祖国的大好河山时，会惊叹于祖国的宏伟壮阔，易产生昂扬向上的爱国主义情怀；当不道德、不文明行为泛滥时，就可能会盲目跟从，产生不良的道德认识与行为。因此，应发扬社会环境中的积极因素，使人们在美好和谐的社会环境中形成良好的道德品质。同时，思想政治教育的环境对人的思想品德的引导具有潜移默化和无形感染的作用。思想政治教育环境对人的影响与传统的说教不同，是一种隐性的、无形的感染教育，一定的社会风气、社会氛围和文化传统对个体的影响都是耳濡目染、无声无息地对人们进行情感的熏陶。思想政治教育环境还具有一定的约束和规范性。当个体处于特定的思想政治教育环境之中，会受到一定的社会规范和传统道德的制约，这些区别于法律的强制性，是人们长期经验的结果，如果发挥得当，将有利于传承社会传统美德，约束人们的行为。思想政治教育的环境与人的思想品德形成、发展息息相关，每个

① 张耀灿，刘伟，论教育环境是思想政治教育过程的要素 [J]. 思想政治教育研究，2006（52）：55-57.

② 中共中央马克思恩格斯列宁斯大林著作编译局编译. 马克思恩格斯选集（第一卷）[M]. 北京：人民出版社，2012：173-173.

个体都处于特定的社会环境之中，所受到的影响也是潜移默化、深远持久的，同时，思想政治教育的环境也不是一成不变的，而是动态变化的，因此，教育者应与时俱进，根据社会发展的实际情况不断调整思想政治教育的内容与方式方法，以适应时代要求。

1. 新时代高校思想政治教育环境的特征

（1）新时代高校思想政治教育环境具有广泛性

广泛性是指客观事物所涉及的范围广，既可以是事物本身组成部分涵盖的范围广，也可以是事物对其他事物产生的影响和作用范围广。高校思想政治教育环境是由不同的环境因素相互联系组成的十分复杂的环境系统。同时，思想政治教育环境也能动地对高校大学生的思想观念、行为方式产生全方位的、广泛的影响。对于高校思想政治教育环境的广泛性，我们可以从以下四个维度来理解。

①高校思想政治教育环境的时间维度

高校思想政治教育环境从时间维度看，可以说是"无时不在"。人们思想道德的形成既受现实环境的影响，也受历史因素的影响，具有历史性和继承性的特征。比如：高校办学方向的确立，既要适应时代的需求，还要立足本校的历史传统和学科优势，才能更好地体现自身办学特色；高校校风、教风、学风的凝练，也是对自办学以来学校发展中各种精神文化的传承和弘扬；同样，一个民族和国家的精神，也是在前人不懈奋斗过程中得以体现和升华，并广泛地影响后人的精神和价值追求。这些精神文化层面的环境因素，都具有历史的继承性。同时，作为个体的人，环境的影响贯彻在其一生的全过程中。

②高校思想政治教育环境的空间维度

高校思想政治教育环境从空间维度看，可以说是"无处不在"。人的思想道德品行的形成、发展受自然环境和社会环境的影响，其中，社会的物质生活环境和精神生活环境对人的思想道德品行的影响至关重要。社会环境中经济因素、政治因素、文化因素、制度因素等方面的变革都会引发利益的变化，导致社会关系的调整，从而直接或间接地影响着人的思想道德品行的形成。高校大学生虽身处校园，但学习和生活在空间上并不局限于校园，社会环境、家庭环境、经济环境、自然环境、网络环境等都会与其产生联系，或多或少受到这些环境因素的影响。即使在校园内部，依然也会受到学校教学环境、宿舍环境、学术环境、人际环境等方面的影响。可以说，高校大学生在学习、生活、实践等所有方面都受到环境全方位的影响。

③高校思想政治教育环境的构成广泛

高校思想政治教育环境构成广泛，包含的组成因素众多。既包括物质环境，又包括精神环境；既包括国际环境，又包括国内环境；既包括社会环境，又包括自然环境；既包括现实环境，又包括虚拟环境；根据不同的归类，还有很多交叉却又客观存在的环境因素，比如人际环境、家庭环境、学校环境、社区环境、工作环境、组织环境、舆论环境、文化环境，等等。这些都是高校大学生将会涉及的小环境或者说环境因素。

④高校思想政治教育环境的作用范围

思想政治教育环境的广泛性不仅包含影响因素的广泛性，还包括影响范围的广泛性。每个人生活在这些环境之中，都受到所在环境的直接或间接影响：既有积极的，也有消极的；既有正面的，也有负面的；既有有效的，也有无效的；既有强影响，也有弱影响；影响形式变幻多样、影响力度有深有浅、影响渠道多种多样，它们共同作用于人的思想道德和人格心理，使人受到环境的教育感染和熏陶。可以说，人们的思想观念、价值取向、行为方式都是基于现实的社会关系、社会存在、社会条件等环境因素，在他们的广泛影响下逐渐形成的，通过广泛的环境因素，发挥知、情、意、行多种教育影响作用。所以，客观的环境对人的思想政治品德的形成、发展具有广泛的作用。

（2）新时代高校思想政治教育环境具有复杂性

复杂性是世界存在的一种状态，是指由于整体与部分之间的非线性关系，使得我们很难通过局部来认识整体，或者从整体无法推导出每个部分。"从主观的角度而言，复杂性是一种思维方式，这种思维方式表现为非线性思维、整体性思维、关系性思维、过程思维等。"① 正确认识高校思想政治教育环境的复杂性，需要从立足环境自身的复杂性和环境对人的影响的

---

① 张耀灿，郑永廷，吴潜涛，骆郁廷，现代思想政治教育学 [M]. 北京：人民出版社，2006：298.

复杂性两个维度来分析。

①高校思想政治教育环境自身的复杂性

高校思想政治教育环境自身就是一个各种复杂因素的综合体，其复杂性从整体与部分的关系分析，主要表现在以下两个层面。

首先，环境整体的复杂性。高校思想政治教育环境是个宏观的总体性概念，其既是整体的部分，又是部分的整体。一方面，高校思想政治教育环境包含的组成部分众多，一切与高校思想政治教育相关的环境因素，都可以纳入其中。这些环境因素之间存在包含、互斥或交叉关系，比如：网络环境与舆论环境之间存在交叉关系；社会环境与文化环境也存在交叉关系；文化环境与学术环境之间又存在包含关系，等等，各种不同的环境之间难以进行明确的类别或性质划分。另一方面，高校思想政治教育环境处于动态的发展变化之中。世界上的一切事物都是发展变化的，自然环境无时无刻不在发生变化，社会环境的发展变化更快。比如：在新中国成立以前，广大人民群众生活在半殖民地半封建的社会环境下、遭受"三座大山"的压迫是那个时代的社会环境的最真实写照，而新中国的成立将人民带进了独立自由的新的社会环境之中；在党的十一届三中全会确定实施改革开放的政策后，我国的经济环境就由计划经济逐步转变为社会主义市场经济，并且带来了人民思想观念和精神面貌的深刻变化；中国特色社会主义进入新时代，在党的建设、深化改革、治国理政等方面的创新性发展，更是促进了政治环境、经济环境、文化环境等方面的巨大进步。所以说，环境整体是变化的、动态的，更是复杂的。

其次，环境构成部分的复杂性。从整体与部分的关系逻辑上分析，整体发生改变，部分不一定会发生改变；部分发生改变了，整体也不一定就发生改变。体现在思想政治教育环境中，就是宏观环境与微观环境间的关系。宏观环境没发生改变，但微观环境可以发生改变；宏观环境改变了但微观环境可以未发生改变，等等。比如：一个国家在民主与法治制度的层面做出新的修订，但民众的民主和法治意识丝毫没有提高，这就是微观的民主与法治环境未变，而宏观的民主与法治环境已经改变；再比如：中国特色社会主义进入新时代，从微观角度，我国社会的基本矛盾发生了改变，但从宏观角度，我国处于社会主义初级阶段的基本国情依然没有发生改变。

这些都是整体与部分关系下，环境复杂性的重要体现。

②高校思想政治教育环境对人的影响的复杂性

高校思想政治教育环境对高校大学生的影响也是复杂多变的，在影响的性质、方式和力度上，都有不同的体现。

首先，影响性质的多重性。高校思想政治教育环境的初衷是对青年大学生产生积极的影响，但现实中，对于环境因素的片面解读或错误理解，导致了环境影响在客观上存在良性与恶性、积极与消极、先进与落后等，共同影响着高校大学生的思想观念和行为习惯。另外，同样的环境对不同群体的影响往往也存在较大的差别，不同群体在环境的选择和适应方面也存在很大不同。

其次，影响方式的多样性。高校思想政治教育环境对高校大学生的影响一般可以分为以下几种方式：教育与环境的相互影响，环境对教育的单一影响；直接的影响，间接的影响；广泛的影响，个别的影响；深入持久的影响，浅层的偶然的影响；真实的影响，虚假的影响，等等。同时，这些影响方式又是交织在一起的，从而进一步增强了思想政治教育环境的复杂性。"

最后，影响力度的多变性。微观环境通常是与某个特定群体关系较为密切的环境因素，对特定群体有较大的影响力，而有些微观环境与某个特定群体的关系不太密切，环境的影响力也就要弱一些。同一个微观环境对不同的群体，其影响力度也是不尽相同的。同样的社会环境，对古稀老人和青年大学生的影响是决然不同的，呈现出不同的影响力。

（3）新时代高校思想政治教育环境具有开放性

高校思想政治教育环境是一种属人环境，而人又处于时间与空间的不断变化之中，因此，高校思想政治教育环境是一个具有开放性的系统。

①高校思想政治教育环境在状态上动态发展

马克思主义指出，运动是绝对的，静止是相对的，不存在绝对的静止。事物的发展亦是如此，整个世界都处于不断变化和发展之中。伴随着社会基本矛盾的转变，社会环境的各个方面也在发生着变化，改变了思想政治教育的环境，变化了的环境又引发人们思想观念和行为习惯的改变。可见，高校思想政治教育环境是处于永恒的动态变化中。高校思想政治教育环境涉及的方面众多，是一个开放的、动态的系统。环境的放开性加速了环境的发展变化，使思想政治教育环境呈现更加多变的特征：一是随着思想政治教育对象年龄的变化而变化，二是随着思想政治教育对象生活、学习、工作的环境变化而变化，三是在不同环境中，影响因素的主次顺序发生变化。因此，高校思想政治教育要根据教育对象的变化、教育环境的变化，不断调整教育目标，更新教育内容和教育方法，保持教育者与受教育者与环境的动态平衡，实现教育目标。

②高校思想政治教育环境在时空上无边无界

首先，高校思想政治教育环境在空间上早已突破了传统校园环境范畴的界限。思想政治教育是作用于人的思想的教育活动，而人的思想观念和道德行为养成受到的影响相当广泛，是不可能在空间范畴上划分明确界线的。因此，高校思想政治教育环境在空间上并没有明确的界线，尤其在信息化社会，科学技术和移动互联网的普及，更是拉近了不同空间的距离，实现更大空间内的交流与互动，使得全球都处于同一个网络空间之中，无限拓展了思想政治教育环境的空间边界。

其次，高校思想政治教育环境也突破了时间上的界线。高校大学生的思想观念受到高校思想政治教育环境的影响，但却并不一定和高校思想政治教育环境保持完全同步：既可能出现超越于环境的超前性，也可能出现落后于环境的滞后性。这种时间的异步性，就是思想政治教育环境在时间范畴上并放状态的重要标志。

（4）新时代高校思想政治教育环境具有可塑性

思想政治教育环境具有可塑性是指思想政治教育环境中的部分因素可以在人的干预下发生改变，其目的是为了更好地提高思想政治教育活动的实效性。对于高校思想政治教育环境，我们研究其可塑性，要从两个角度去准确掌握。

①环境可塑性的相对性

思想政治教育环境并非抽象的概念，而是具体的、特定的概念。因为对于每个人来说，其生活所处的空间都可以称之为外部环境，但每个人却不可能接触到所有的外部环境，因此，与这个有着密切联系、对其产生影响的环境是局部的，是具体的、特定的环境。对于具体的、特定的环境，人类可以发挥能动作用，对其产生影响，并在一定程度上改变环境。但这种改变对环境的塑造具有相对性。

一方面，思想政治教育环境的可塑性具有相对性。高校思想政治教育环境既包括社会环境，也包括自然环境。从高校思想政治教育工作者的角度来看，社会环境属于大环境，超出高校思想政治教育工作者发挥能动作用的范围，无法改变它，因而属于不可塑环境，只能选择被动地接受这个环境。同样是社会环境，对于国家来说，这个环境又具有可塑性，可以通过政策手段、法治手段、经济手段、文化手段等措施，产生能动影响，促使环境发生变化。因而，对于思想政治教育环境来说，其可塑性是一个相对概念，体现为不同社会角色作用力的不同，对环境产生的能动作用和塑造力或大或小、或有或无。因此，环境的可塑性具有相对属性。

另一方面，对环境的塑造力也具有相对性。对于思想政治教育工作者来说，其塑造力大小也是相对的，例如：思想政治教育工作者可以对本校的思想政治教育环境塑造产生作用，塑造更有利于提高思想政治教育实效的环境，但对于社会环境的塑造却无能为力；同样，国家的治理者可以对本国经济环境制定政策，影响和塑造本国的经济环境，但却对国际环境无能为力。同样的主体，面对不同环境的塑造力度也不相同。

②环境可塑性的局部性

从思想政治教育环境建设者的角度看，教育环境可分为两部分，一部分是不可塑的，一部分是可塑。对于社会环境，思想政治教育工作者不能改变它，但可以提供建议。思想政治教育的小环境，即学校环境、工作环境、家庭环境和社交环境等，则是可塑的或局部可塑的。其中，学校环境、工作环境是可塑的，社交环境是部分可塑。从教育者可以调节家庭成员之间的关系、转变态度和提高家庭成员的认识的角度来看，家庭环境也是部分可塑的。思想政治教育环境的建设者应当尽一切可能按照教育目的去设计、塑造和影响小环境。所以，"从思想政治教育角度看问题，不论是大环境，还是小环境，都不是纯粹自在的环境，而是人为的或者有人为因素的环境，是教育者设计、塑造、影响和净化的结果。"[①] 思想政治教育工作者正是根

---

① 陈秉公. 思想政治教育学原理 [M]. 北京：高等教育出版社，2006：260-261.

据环境能够被认识和改造这一特征，积极构建和优化思想政治教育育人环境，充分发挥环境育人功能。思想政治教育工作者只有最大限度地控制和利用好教育环境，才能取得最佳的教育效果。

（5）新时代高校思想政治教育环境具有意识形态性

对于高校思想政治教育环境的认识，必须要紧紧围绕思想政治教育这个中心，关注一切与高校思想政治活动有关的环境因素，深刻认识马克思主义思想政治教育活动的本质。思想政治教育工作是中国共产党领导下的、以马克思主义为指导思想的、改造人的思想实践活动，以思想教育、政治教育、道德教育、心理教育等为主要内容，以传播马克思主义及其中国化的理论，培养社会成员的社会主义共同理想和共产主义远大理想，完善人格，实现人的全面发展为主要目标。从阶级意义上来说，思想政治教育实践是为了服务于治国理政、服务于中国特色社会主义现代化建设的、具有一定的阶级性和意识形态性。在社会主义国家，工人阶级是领导阶级，权力属于人民，人民是国家的主人，社会主义国家的思想政治教育工作代表着最广大的无产阶级的阶级意识形态性质。

我们的教育事业是服务于人民、服务于中国特色社会主义现代化建设的，作为国家教育事业重要组成部分的高校思想政治教育工作，更是如此。思想政治理论课是高校思想政治教育工作的主阵地，对于营造良好的高校思想政治教育环境尤为重要。一方面，思想政治理论课应当坚持马克思主义的方向性，不是说杜绝其他理论在课堂上出现，而是要把握好马克思主义的核心指导地位，其他学说与理论都是服务于马克思主义理论的核心地位，有助于更好地帮助高校大学生认识和理解马克思主义理论。另一方面，思想政治理论课要科学"灌输"意识形态，这里并非指强制性的单向教育活动，而是基于双主体性基础上，运用具有新时代特色的思想政治理论课教学方式，运用生动活泼、形式多样、喜闻乐见、易于接受的教学形式，使高校大学生科学地认识中国的政治制度、经济制度、法治体系和基本国情等，帮助高校大学生树立"四个意识"，坚定"四个自信"。这是高校培养德智体美劳全面发展的社会主义合格建设者和可靠接班人的必然要求。因此，高校思想政治教育环境的创设，要坚持意识形态的方向性和科学性。

高校思想政治教育环境可以划分为社会环境和自然环境。思想政治教育的社会环境是围绕在人周围的环境，其很大程度上取决于人们的社会生活环境，受到人们社会生产、社会活动、社会行为的影响，从宏观的国家制度、国家治理、社会意识，到微观的个人意识和行为，都会受到社会生活的影响，社会生活环境难免不具有意识形态的特征，而作为重要组成部分的思想政治教育环境也难免不具有意识形态的特征。同样，即使是自然环境，在不成为思想政治教育环境组成部分的时候，属于纯粹的自然因素，不具有了意识形态特征，但作为思想政治教育的因素之后，就具有意识形态色彩，同时也就成为思想政治教育自然环境的组成部分。比如：长江、黄河属于自然环境，但作为养育中华民族的母亲河，便具有了更高的价值内涵，增添了意识色彩。所以说，只要能够成为思想政治教育组成部分的环境因素，都具有意识形态色彩。

2. 高校思想政治教育环体的划分

随着时代的发展，高校思想政治教育环体所包含的对象也在不断丰富，一般来说，思想政治教育的环境可以分为宏观和微观两个层面。宏观环境主要包括社会中的经济环境、政治环境、文化环境、自然环境、网络环境、社会环境等，微观环境主要是指家庭环境、学校环境等。以下主要介绍校园环境、家庭环境、社会环境和同辈群体环境。

（1）校园环境

一般认为，高校思想政治教育的校园环境是指能够影响高校学生的日常生活和学习及社会价值观的一切校园内部因素的总和，主要包括校园文化环境、校园人际环境及校园物质环境。[①] 我们又可以将校园文化环境称为校园软环境。校园软环境主要包括校风、文化活动、学风及相关的制度等。校园文化环境通过潜移默化的方式对高校学生的思想和行为产生影响。因此，新时代背景下，我们需要对高校思想政治教育的文化环境的建设给予更多的关注和完善。校园人际环境主要指校园各个主体之间的人际关系形成的环境氛围，这种人与人之间的关系主要包括教师和学生之间的关系、教师和教师之间的关系、学生和学生之间的关系等。良好的校园人际关系的形成需要一个完善的机制作为保障，只有在充分保障各方合理正当的利

---

① 李辉. 现代思想政治教育环境研究 [M]. 广州：广东人民出版社，2005：356.

益得到满足、诉求得到尊重的情况下，才能形成一个良好的校园人际环境。校园物质环境主要是指高校的教学设施及教学场所，包括教师和学生平时活动的各个区域内的一切基础设施。良好的校园环境是上述三个相互协同、互相作用的结果，只有各方面共同发挥作用，才能促进高校思想政治教育的发展。

高校思想政治教育的主体和校园环境之间的关系不是机械和被动的，他们之间存在着作用与反作用的关系，构建一个可以激发高校思想政治教育主客体创造性的思想政治教育环境是高校协同机制的必然要求。[①]高校的校园环境影响着高校学生思想观点、政治理念及行为方式，与此同时高校学生的思想和行动又对高校思想政治教育环境有着决定性的作用。

（2）家庭环境

自古以来，我国就非常注重家庭环境对一个人教育的影响，近几年习近平总书记更是多次公开强调了家风建设对于社会建设的重要性。一个良好的家庭教育环境是对校园环境的良好补充，可以增加思想政治教育的亲和性和完备性。因此，我们要建立家庭内部和家庭与学校、社会之间的联合互动机制。长久以来，由于应试教育制度的贯彻实施，我国家长普遍存在重智轻德的子女教育观念，严重缺乏对子女思想政治教育的正确认知，将学校教育与子女的整个教育相等同，特别是当学生进入大学之后，这种现象就变得更加明显，普遍存在家庭教育和学校教育的沟通不畅问题，大大降低了高校思想政治教育的效率和效果。

我国很多传统美德的发扬是需要家庭的协助才能在后辈身上得以体现和传承，小到家教，大到民族文化。父母是孩子的第一任老师，父母在日常生活中言语的表达和处理事情的方式以及对孩子成长的要求都会对孩子产生潜移默化的影响，并且这种影响是伴随一生的。

（3）社会环境

高校思想政治教育所面对的社会环境主要是指高校学生在其活动范围内所接触到的校园环境之外的物质、精神环境的总和。笔者将高校思想政治教育的社会环境分为物质环境和精神环境两大类。马克思主义基本原理

告诉我们，经济基础决定上层建筑，存在决定意识，意识又反作用于存在。因此，高校的思想政治教育活动必须重视物质与精神之间的辩证统一，人力、物力等基础设施建设必须与精神建设同步进行。现代社会的物质条件不仅为高校提供了物质条件，同时又为高校的思想政治教育提供了新的研究课题。首先，科技的现代化、经济社会的发展及物质生活的改善，给高校学生提供了更多更好的学习环境和学习场所，提高了学习效率；其次，近年来我国社会主义市场经济所取得的成绩是不容置疑、有目共睹的，创造了巨大财富的同时也产生了很多的问题，也促使高校思想政治教育发生了很大的变化。因此，高校思想政治教育需要结合自身和时代的特点对新问题、新变化做出一定的研究，以指导其社会实践活动。

本书所说的社会精神环境，包括人们的观念、对政治问题的态度和见解、社会群体在特定阶段所呈现出来的精神风貌等。精神环境反映、反作用于物质环境。我国社会的精神环境，一直以马克思列宁思想原理为基础、受中国共产党的领导、无产阶级指导思想和意识形态的影响，引导着高校思想政治教育的方向。社会精神环境中所包含的良好的道德行为和道德风尚，给高校思想政治教育起了很好的示范作用，其中所包含的道德准则敦促人们在社会道德允许的范围内进行思考和行动。

目前社会精神环境中网络舆论对高校学生影响较大，理性的舆论是对社会主流精神的反映，也是正确价值观的"指示器"。网络正在以前所未有的速度和深度影响着当下高校学生的生活方式和学习方式，甚至思维方式和价值观，且已然变成高校实施思想政治教育活动不可忽视的载体。美国未来学家阿尔温·托夫勒曾指出：未来拥有世界的人一定是掌握了信息以及控制了网络的人。[①]网络毫无疑问已经成为当下影响最为广泛的一种存在。社会舆论对思想政治教育有最直接、最重要的影响，因为社会舆论是广大群众社会意见和态度的汇集，很容易对高校思想政治教育的主客体形成一定的思想压力，从而改变他们的思想和行为。如果人们长期接触理性、科学的社会舆论，便能自动抵制错误、负面的思想的影响，从而带动与理性、科学的舆论不一致的人修正他们的思想，反省自身的同时修正自己错误的

---

① 转引自姜正国. 思想政治教育环境论 [M]. 长沙：湖南师范大学出版社，1999：45.

理念，不断让自己思考问题的方式变得全面和理性。如何针对网络的特点，研究高校思想政治网络教育的理论和方法，是当下高校思想政治教育需要解决的重大课题。以往以教师为中心的灌输式的教育方法显然已经不能满足当下学生的要求，不能适应网络化的环境。

（4）同辈群体环境

同辈群体是指由家庭背景、年龄、爱好、特点等方面较为接近而形成的关系比较密切的群体。[①] 近朱者赤，近墨者黑。同辈群体的环境对于受教育者来说相对自由，在群体中讨论社会的政治热点和个人看法时会充分表达自己的意愿与需要，但当自己的价值观念与大多数群体冲突时，主流的群体价值标准和行为规范会对他人产生无形的压力，促使思想与行为的转变。例如，在校园中学生社会失范的行为多数是在同辈群体的感染和教唆下养成的，因此应加强对同辈群体积极价值观念与行为规范的引导，充分发挥其对思想政治教育的感染作用。

（三）高校思想政治教育的介体

介体，即具有传导性、连接性和媒介性的存在。教育介体的选择是高校思想政治教育教育风格和教育方向的体现。选择合理且有效的介体，是对高校思想政治教育有效性的合理保证。

本书主要采用张耀灿的观点，即高校思想政治教育的介体是指：教育者对受教育者的认识进行改造的一系列中间要素的总和，是对受教育者思想改造有着推动作用的一系列中间要素的汇集。[②] 从本质上讲，教育媒介在教育过程中起着重要的作用。教育媒介对教育者的认识，是教育媒介在教育过程中的重要体现，其通过合理有效的方法让高校学生接受教育者所要传达的思想，并和时代结合进行实践和理论上的创新，教育媒介的本质是对教育内容进行传导。[③] 因此，教育介体应该包括全面的教育理念、内容、方法、艺术等。笔者根据性质和功能两个维度对介体中所包含的不同元素进行了划分。

---

① 陈万柏，张耀灿. 思想政治教育学原理（第三版）[M]. 北京：高等教育出版社，2016：114.

② 张耀灿，郑永廷，等. 现代思想政治教育学 [M]，北京：人民出版社，2006：98.

③ 教育部社会科学司编. 普通高校思想政治理论课文献选编（1949—2008）[M]，北京：中国人民大学出版社，2008：56.

1. 高校思想政治教育的目标

高校思想政治教育的目标是指社会对学生在思想品德、政治素养方面的总的设想。思想政治教育目标是高校思想政治教育的重要组成部分。目前，我国高校思想政治教育的目标是促进人的全面发展，以中国共产党的教育方针、马克思的人的全面发展理论作为实现目标的理论基础。所谓人的全面发展，是指人以一种全面的方式向前发展的，作为一个完整的人，需要占有自己最完整的本质。人的全面发展中的"人"从来不是指孤立而且抽象的等价物，他是社会中的、具体的、现实的人，"全面"指的是人的各项素质和综合能力的全面养成和提高。人的全面发展是人的体力、智力、才能、主体性等各方面全方位的发展。思想政治素养、科学文化素养及身心健康素质的共同发展是人的全面发展的重要表现。

由于划分的标准不同，不同学者对高校思想政治教育的目标也有着不同的划分，有的从性质上将其划分为具体目标和根本目标，有的从目标实现时间的长短将其划分为短期目标和长期目标。笔者在结合高校思想政治教育特殊性的基础上，将高校思想政治教育的目标划分成总目标和分目标。目标理论之所以会被引入高校思想政治教育，是其在工作实践中与高校管理工作不断相互渗透的结果，两者有机结合，便形成了当下独特的目标管理理论。目标理论有三个层次：第一层次，集体目标由各个成员一起讨论、一起决议，而不只是简单的上传下达；第二层次，组织成员必须对组织的总目标进行详细的分析和解读，每个组织分部以及每个人都应该有自己的目标，这样才能更加有利于目标的实现；第三层次，组织成员的各项活动应以这些目标为指挥和依据。[①]总目标和分目标之间是一种整体与部分的辩证统一关系，总目标为分目标奠定了最基本的基调，分目标的实现又是总目标实现的基础。另外，我们这里所要要强调的是，高校思想政治教育的目标管理并不是空洞且抽象的，它是将爱国主义教育、形势政策教育、理想信念教育和公民道德教育等贯穿于目标实现的全过程的一种管理活动。在高校思想政治教育过程中，只有建立科学的目标体系，才能确保实践活动方向的正确及思想政治教育功能合理且有效地发挥。

---

① 廖志诚. 思想政治教育创新动力论 [M]，北京：社会科学文献出版社，2012：412.

2. 高校思想政治教育的内容

目前高校思想政治教育的内容主要包括马克思主义相关论及思想品德教育，其内容涵盖了马克思主义哲学、中国特色社会主义理论、与形势政策紧密相关的当代世界经济与政治以及思想道德修养等。高校思想政治教育内容各要素是相辅相成的，如马克思主义的教育包含思想品德教育，一定的思想品德教育又为马克思主义的理论教育提供了基础。

高校思想政治教育的内容是教育主体根据社会发展的要求及教育客体思想境界、政治素养的实际，精心设计之后有意识、有步骤地输送给教育者的思想意识、价值观念和道德规范等，科学合理的高校思想政治教育内容为实现教育目标提供了最基本的保证。思想政治教育的内容是高校教育主体向教育客体传授知识的重要媒介。

当今世界，随着科学和经济的发展，生产劳动变得越来越细化和复杂，范围也越来越广泛，社会实践的内涵也随之不断地丰富和发展。高校思想政治教育的内容与社会的发展状况有着广泛而深入的联系。因此，高校思想政治教育的内容必须适应时代发展的要求，且以科学的社会发展观为指导，以人的全面发展为目标。

高校思想政治教育的内容具有目的性、政治性、科学性和时代性的特点。首先，高校思想政治教育内容的目的性既反映了社会发展对新一代高校学生的要求和期待，也反映了高校思想政治教育主体根据人的发展要求所做的努力和尝试，因为任何事情的发生都不是没有自觉的意图、没有预期的目的的。历史不过是追求着自己目的的人的活动而已。不管是何种类型、何种形式的教育都带有一定的目的性，没有目的的教育是盲动的，而没有教育内容，教育目的也不可能实现，因此，教育内容的设计必然会以一定的教育目的为导向。其次，高校思想政治教育的教育内容具有较强的政治性。目前我国高校所宣传的主流意识形态，是党和国家所代表的阶级利益和意志最直接的反映，这是我国高校思想政治教育必须遵循的准则和规律。高校思想政治教育中的"政治"一词提示我们，高校思想政治教育活动要对高校学生处理问题的视角、政治立场、以及日常活动中包含的政治态度和方向进行正确的指引，因此思想政治教育内容必须体现社会主义社会性质及坚持正确的政治方向。

3. 高校思想政治教育的任务

用马克思主义理论武装受教育者，不断提高受教育者认识世界、改造世界的能力是我国高校思想政治教育的根本任务；开展理想信念教育、爱国主义教育、道德法制教育，引导学生积极弘扬和践行社会主义核心价值观是高校思想政治教育的主要任务。

高校学生的理想信念是其在以往的社会实践中形成的，对未来的向往和追求，并影响其社会实践活动的一种存在，是高校学生世界观、人生观、价值观的集中体现。理想信念教育是思想政治教育的核心内容。理想信念教育要求高校教育主体帮助客体形成正确的世界观、人生观和价值观（即"三观"），而培养"三观"的关键要求将教育主体与教育客体的思想特点、当下的思维方式与其周边的生活环境相结合，只有这样才能提高其客观地对社会现象进行判断和评价，才能取其精华，去其糟粕地在对社会环境中的新思想进行吸收和借鉴。特别是当下思想和文化都比较多元化，更需要广大学生坚持自己作为社会主义接班人的立场，时刻提醒自己为中华民族伟大复兴和共产主义奋斗的伟大使命。爱国主义教育是培养人们对祖国的热爱和忠诚的教育，目的是为了培养人们的爱国主义情怀，从而增强民族凝聚力。爱国主义教育主要包括弘扬和培育民族精神、培养爱国、报国情怀和改革创新精神。自 1921 年中国共产党建立以来，人民当家作主就一直是其坚持的准则。在此纲领指导下，我国社会主义民主政治建设取得了重大进展。现阶段培养人们的主人翁意识是我国开展社会主义民主教育最迫切的任务。社会主义法治教育就是要教育和引导人们知法、守法、用法。高校学生步入社会之后，必须学会用法律的武器维护自己的合法权益，为弘扬社会主义法治精神、建设社会主义法治文化贡献自己的一份力量。全面发展的教育是一种以人的素质的全面发展为前提的教育，既有利于拓展高校思想政治教育的范畴，也有利于和高校思想政治教育其他要素之间的有机结合和良性互动。全面发展教育包括思想道德素质教育、科学文化素质教育、心理健康素质教育、审美艺术素质教育和劳动技能素质教育等。

4. 高校思想政治教育的方式方法

所谓思想政治教育方法，是指为了实现教育目标、传递教育内容，教育者对受教育者在思想政治教育过程中所采用的工作方法，或者说，是教育者为达到一定的目的对受教育者采用的各种手段和方式的总和。网络思想政治教育方法是传统教育方法以网络为平台进行的一种全新拓展。高校思想政治教育的根本目的就是要促进人的全面发展，由于每个学生都是一个独立的个体，决定了实现人的全面发展就必须尊重每个学生不同的潜能以及尊重个体差异性和不同的需求。网络环境下，高校学生的主体性得到更好的发挥和体现，表达自己的欲望也更加的强烈。

高校思想政治教育活动从来不是盲目进行的，是根据不同时期社会环境的变化，以改变高校学生中存在的、与社会主流意识形态不相符合的或者说不相适应的思想观点，从而促进高校学生的健康发展。

从发展的趋势上看，我国高校思想政治教育的方式方法是由一定的时代内容决定的。新时代，社会的进步和改革的深化使得高校思想政治教育方式、方法的与时俱进显得非常必要，方式方法的变迁表现为以下趋势。

第一，方法的社会化。互联网的兴起带动了大众传媒的普及，有效地利用网络等新型媒体能够让高校思想政治教育内容以最广泛的形式进行传播，并且渗透到社会生活的各个领域，比如，高校应将思想政治教育的内容渗透到各个学科领域，特别是人文社会科学领域，通过人文社会科学的建设感染受教育者，达到各学科之间的协同发展。

第二，方法的科学化。这里所说的方法的科学化，不单单是指运用现代科技的发展成果，更重要的是吸收借鉴系统论、控制论等相关原理和方法，将高校思想政治教育看成是一项系统工程进行运作。树立普遍联系的观点，加强思想政治教育与自然科学与其他社会科学之间的联系，大胆地采用其他学科领域的相关理论和方法，比如根据系统论有序性的方法，我们可以对高校思想政治教育的对象进行分类，因材施教。

二、新时代高校思想政治工作形成机制的构建

（一）高校思想政治教育目标协同

1. 高校思想政治教育目标协同理念

"思想政治教育的目的，就是思想政治教育的目标指向或价值取向。"[1]

---

① 张耀灿. 现代思想政治教育学 [M]. 北京：人民大学出版社，2006：136.

所谓高校思想政治教育的目标协同，是指各协同要素有共同的目标，这个目标指的是育人大目标，即共同的最终追求价值目标，也称之为集体目标。在协同育人的不同实践阶段是允许个体目标差异性的存在的，但集体目标仍然作为主导方向、规范矫正及推动激励等作用指导协同育人机制前行。个体目标和集体目标之间存在层次性、关联性、整体性及动态性的特点。

2. 高校思想政治教育目标协同层次

高校思想政治教育目标协同的层次主要是指集体目标与个体目标的起承转合。个体目标由于其专业性及实践性的要求主要偏重于育人价值的生活目标及学习目标等，而集体价值主要偏重于价值目标及发展目标，这一系列的目标都遵循协同育人的目标指向。协同育人的总目标是具有动态性特点的，会随着时代的发展而不断更新。自新中国成立以来，我国的社会主义建设不曾停歇，而高校思想政治教育的目标要求也随之不断深化，从最初的马克思列宁主义到毛泽东思想、邓小平理论、"三个代表"重要思想、科学发展观和习近平新时代中国特色社会主义思想，这些理论思想的发展充满了时代对思想政治教育的期盼，在改革开放的实践中不断完善和深入，适时调整更新符合不同时期中国发展的育人需要，尊重教育对象的主体性特征。

3. 高校思想政治教育目标协同构建

高校思想政治教育目标协同的构建是协同机制存在的最终价值。从宏观的角度来说，协同目标的构建是对整个协同机制建立的根本所在，是顶层规划。同时，协同目标的构建也是整个系统育人机制的支撑所在，各环节要素的适时调整都需要育人目标的正确指导。践行思想政治教育的目标协同主要指的是通过具化的保障体系搭建，通过"规划目标—实现目标—评价目标"的搭建，切实维护目标协同的保障体系，通过协同理论注入，运用科学的教育教学管理模式，最终完成目标协同的体系建设。

（二）高校思想政治教育主体协同

1. 高校思想政治教育主体协同规律

"思想政治教育的组织者、发动者、实施者和承担者都是思想政治教育的主体，只有真正履行了这些功能与义务的思想政治教育工作与职能的人，才可以真正称之为思想政治教育主体。"[①] 我们因此可以得出，只要是真正承担了高校思想政治教育职能的人就可以作为思想政治教育的主体而存在，这个主体同时也是一个动态的变量，不仅体现在结构数量的变化，也体现在结构自身的调整适应。

思想政治教育主体协同是协同育人机制的关键性步骤，主体协同程度的契合度决定了这个协同育人机制的成功与否，而正确把握思想政治教育主体的协同规律就显得尤为重要。

首先，提升思想政治教育各主体的相互联系性。在传统的育人过程中，各育人要素相对分散独立，它们自身的力量就显得薄弱和微小，但如果它们加入一个集体，各要素之间相互影响，共同作用，促进集体发展的可能性就会变大，从而产生"1+1 > 2"的协同效应。当这种促进集体发展的正面作用日益增强的同时，每个个体的获益也是不断增强的，这也将促使他们更加积极地参与协同的集体行为。这样，通过协同育人机制的建立而产生的协同效益可以极大地激励各育人主体的积极性，各要素对协同育人机制的信任感和凝聚感也会越来越强。

其次，培养思想政治教育各主体的协同意识。马克思主义认为意识对物质世界具有能动的反作用，可见意识形态对物质世界的重要性。因此，培养各主体的协同意识和团队合作精神也是至关重要的。当思想政治教育各协同主体有了一致的育人目标时，它们之间的协同效应就为育人机制的发展提供了最原始的驱动力，使每一个主体之间相互帮助、相互促进及相互勉励，最终形成一种主体间和谐自然的状态。

最后，控制思想政治教育各主体的有序发展。思想政治教育的主体通过科学有序的组织结构,确保协同育人机制的正常运行,同时在运行过程中,有序的各主体可以提升整体效果，又兼顾每个个体的发展规律。

2. 高校思想政治教育主体协同构建

思想政治教育主体协同的构建就是指各育人主体在遵循思想政治协同育人的规律下进行整合协同。主体协同的构建相对开放，凡是参与到思想政治教育中的主体都可以加入其中，面向社会化，同时，育人机制在推动

---

① 骆郁廷. 思想政治教育原理与方法 [M]. 北京：高等教育出版社，2010：45.

思想政治教育发展的过程中应反复实践和探索，不停地适时调整各主体的磨合度和参与存在感。

（1）正确把握协同育人参与主体的关系

协同育人各参与主体之间的关系表现为以下几个方面。

第一，独立性。各参与主体之间独立存在，具有相对的独立性，他们在各自领域发挥自身的作用，本身就具有差异性。协同育人的参与主体主要的职能为：教育对象接受教育主体的指导，教育实践活动促进教育主体和教育对象的融合，教育主体指导思想政治教育对象。他们各自不断发挥着自身的主观能动性，在各自领域产生不同的意识思维，在协同育人的过程中，教育的手段、处理方法、具体内容和教学效果上都存在差异性，各主体之间都是相对独立的个体。

第二，主动性。各协同育人主体在育人机制中，应主动接近和影响其他育人主体，各主体通过机制的权威性及制度性突破原有的思维定式和教育风格，形成新的协同育人模式，主动融合相应要素，在相互磨合与取长补短的过程中做达到预期协同育人目标，并且在达到协同效应之后更加愿意主动参与协同育人全过程。

第三，开拓性。协同育人各参与主体不仅应具有独立性和主动性，更应该具有开拓性，在协同育人机制当中，每个育人主体都是相对独立存在的，只有充分发挥它们各自的主观能动性，不断推陈出新，在制度上、内容上、方法上和过程中都进行开拓创新。

（2）实时控制协同育人参与主体的过程

第一，思想政治教育系统内部加强协同。思政课是提高大学生思想政治水平、培养大学生良好道德素养的主阵地。思政课教师应当加强认识，明确教学目标，共同致力于大学生道德品质的培养。思政课的各个子课程要加深联系，突出道德品质培育的共同主题，教育者与管理者也应当加强协同。思政课教师应当与辅导员、学校党团支部加强协同，深入了解学生的思想政治状态，提高辅导员工作的针对性，使党、团支部能够有效开展学生工作。同时，思政课教师应当认真总结学生思想政治教育工作中的问题，并将其反映到党、团支部，进一步改善思想政治教育工作。思想政治教育不应当局限于课堂教育，教育者与管理者应当加强协作，探讨开展实践活动的方式。思想政治教育系统可以充分借助学生社团的力量，借助学生社团开展思想政治教育活动，例如由学生社团在"国庆节"等重要节日开展诗歌朗诵会、演讲比赛等活动，在具有趣味的文娱活动中贯彻思想政治教育，这种教育形式的开展也十分符合协同育人的理念。

第二，加强思政课教师同专业教育的协同。专业教育也具备充分的思想政治教育空间，通过专业教师与思政课教师的协同合作，能够培养思想政治素养与专业知识水准兼备的人才。要提高专业教师同思政课教师的协作，首先要保证专业教师具备较高的思想政治素养，能够在专业教育中体现全方位育人的目标。学校应当把好教师入职的第一关，明确录用教师标准，提高对专业教师思想政治、职业素养、道德水准的要求，发挥专业教师为人师表的作用。入职后要定期组织专业教师进行政治学习，让专业教师理解党和政府在高等教育方面的最新要求，让专业教师在平时的专业教育工作中传播社会主义建设所需要的先进理念，担当起引路人的责任。学校应当建立思政课教师与专业教师的沟通机制，同时要加强专业教育领域内的德育因素，让专业教师引导学生形成良好的学风和科研作风。在一些学术问题上，专业教师要从思想政治认识的高度出发，做出正确的判断，引导学生形成正确的学术观念，自觉抵制不良学术风气的影响。

第三，专业教师与辅导员协同育人。专业教师同辅导员之间也应加强协同，在专业教育领域内更多地体现出道德品质培养、思想政治水平提高的因素。二者应当在明确各自职责的基础上，充分进行沟通，寻找专业教育与辅导员工作之间的重叠部分，利用工作内部的重叠处开展协同教育。应当检视教学实践中的固有做法，学习优势经验，并通过充分的沟通将其进行固化，形成常规的教育工作方法，学校应当制定一系列的工作指导性文件，为专业教师与辅导员之间的协同建构一个行之有效的框架。可以选拔一部分业务精尖、思想政治水平高的教师担任班主任，因此班主任是专业教师与辅导员协同的重要桥梁。班主任可以就专业教育中的思想政治教育渗透问题同辅导员展开探讨，为教学工作寻求更多支持。在常规的专业教育中，为了提高思想政治教育渗透效果，教师应当充分利用学生党员的优势，让学生党员发挥带头作用。

第四，专业教师与就业指导工作人员加强协同。专业教师在就业指导工作中能够起到不可代替的作用。多数大学生在毕业后都倾向于寻找同专业相关的工作，专业教师具备精深的专业知识，并对某一专门领域的行业动向具有较深的理解，因此可以为学生提供充分的指导。学校可以实行专业教师导师制，为高年级学生指派专业导师，在提供学业指导的同时也给予就业建议。专业教师对学生的就业指导工作不应局限于就业信息的提供，还应当力所能及地帮助学生做好职业规划，让学生明确就业方向，并排除对就业的负面情绪。就业指导工作人员应当扎实做好本职工作，收集人才市场所需要的技能信息，并汇总反馈至专业教师处。专业教师可根据就业需求信息为学生提供指导，同时也以此为参考依据，改善常规的专业教学工作。

（3）创新互通协同育人参与主体的融合

高校协同育人机制的主体虽说是相对稳定的，但其范畴是在不断扩张的，教育主体随着社会的进步，其参与要素日益丰富，教育对象在数量上不断增加，教育实践活动在形式也逐渐丰富。高校协同育人机制的持续稳定运行，需要实现各参与主体的融合互通。

（三）高校思想政治教育内容协同

1. 高校思想政治教育内容协同内涵

高校协同育人机制是一种有机的整合模式，是思想政治教育发展的必然趋势。这种机制建立的内容协同主要是指对受教育者的思想政治教育价值的内在统一，具体体现在适应社会发展的意识形态、具有科学的价值理念和民族凝聚力的培育上，机制内各主体要素的教育内容需具有一致导向性。

2. 高校思想政治教育内容协同原则

对于思想政治教育内容协同的原则主要可以概括为以下几个方面。

（1）成长性原则

该原则主要体现在两个方面，均是由于受教育者为高校学生这个特殊的群体。从高校学生自身成长的角度出发，他们自身的思想认知水平是在不断发展的，20 世纪 60 年代以来，儿童道德发展的研究开始流行，皮亚杰和科尔伯格对于儿童的道德判断和道德推理占据了道德心理学中的核心地位，在此后的近 20 年时间里，几乎所有的相关研究都围绕儿童的道德推理能力发展展开，道德判断的研究走向高潮。因此，根据高校学生的道德发展水平的特征，思想政治教育的内容协同需依据成长性原则来契合高校学生的自身发展特点；另外，从思想政治教育理论的创新角度来说，思想政治教育的内容应该具有时代感，对时代的接受能力应该不断提升，同时这样的创新要有针对性，符合当代大学生的特点和接受水平，因此，思想政治教育的协同内容也是需要不断成长的。

（2）科学性原则

思想政治教育是一门系统科学，它的具体教育内容不管是理论知识还是实践教育都必须依据科学性的原则。这就要求机制的各主体之间在做到资源共享、理念互通的前提下，又能做到协同育人、系统匹配。这种协作性是有一定技术要求的，因此，思想政治教育的内容协同需要一定的技术支持，只有通过科学技术系统分析匹配之后，思想政治教育内容才能发挥出它的协同整体效应。

（3）交互性原则

高校协同育人过程中，协同育人主体之间的适应性是思想政治教育能否得以顺利开展的一大要素。机制各教育主体通过互动和多项沟通可以实现多层次性和多重叠性的思想政治教育，在重叠过程中可以省去重复冗余的无效教育手段，同时优化教育内容的资源配置，在各层次的沟通过程中又可以很好地对教育内容进行适时的调整，做到因材施教。

（4）整合性原则

整合性原则指协同育人机制的系统整合性，通过协同机制的建立可以更好地把握教育内容的纵向广度性和横向协调性，避免了不同教育主体在教育过程中的不一致而产生的消极影响。

（5）超前性原则

思想政治教育内容协同会随着时间和外部环境的变化而发生改变，同时，各教育主体的发展需求也是有差异性的，因此，思想政治教育协同应做到超前性，既保证教育内容的稳定性、前瞻性，以求得内容协同的持续有效向前发展。衡量一种科学理论是否具有生命力，要看它是否尊重科学、服务人民、注重实践、勇于超越。

3. 高校思想政治教育内容协同构建

高校思想政治教育的内容协同主要有德育教育、思想政治理论教育、心理健康教育等，将这些教育内容通过协同育人机制在传授理论知识的同时注重价值观念的影响，并且注重教育实践活动的实效性。

当前我国高校的思想政治教育育人现状存在吸引力差、实效性不强等种种现实问题。许多高校的思政课在教学时大多采用大班教学。这种教育形式囿于管理困难，往往采用灌输式方法进行教学，教师通过理论灌输使学生被动接受，这种教育模式难以因材施教，往往忽略学生个性差异和成长特点，导致授课教师虽辛苦耕耘，但学生却兴致寥寥，甚至产生抵触心理，这使得思想政治教育理论课的主阵地和主渠道的功能发挥大大受限。从学生的角度出发，大学阶段是学生人格发展的关键时期，然而，受社会经济发展及国内外形势的影响，各种社会思潮涌现，有些大学生的思想观念受某些社会思想影响，甚至开始出现偏差，功利思想盛行，自身往往不注重思想政治素质和人文修养的提高，只是一味追求专业技巧类的提升，这必然会造成学生在主观上弱化了思想政治教育教学的实效性。

在互联网的时代背景之下，传统的思想政治教育方式方法已经逐渐不能满足时代的需求。在新时期的高校校园，传统的思政课授课方式已经逐渐失去了其以往的优势。随着自媒体的发展，高校可以通过微信、微博等新媒体进行思想政治教育宣传，使学生更快速、更准确且更易于接受思想政治教育，但在形式的多样化的同时，更应该重视思想政治教育的内容。

综合以上种种状况，高校协同育人机制的构建势迫在眉睫，协同育人机制的内容协同可以从以下几个方面开展。

（1）政治素养教育协同

政治素养的培育是思想政治教育中最重要的内容，主要包括思想政治素养教育、思想品德教育、校情校史教育等，其中思政课教师、辅导员、校史馆工作人员扮演了主要的角色。思想政治素养教育暗含了党建团建工作部分，要求学校号召学生积极入党，开展丰富的党团活动，丰富学生的校园生活。从广义上说，还包括学生心理教育，这需要高校辅导员配合学校负责心理咨询的专业工作者一起实施。

（2）专业课教育协同

学业教育模块包括专业教育实施、学风引导、考风培养及精英教育等，其中涉及多个教育因素。专业教育由二级学院领导安排，并由专业教师来负责，辅导员及班主任进行配合。学风教育需要学校教师、辅导员及校园文化建设工作者相互配合，一起引导优良学风的形成。考风监察则要求辅导员、教务处密切合作，以预防为主，监察为辅，保证学生的考试诚信。同时可以让学生带动学生，在群体中传播正能量，提高大学生的思想道德水平与专业素养。

（3）团学教育协同

团学教育以团学活动的形式展开，具体可以呈现为不同的主题。在专业素质培养方向上，可以表现为以团体学习形式开展的大学生科技创新教育；在社会实践方向上，可以表现为以青年志愿者活动形式开展的社区义工服务实践；在学校党建团建方向上，可以表现为组织学生集体学习党团精神；在校园文化方向上，可以表现为班级文化建设、宿舍文明建设、学校文体活动等。

（4）就业指导协同

就业指导是高校教育的重要内容，在就业困难的形势下，高等教育应当更多地体现出就业导向。应当注重个性化策略，建立多功能、有针对性的高校就业指导平台；同时，在学生入学时就应当为学生提供职业规划指导，让学生尽早习惯职场状态。就业指导可以由辅导员、校就业指导中心配合实施，在职业规划教育方面还可以引入心理教育的机制。

（四）高校思想政治教育方法协同

1. 高校思想政治教育方法协同类型

随着社会的发展和教育的进步，高校思想政治教育内容得到不断更新优化，思想政治教育的实施方法也得到了深层次的拓展。按照普遍认可，高校思想政治教育的具体实施方法主要包括四种方法：一是基本方法，包括实践教育法、批评与自我批评法、理论教育法；二是一般方法，包括典型教育法、激励与感染教育法、疏导教育法、自我教育方法及比较教育方法；三是特殊方法，包括冲突调节法、预防教育法及思想转化方法，其中心理疏导方法、心理咨询方法、危机干预方法等也已成为常用的思想政治教育特殊方法；四是综合方法，在新时代背景下，隐性教育法和网络教育法也加入思想政治教育基本方法的队列。[①]高校思想政治教育方法随着社会和教育的发展不断完善健全，在协同育人的机制里，不管是何种方法都要既兼顾宏观指导方向又具有普遍的指导意义，同时适用于思想政治教育各教育主体，能够迎合不同思想政治教育主体的特点。

2. 高校思想政治教育方法协同条件

高校思想政治教育方法协同需要具备以下几个条件。

首先，方法的选择要具有针对性，这个针对性既指各教育主体方法的适用性，也指整个协同机制的特色性。只有选择适合社会发展的协同方法才能更好地构建及发展协同机制。其次，方法的选择要具有整合性，在追求方法的针对性后更应该讲究方法的整合性，这是对协同机制集中优势的一个体现。

3. 高校思想政治教育方法协同构建

在方法的构建上，首先应该合理地进行取舍。高校思想政治教育经过多年的发展已经积累不少优秀的教育方法和教育经验，因此在协同育人机制的构建上，应该选取有利于机制构建的方法给予采纳和吸收，同时结合机制的特点，顺应时代潮流，有效地利用；同时也应该立足全球，放眼走向全球教育界，从教育的本源出发，既选取适应全球环境的教育方法同时又合理借鉴国外优秀的教育方法，以求达到国际化的思想政治教育方法。在继承传统思想政治教育方法和借鉴国外优秀教育方法的基础上，充分发挥方法探究的主观能动性，做到既有效继承借鉴又创新探索，最终制定一套适合高校协同育人机制的方法。

首先，在利用好思政课教学这个主渠道的同时，其他多渠道协同育人。思政课要始终坚持走在改革发展前进的道路上，切实全面提升思想政治教育的亲和力和实效性，同时打好配合战，其他课程在授课的同时积极配合思想政治教育的理念灌输，使各类课程都与思想政治教育同向同行。

其次，完善思想政治教育教材体系，建立学科权威教材，对应不同的

---

① 郑永廷. 思想政治教育方法论 [M]. 北京：高等教育出版社，1999：3.

高校应用不同的教材，做到因材施教，同时公开透明相关理论研究成果，建立科学的科研成果体系，切身健全全方位社会科学体系。

再次，高校党委等领导都应参与思政课的建设当中来，把思想政治教育工作与党的宣传工作有机结合，切实做好学生的思想政治教育工作，从领导层面就给予高度重视。

最后，思想政治教育的创新要结合学生实际，要做到协同育人的创新发展，应该结合高校大学生的特点。不能新瓶装老酒，应注意途径方法，把重点放在学生需求上。

第五章　新时代高校协同育人的驱动机制

　　动力是一种需要的表现，思想政治教育的动力是指促使思想政治教育主体按照思想政治教育的目标、任务实施教育实践活动，使教育对象的思想现状得到改变的一切推动力因素，它是社会需要和个体需要的表现。离开了动力，一切思想政治教育活动都不能正常进行。高校思想政治教育作为一个有机体系，其整个体系所散发出的能量、所表现出来的状态都是该系统内部各个动力要素的结果，高校思想政治教育施教系统与受教系统的矛盾贯穿于过程的始终，是推动高校思想政治教育发展的基本动力。这种矛盾集中体现为教育者所掌握的一定社会的思想品德要求与受教育者的思想品德水平之间的矛盾，要求与受教育者思想品德发展之间要保持适度的张力，这是"适应超越规律"的必然要求。高校思想政治教育动力机制的运行保障来自其内在逻辑的基本规律，因此，"适度的张力"成为动力系统的主要驱动力和推动力，这是高校思想政治教育动力形成的一项重要机制，可称之为驱动机制。驱动机制在新时代高校协同育人机制中具有先导性、关键性的作用。

一、高校思想政治教育驱动机制的概念解析

　　对于高校思想政治教育驱动机制的概念解析需从驱动机制的外延和内涵两方面进行。

（一）高校思想政治教育驱动机制的外延

　　高校思想政治教育动力机制概念的外延是指思想政治教育必须有强大的动力，而且要正确运用动力，才能使思想政治教育持续而有效地进行。研究高校思想政治教育动力，首先就要回答什么是高校思想政治教育动力

这样一个基本问题，这就需要深入分析高校思想政治教育动力的概念，准确理解高校思想政治教育动力的内涵，把握其动力的特征。

（二）高校思想政治教育驱动机制的内涵

所谓思想政治教育的驱动机制是指作用于思想政治教育本身，引起、激发和推动思想政治教育创新的各种力量的释放路径，因而高校思想政治教育的动力机制彰显了以下几个特征。

1. 生活性

思想政治教育动力机制的生活性是指作为引起、激发和推动思想政治教育创新的一种力量。在思想政治教育过程中，虽然教育的目标、内容和方法是统治阶级主观意志的表现，但它们的来源却是生活，即社会发展的要求和人们自身发展的需要是制定思想政治教育的目标、内容和方法的客观基础。

2. 复合性

高校思想政治教育动力的复合性特征是由于教育目标、客体、主体、环体、介体的复合性导致的。表现在：第一，大学生思想政治教育要以全面发展为目标，深入进行综合素质教育，引导学生在增长科学文化知识的同时提升思想政治素养，知行合一，德才并进；第二，从高校思想政治教育活动自身的时空组合来看，思想政治教育贯穿于以学术性活动为主要载体，以专业教育为主要目标，以行政管理为辅助手段，以文化氛围的浸染为依托的全方位教育活动中；第三，思想政治教育要融入教学、科研、管理、服务之中，这些都体现着高校思想政治教育动力的高度复合性特征。

3. 动态性

一切事物都在不断地发展变化。首先，人们对思想政治教育动力机制的认识经历了由浅入深、从感性到理性、从错误到正确的过程。随着思想政治教育实践的发展，对其动力机制的认识也将逐步深化，形成科学的社会观与价值观。其次，思想政治教育动力机制的动态性还表现在其动力机制矢量上的变化。由于思想政治教育动力机制是系统结构，它的形成和发展不仅受到思想政治教育系统外部因素的影响，同时也受到系统内部各要素的影响，即在多种因素的共同作用下，高校思想政治教育动力机制会产生不同的变化，因而就有强弱、大小之分，从而影响思想政治教育的效果。

二、高校思想政治教育驱动机制的构建动因

（一）高校思想政治教育存在的问题

虽然高校思想政治教育事业在党中央的高度重视下取得了极大的成绩，但是，与社会形势的发展变化和人们对大学生思想理论的需求比较起来，社会转型时期的高校思想政治教育仍然存在不少问题。

1. 高校思想政治内容偏离创新主航道

高校思想政治教育内容偏离创新主航道违背了与时俱进。由于社会发展的变动性，在高校思想政治教育实践中，有些高校思想政治教育者完全不顾已经发生变化的社会现实和教育对象之间存在的差异，对高校思想政治教育内容不加以研究，仍然采取"一刀切"的做法。有些人不顾客观实际的巨大变化，仍然"以不变应万变"，对当前大学生十分关注的社会热点问题采取回避的态度，从认识论上来说，就是主观脱离客观。因而内容的创新要基于心态的开放和理念的创新，在创新中回归思想政治教育的主旨。

2. 高校思想政治教育主客体倒置

在高校思想政治教育过程中，过于突出教育者的主导地位，忽视了受教育者的主体作用。教育者是一定社会要求的表达者，是高校思想政治教育活动的组织者，在教育过程中起着主导作用；而受教育者是有着主观能动性的、发展的人，他们在教育过程中不是被动地接受教育影响，而是在教育影响下不断地进行自我教育，教育与自我教育在整个教育过程中同时并存且辩证统一。

然而，传统高校思想政治教育视教育者为唯一主体，高校思想政治教育被理解为教育者的活动方式，教育者常常以"权威"自居，使"教"与"被教"变成了主从关系，教育对象丧失了主体地位，从而导致命令主义盛行，使教育对象产生对抗乃至逆反的心理，严重弱化了高校思想政治教育的效果。

3. 高校思想政治教育的制度失衡

高校思想政治教育制度建设既有共性，又有个性，既有全国统一性的制度性安排，也有各地区根据自身实际做出的制度安排，呈现出力度不一、

发展水平参差不齐的不平衡现象。随着"以经济建设为中心"的观念兴起，高校思想政治教育制度的建设有所淡化，它表明了各级教育行政部门对高校思想政治教育的重视程度，指出了高校思想政治教育的发展方向。

4. 大学生政治参与水平较低

新时代大学生主要为"00"后，这些学生易于接受新鲜事物，处处张扬自己个性。从整体上来看，大多数学生热衷于参与政治生活，但是政治生活参与水平还相对比较低。首先，从参与态度上来说，大学生参与政治更多的还是流于形式，尽管大学生整体对国家大事比较关心，有积极正向的政治意识，但是政治意识与政治行为存在落差，在不自觉间疏于政治参与。例如，参与学校政治活动迟到或早退、对征集政治意见缺少政治兴趣、参与不积极等。其次，从参与动机上来说，部分大学生虽然参与政治活动，但是功利色彩较强，动机不纯，例如一些大学生官僚作风严重，甚至出现贿赂同学、贿赂老师、拉拢选票的行为，导致大学生政治参与性不高。再次，从参与方式上来说，部分大学生对信息缺乏理性的辨别，为了避免受到孤立，或者盲目迎合大众看法，或者选择保持沉默，隐藏起内心真实的想法，一些大学生更倾向于在网络平台就时事政治或热点话题展开激烈讨论，但在现实生活中却很少同他人探讨热点问题。最后，从参与效果上来说，一方面，在现实中，由于大学生们对政治体系了解不足，对自身政治能力的认同存在偏差，缺乏能对政府产生影响并得到回应的信念，认为即便是向政府建言献策，也往往得不到重视和采纳，因而对按照正式的程序参与政治存在一定的抵触心理；而另一方面，在网络平台，由于大学生政治规范意识欠佳，往往不经过理性思考，任意"放飞自我"，在网上对政策方针和政治热点肆意"吐槽"，宣泄不良情绪，与此同时，由于网络开放性，一些不法分子借此机会煽动言论、恶意诋毁，扰乱社会秩序，误导大学生，致使大学生政治参与水平较低。

5. 教师的榜样示范作用不突出

高校教师的言行对大学生思想政治教育工作起着重要的榜样示范作用，教师的言谈举止在潜移默化中影响着大学生。虽然教师的榜样示范对大学生思想政治教育起到了积极的作用，但教师的榜样示范作用并未彻底发挥。首先，教师的榜样影响力削弱。一方面，非思政教师对榜样示范重视程度欠佳,他们更专注于自身专业知识讲授,而不太注重对学生的思想政治教育,没能在教学中践行好"课程思政"的理念,发挥好课堂育人的主渠道作用。另一方面,大学生更倾向于在网络上获取信息,选择性地屏蔽了现实生活中的榜样及优秀事迹,没有将教师作为学习榜样。其次,标准化榜样的出现,固化了大学生思想。部分高校为响应大学生素质教育的号召,无法摆脱标准化榜样的束缚,片面性地看待问题,导致教育效果不理想。再次,榜样学习热度转瞬即逝。榜样的示范性应是长期、自觉的行为活动,但是,大学生在学习过程中时常会出现学时认真、听时反思、学后即忘的情况,教师的榜样示范效果大打折扣;部分教师理想信念不坚定,对教育事业责任感、使命感认知程度欠佳,易受到社会不良风气冲击,产生错误观念、不良意识,自律意识有待提升。最后,部分教师对大学生责任意识不强,对大学生思想状况了解不到位,对大学生的耐心、关心程度欠佳。

　　6. 思想政治教育方法针对性不强

　　新时代,对高校思想政治教育的重视程度进一步提升,对思想政治教育方法的研究发展也取得了一定的成效,但是对于大多数高校而言,大学生思想政治教育方法仍然片面地强调一致性,忽视了个人的自主性和差异性。首先,高校学生专业差异大。高校学生归属不同专业,接受能力也不同。在思想政治教育过程中,往往强调共性,忽略学生接受知识的差异性,影响了大学生获取知识的系统性和完整性。在教学过程中,着重理论阐释,处于不同层次的学生没有针对性教育指导:对于接受能力强的学生,缺少学生学习主动性的培养;对于接受能力差的学生,缺少理论兴趣的培养,不能满足各层次学生精神需求。其次,高校学生个性多元化。新时代,高校学生个性呈现多样化。教学时应依据学生个性特点展开,循序渐进,因势利导,能满足新时代大学生发展需求。但现实在教学时,设定的目标过于理想化,忽略了新时代大学生个性特点。最后,高校思想政治教育课程模式比较单一,尽管高校思想政治教育课程的模式涵盖了理论灌输法、实践锻炼法、自我教育法、榜样示范法、比较鉴别法和咨询辅导法等多种方法模式,但是在教学实践中多数高校的思想政治理论教学还是以传统的灌输式教学为主要形式。固定单一的形式、一成不变的腔调,导致"00后"大学生对思想政治教育过程的参与度降低。新时代的大学生需要更多样的教育方式，他们对实践体验、交流辩论、自主活动等形式有更大的兴趣，希望更加自主地参与到教育环节中。

7. 思想政治教育的实效性不佳

进入新时代，对大学生思想政治教育的关注度得到空前提升，思想政治教育工作者们不断探寻增强思想政治教育实效性的方法并进行改进，思想政治教育实效性取得了一定成效，但是随着世界形势和学生主体特征的不断变化，思想政治教育实效性不佳的问题依然存在。首先，社会上长期以来对思想政治教育的刻板印象形成惯性约束，学生认识不到其重要性，有抵触情绪，特别网络上一些负面言论的挑拨，令大学生受到误导。其次，虽然当前的思想政治教育内容有所更新，但课程内容与大学生实际生活存在一定差距，且思政课程与专业所需对接有限，就业实用性不强，因此大学生不愿意下功夫去深入学习领会。再次，教师在教学时更倾向于理论层面的教育，对于思政课的实践部分往往流于形式，作用有限，实效性不强。最后，"00"后大学生自我意识较强，喜欢展现自我，崇尚个性生活，而对理论说教比较反感。此外，有的大学生功利心较强，精致利己主义思想凸显，仅仅是将思政课作为考研或考公务员的一门工具，没有深入领会其本质和精髓。总之，多种原因相互融合，共同造成了目前思想政治教育实效性不佳的局面。

（二）社会转型下高校思想政治教育的必然

随着高等教育大众化程度的日益加深，高等教育已逐渐走进社会发展的中心，知识传播、科研创新、服务社会三大职能把高校与社会的联系变得更加紧密，社会同样对高等教育和大学生提出了更高的要求和期望。同时，客观现实世界的变化，也必然要求增强人们主观世界的辩证思维，增强科学发展的观念，要求人们的思维方式由单向性向多向性转变，由离散性向联系性转变，这就迫切需要实现单项教育的协调与综合，以系统科学的思维方式构建思想政治教育的方法体系，强化方法的系统运作，整体协调，形成教育动力和综合优势。对高校思想政治教育驱动机制的探索，即如何组织和协调各方面的力量，形成高校思想政治教育工作的整体动力，成为适应时代要求和需要着力解决的现实问题。

三、高校思想政治教育驱动机制路径完善策略

高校思想政治教育驱动机制的培育和激发关系到高校思想政治教育的前途和命运。我们要站在实现中华民族伟大复兴的高度来审视高校思想政治教育驱动机制培育和激发的社会系统工程，有效地发挥高校思想政治教育对社会发展和个人成长的推动作用，实现高校思想政治教育的价值。

（一）理念路径的创新

观念和意识的变化并不能独立于动力形成的实践之外，动力的形成是一项复杂的系统工程而不是一个线性的运作过程，不能把动力观念和意识的确立同动力形成的实践割裂开来。意识是行动的先导，因而形成高校思想政治教育的动力，首先要树立动力意识和观念。当人们的传统观念和意识影响教育动力的形成时，确立和树立正确的动力观念就显得尤其重要，转变旧的观念也就尤为迫切了。彻底改变传统知识本位的观念，重在转变学生态度、情感、观念、信念、价值观和提高学生素质、能力上下功夫，这就要求思想政治教育要进行内容、方式、方法的全面改革，做到润物细无声。

1. 新时代高校思想政治工作驱动机制理念创新的演变内容

（1）政治导向转变为经济导向的思想政治教育理念

改革开放之前，思想政治教育理念具有鲜明的政治导向，它作为一种思想观念，是受制于一定社会的经济基础事实的，造成那个时代思想政治教育理念政治色彩比较浓重。改革开放后，为了摆脱极"左"思潮的影响和束缚，在指导思想上实现拨乱反正，思想政治教育工作的重心转变到围绕经济建设这个中心展开。受到经济导向的现实指向的有效作用，思想政治教育对其价值原则做出了适时的调整，实现了由前期的集体主义到后期社会本位的切实转变。立足于经济导向的思想政治教育理念完全契合两大价值原则，一是国家至上，二是集体主义。据此来看，有了正确的思想引导，改革开放和市场经济建设都能获得稳健发展。

思想政治教育理念是一种理性认识，同时也可被视为在教育实践活动中所体现的人们的观念意识，其深受教育理论实践活动发展的影响。依托于经济导向的思想政治教育理念是对现阶段现实活动呈现出来的理性抽象，

在现实指向上，主张坚定不移地致力于为社会主义经济建设这个中心服务，在改革开放中可以在应对诸多挑战，无论是来自内部还是源于外部的挑战时都能做到游刃有余。经济导向教育理念秉持教育创新发展的科学精神，实现对政治导向教育理念的承接和超越，能够实现教育理念从政治导向转变为经济导向。

（2）单一化视角转变为开放化的思想政治教育理念

随着对外开放的不断加快，人们开始吸收西方优秀教育理念，但并不是说盲目地、全盘地吸收，而是根据实际情况有选择地借鉴与吸收。面对新时代社会文化思潮的不断冲击，人们通过开阔视角，形成思想政治教育的强大合力，从而进一步促进教育理念的创新。

转变教育理念是教育得以发展和改革的前提。以往思想政治教育的改革仅仅是浮于表面而做出简单的"修补"，缺乏实质性作用，未能做到形式的多样化。唯有立足于教育理念层面实施改革，才可以从根本上改变教育的发展困境。当前我国正处在社会的深刻变革时期，传统的思想观念正受到现代社会的强烈冲击，网络发展更是促使多元化的观念得到迅速传播，而新的价值观还处在发展当中，尚未成熟。在这一转变时期，民众将面临一定的精神危机，如道德滑坡、价值观迷茫、意义感丧失、理想信念缺失等。

现实应当竭力向思想迈进，而不应当仅仅是促使思想尽力去表现为现实。思想政治教育理念应当顺势而变，紧跟社会发展及变革潮流，符合现实需求，善于面对机遇和挑战，将具有时代性的哲学思想作为基础，以此推进思想政治教育理念的革新，实现教育理念从单一化视角向开放化的转变。

（3）单向性灌输转变为互动性的思想政治教育理念

由于受传统的、落后的思想政治教育的影响，大学生的主体性一直得不到有效的发挥，一直处于被动的客体地位。社会的发展带来了人们价值观念的变化，教育理念也要发生相应的变化，要真正做到与时俱进，最为基本的是要遵循以人为本的宗旨，确保人的主体性的正确方向，顺应社会发展的要求，这样才能够充分地体现出思想政治教育的真实意义。

20世纪80年代初，改革开放进程逐步加快，主体性教育开始得到教育界的关注，这标志着当代教育理念发展的一大进步表现。思想政治教育理念随着时代的发展不断被赋予新的内容，由于其对人性关怀和对个体尊重的不断重视，对摆脱传统教育困境的出路有所帮助。新时代大学生思想政治教育理念只有立足于优秀的教育理念之上，才能够找到自己准确的出发点和归宿。

新时代高校思想政治教育一改过去单纯的以教育者为主体的教育理念，转变为以关注大学生为主体，重视大学生的主体性，形成了教育者同受教育者之间的互动性教育。这一方式是对学生积极性和创造性的极大调动，实现了其从单向性灌输向互动性的转变。

2. 树立理念创新的时代观念

（1）坚持人的全面发展理念

马克思和恩格斯在《共产党宣言》中描绘共产主义伟大理想时，向全人类宣告："代替那存在着阶级和阶级对立的资产阶级旧社会的，将是这样一个联合体，在那里，每个人的自由发展是一切人的自由发展的条件。"① "每一个人都无可争辩地有权全面发展自己的才能……"② 全面发展包括思维能力在内的人的一切能力，把人的全面发展作为社会主义社会的基本特征之一。依据马克思主义关于人的全面发展理论，人的全面发展可以理解为"人的体力和智力的充分、自由、和谐的发展，实质上就是人类社会从必然王国向自由王国的过渡，它强调的是人的社会化程度，即整个人类社会在经济、政治、文化各方面的全面发展"③。也就是说人的全面发展是人在物质生活、精神生活、身心素质等方面都实现发展。人的全面发展不仅是共产主义社会的本质体现，也是建设中国特色社会主义社会的本质要求和奋斗目标。中国特色社会主义的各项事业，既要满足人民的物质需求，又要实现人民素质的提高，也就是要推进人的全面发展。在当今世界知识经济和科学技术对社会影响越来越深远的背景下，国家间的竞争、社会中人与人的竞争都日趋激烈，个人自身素质的高低就成为竞争的关键。只有全面发展的人才才能掌握竞争的主动权，站在决胜的制高点。国家强

---

① 中共中央马克思恩格斯列宁斯大林著作编译局编译. 马克思恩格斯选集（第一卷）[M]. 北京：人民出版社，1995：534-535.

② 中共中央马克思恩格斯列宁斯大林著作编译局编译. 马克思恩格斯全集（第2卷）[M]. 北京：人民出版社，1957：614.

③ 谭蔚沁. 论马克思"人的全面发展理论"与大学生创业教育 [J]. 思想战线，2009（05）：139.

盛和民族振兴靠人才，人才培养靠教育。"①对于高校而言，就是把培养全面发展的大学生作为教育的最终目标，因此，要在高校思想政治教育过程中贯彻人的全面发展理论，实现大学生德智体美劳全面发展。

新时代大学生思想政治教育要坚持人的全面发展理念，注重大学生人格的塑造，帮助大学生实现成长成才，给大学生的就业创业提供精神支持。高校思想政治教育要充分发挥应有的作用，以满足大学生精神层面的需求，养成良好的道德品质，使其成长为能够实现自己人生价值和满足中国特色社会主义事业所需的人才。当前有些大学生在追求物质的过程中迷失了自我，就是因为过于注重物质需要而忽视精神需要，助长了拜金主义、享乐主义、极端利己主义等不良风气，导致精神空虚，道德滑坡。这需要积极的人生价值观的引领，对大学生开展生命观、幸福观、义利观等教育，拓展自我教育，注重体验教育、艰苦奋斗精神教育、理想信念教育和传统文化教育等，教育和引导大学生抵御社会不良思想侵蚀，推进大学生思想道德素质的提升，为大学生的成长成才保驾护航。

（2）坚持立德树人理念

继党的十七大报告提出"坚持育人为本、德育为先"的理念之后，十八大报告更是深化了这一理念，将立德树人确立为我国教育的根本任务。党的十八大报告明确指出："把立德树人作为教育的根本任务，培养德智体美全面发展的社会主义建设者和接班人。"②这就是说，立德树人体现了高校教育的本质，是高校的立身之本，是新形势下思想政治教育的根本任务所在。高校作为传承文化、创造知识、创新思想、培养人才的重要场所，使高等教育担负着传承宝贵的传统文化、传播知识和技能、进行科研创新、为国家和社会培养所需的德才兼备的人才的重要使命，其中最根本的、最重要的任务就是立德树人。"树人"是指培养合格人才，是要通过教育去培养人、改造人和发展人，把大学生培养成国家和社会发展所需的人才；"立德"是树立良好道德，通过道德教育来感化人、引领人和激励人，为

---

① 中共中央文献研究室编. 十三大以来重要文献选编（中）[M]. 北京：人民出版社，1991：1398.

② 胡锦涛. 坚定不移沿着中国特色社会主义道路前进 为全面建成小康社会而奋斗——在中国共产党第十八次全国代表大会上的报告 [M]. 北京：人民出版社，2012：35.

塑造人才服务。因此，在立德树人的根本任务中，"立德"与"树人"二者紧密联系。一是"树人"是立德树人的根本，指明了教育的根本目的和价值追求。这也是高等教育的目标方向所在，即高等教育要以育人为本，就是要把大学生培养成为身心健康、德才兼备的优秀人才，培养成有理想信念、又红又专、德智体美全面发展的社会主义合格建设者和可靠接班人。二是"立德"是为了"树人"，德育是培养人才的重要方式和途径，"树人"需要"立德"，只有"立德"才能真正达到"树人"的目标。没有"立德"的"树人"会偏离教育的正确方向，有才无德的人可能会对社会发展有害。高校教育需要培养具有社会主义道德的人才。三是"树人"要先"立德"，教育要坚持"育人为本，德育为先"的基本原则，体现了德育在教育中的首要地位和价值选择。高校也要把道德教育置于整个教育过程的中心环节，处于学校各项工作的首要位置。

以立德树人作为教育的根本任务，既是对中华传统文化中教育思想的传承，又是对党的与时俱进的教育理念的遵循。我国古代很早就有关于"立德"的教育意识，《左传》中有"太上有立德，其次有立功，其次有立言，虽久不废，此之谓不朽"的观点，古人把培养良好的德行、树立崇高理想，能够建功立业、事业有成和著书立说、形成自己的思想体系视为人生的终极追求，而这三种追求中居于首位的就是立德，这充分体现出古人对道德追求的重视。《管子》中有古人最早对"树人"的认识："一年之计，莫如树谷；十年之计，莫如树木；终身之计，莫如树人"，可见，古人早已看到培养人才的重要，并一直坚持人才必有高尚道德追求的教育思想。

为了保证社会主义建设事业后继有人，为国家和社会发展提供可靠的人才保障，党的教育方针始终坚持"育人为本、德育为先"的理念。习近平强调指出："我国高等教育肩负着培养德智体美全面发展的社会主义事业建设者和接班人的重大任务，必须坚持正确政治方向。高校立身之本在于立德树人。"[①]党一以贯之这样的教育理念，即培养社会主义事业所需人才为根本，突出道德教育的目标，把德育放在各项素质培养的首位，把立德树人作为教育的根本任务，并为我国社会主义事业的建设和发展培养了

---

① 习近平在全国高校思想政治工作会议上强调：把思想政治工作贯穿教育教学全过程 开创我国高等教育事业发展新局面 [N]. 人民日报，2016-12-09.

一批批宝贵人才。

当前，我国处于全面建设社会主义现代化强国的时代，实现中华民族伟大复兴是党的历史使命和全国人民共同的理想。"高校要实现立德树人的教育任务，就是要培养又红又专、德才兼备、全面发展的中国特色社会主义合格建设者和可靠接班人。"[①]首要的教育工作就是培养大学生树立社会主义道德，使他们坚定中国特色社会主义道路自信、理论自信、制度自信和文化自信，积极培育和践行社会主义核心价值观，自觉弘扬中华优秀传统文化，弘扬民族精神和时代精神。这就要通过有效的大学生思想政治教育工作来实现，把大学生培养成为具有社会主义道德的全面发展的人才，让大学生的个人理想和奋斗，融入中国特色社会主义的共同理想和奋斗之中。

①贯彻"立德树人"的教育理念，要求高校把大学生思想政治教育放在教育工作的首要位置。高校要充分重视和运用思想政治教育在人才培养中的重要作用，促进大学生脚踏实地、刻苦钻研，形成良好学风；激励大学生敢于探索、勇于创造，专于学术研究；通过艰苦奋斗精神教育激励大学生百折不挠、越挫越勇，形成过硬的心理素质和坚忍不拔的意志品质；教育和引导大学生树立为理想信念奋斗的坚定决心，促进个人奋斗目标与社会主义奋斗目标的结合。

②贯彻"立德树人"的教育理念，就是把大学生思想政治教育融入学校教育的全过程，高校除了要做好教育育人的工作，还要通过履行管理育人、服务育人的职责，实现全员育人、全程育人、全方位育人的良好效果。通过高校的管理和服务，把思想政治教育贯穿于学校日常管理的各个环节，渗透于大学生学习和生活的各个方面，实现全程、全方位的培养。管理和服务部门在不断提高管理和服务水平的过程中，从大学生反映的问题入手，关心大学生的冷暖，满足大学生的需求，解决大学生的实际困难，以获得大学生的认可和支持。以此为基础，把思想政治教育融入大学生宿舍、食堂、操场、浴池、活动中心等日常生活的建设、服务和管理当中，引导大学生树立正确的世界观、人生观和价值观，完善自我教育并贯穿于整个学习生活中，在科学严格的管理和细致入微的服务中，在大学生学习生活的一点

---

① 中共中央国务院印发《关于加强和改进新形势下高校思想政治工作的意见》[N].人民日报，2017-02-28.

一滴中，有效开展大学生思想政治教育工作。

③贯彻立德树人的教育理念，高校领导和教师除了要通过思想政治教育使大学生"立德"，还应使自身先"立德"。立德树人中的"立德"应该是双向的，师德对大学生的示范引领作用不容忽视。习近平在全国高校思想政治工作会议上强调："传道者自己首先要明道、信道。高校教师要坚持教育者先受教育，努力成为先进思想文化的传播者、党执政的坚定支持者，更好担起学生健康成长指导者和引路人的责任。"[①] 教师不但有传授知识和技能给大学生的责任，还有引导和教育大学生树立远大理想和养成良好道德品质的使命。教师是学生成长的领路人。正人先正己，立德先立师，教育者首先要自觉加强自身的道德修养教育。身教胜于言传，教师应注重正面教育示范，用自己的模范行为给大学生做表率，用自己的人格魅力感染大学生，以德立身、以德施教，这将对大学生的精神引领和良好行为习惯养成起到更加明显的效果。

综上所述，高校只有落实立德树人的理念，把大学生思想政治教育放在教育工作的首要位置并融入学校教育的全过程，促进大学生全面健康成长，培养具有良好道德自律能力、德智体美劳全面发展的中国特色社会主义事业的合格建设者和可靠接班人。

（3）强化"三全育人"理念

思想政治工作是中国特色社会主义高校的生命线，是高校必须共同开展的实践活动，需要各方面的力量共同参与，以及相应的领导和工作体制作为支撑。主渠道与主阵地协同育人工作围绕立德树人这一根本任务，还需树立和坚持"大思政"工作理念，积极建构"大思政"工作格局，实现全员、全程、全方位育人。

①全员育人

高校思想政治教育以培养学生正确的社会政治观、人生价值观、伦理道德观、法制纪律观为主要目标。在高校，师生互为思想政治工作的主客体，相互产生着积极作用。在学生眼里，教师是人类灵魂的工程师，是教师帮助学生掌握了知识，学会了如何做人。一般认为，高校思想政治教育的实

---

① 习近平在全国高校思想政治工作会议上强调：把思想政治工作贯穿教育教学全过程 开创我国高等教育事业发展新局面 [N]. 人民日报，2016-12-09.

施主体是思想政治工作者，但实际上，高校的所有人员都是思想政治教育的实施主体，因为高校的所有工作都是围绕学生来开展的。在高校，无论是授课教师，还是管理人员及后勤服务人员，都被学生尊称为老师，每一位教师都是学生崇拜的偶像，他们的言谈举止都在潜移默化中教育着学生，成为学生效仿的对象。高校教职员工都应该是大学生思想政治教育的示范者和实施者，他们饱满的工作精神、高尚的道德情操始终在影响着和教育着学生。

坚持全员育人，就是要充分发挥全体教职工的积极性和主动性，明确育人责任，参与育人工作，在教学、科研、党政管理、后勤服务等各个不同的岗位上，尽职尽责，勤奋工作。在实际工作中，落实全员育人的理念，要善于整合校内各方面资源，构建长效性的组织资源保障。在校内，应当全面贯彻中央有关文件精神，积极寻求学校及相关部门的支持，扩展政策资源；要充分调动院系力量，发挥基层战斗堡垒的组织、调度、管理优势，形成校、院、班三级党团组织相互协调、互有侧重的合力，共同投入大学生思想政治教育工作，在活动中吸引学生的积极参与，营造出如火如荼的工作氛围；更要积极争取学校教务部门的支持和配合，充分发挥学工干部和专业教师的指导作用，将思想政治教育活动切实有效地纳入学校教学工作之中，推动理论教学与专业学习、课题研究、社会调查相结合，提升大学生思想政治教育的育人效果。

②全程育人

大学生思想政治教育要贯穿在学生在校学习期间的整个过程中。通过学习，学生不只是科学文化知识水平逐步提高，思想认识水平也在逐步提高。为此，要将思想政治教育工作落实到从学生入学到毕业的整个过程中去，实施全过程育人。

首先，各级各类院校都要根据人才培养的具体目标和基本要求，对大学生思想政治教育制定整体的规划。要遵循高等教育规律和大学生成长的规律，安排教育内容，选择教育方法，采取多种途径，切实加强思想政治教育工作，增强思想政治教育的计划性和预见性，减少思想政治教育的随意性和盲目性。其次，实施全过程育人，就是要将育人工作贯穿大学生从入学到毕业的全过程，贯穿学校各项工作的全过程。这里要特别注重日常思想政治教育，依靠广大教师和政工人员，抓好学生日常生活和文化活动等环节的教育工作，保证大学生的健康成长。日常思想政治教育要增强针对性，即要实事求是，使思想政治教育与新形势合拍，与社会发展同步，与大学生的思想挂钩。要针对学生思想认识的疑点和难点进行教育，针对学生普遍关心的热点和兴奋点进行教育，针对学生思想的敏感点和闪光点进行教育，针对学生的道德困惑和实际需要进行教育。最后，实施全过程育人，要注重个体的特殊性。我们不能期望一种模式化的教育使每个学生都具有相当的思想理论水平，也不能用教育活动的次数去衡量和评价工作的开展情况。解决思想问题，要深入到学生中去，把思想政治教育的针对性建立在第一线的辅导员、班主任亲身调查研究的基础上、多用第一手材料，使教育过程与学生的切身实际，与对学生的思想道德评估、考核联系起来。从个体需要出发对个别学生进行教育，更要讲究针对性，分层次、有区别、按需要、分类型地实施教育。加强思想政治工作的针对性，是一个说起来容易做起来难的问题。做大学生的思想政治教育工作需要有决心、信心、耐心和细心，正是体现在这里。

③全方位育人

大学生思想政治教育工作是一项系统工程。建立大学生思想政治教育的大格局，必须运用系统思想和系统方法，建立协调、有序、整体的教育体系，才能发挥系统的整体功能，增强思想政治教育的有效性。

一方面，大学生思想政治教育工作要在学校党委的统一领导下，调动各个方面的力量，齐心协力为培养人才的共同目标而奋斗。用一般系统论的整体性观点来考查大学生思想政治教育工作，就要充分发挥各职能部门的德育功能。对于大学生思想政治教育工作，党务部门要抓，行政部门也要抓，而且要逐步建立和完善以行政系统为主要实施的德育管理体制。要把大学生思想政治教育工作与学生的德、智体美劳全面发展统一起来考察。党政系统要协调配合，和谐同步，同时还要使学校教育同家庭教育、社会教育联系起来，使思想政治教育与专业教育、管理教育联系起来，使马克思主义理论教学、思政课教学与日常思想政治教育工作联系起来，使大学生思想政治教育工作与行政工作的各方面联系起来，形成党、政、共青团、学生会、学生社团组织等多方力量的有机统一，党务系统内部、行政系统内部、党政各部门之间、各院系之间职能明确、协作育人、纵横交错的网络结构，形成相互补充、相互配合、上下一致、协调而有序的格局。另一方面，要建立全方位的综合网络，重要的是要调动各方面的力量形成综合育人的合力，特别是加强校园文化建设，发挥校园文化育人的功能。从整体上来研究加强校园文化建设，除了在常规的教学、科研活动中育人之外，还要注重研究学校的制度建设、环境建设、组织管理、生活服务等多方面的内容。校园文化建设的任务是运用文化的力量推动教学、科研向着更高质量、更高水平、更高层次发展，使学校的行政管理和后勤服务工作走向科学化、规范化、现代化，使校园环境建设和文化制度建设向更高的水平发展。

（4）培养"大思政"理念

从主渠道与主阵地协同育人的特定实施主体来讲，思政课教师与辅导员队伍是主力，他们对于协同育人的功能实现至关重要。思政课教师既有深厚的理论功底，还有丰富的工作实践经验，他们会很好地将理论与实践相结合，是高校思想政治教育工作的中坚力量。辅导员作为学生日常生活、学习和工作的教育者和引导者，他们和学生直接接触，并且交流和沟通的时间多，因此关注更多的是学生课余实践的思想状况和行为表现，是高校思想政治教育工作的基础力量。由此看来，通过挖掘两者之间的沟通和合作，强化集体合作意识，能够更直接地推动大学生思想政治教育工作的创新发展。

①坚持教育目标一致

共同的目标是实现教师同向同行的基础。不同岗位的教师虽然分工不同，职责不同，但都是为了一个共同的教育目标，为了共同的事业，勤勤恳恳地努力工作着。要想实现教师的同向同行，必须使个体的教育目标保持一致。具体来说，目标一致要做到以下几点。一是个人目标要与集体目标相一致。当一个教师参加到教师队伍中，这一集体的共同目标往往已作为一种既定的观念存在于教师之中，作为教师集体的一名成员，也就意味着他已经在一定程度上接受教好学生，培养高质量的德智体美劳全面发展的人才的共同观念，并把它同化为个人的目标，这样就实现了个人目标和学校、社会的一致。如果没有把培养学生教育学生作为共同目标，就会导致教师行为不一致，有的一心搞学术研究，有的一心搞发明创造，不把主要精力用在教学和育人上，个人目标不能与学校集体目标保持一致，也就失去了教师同向同行理念赖以形成的基础。二是不同个体的目标要一致。在大学生思想政治教育中，思政课教师、辅导员和其他教职工既是"盟友"也是"战友"。大家工作目标一致，工作环境相同，遇到困难可以一起交流分享，共同分担，取得成绩也可以彼此激励，促进合作。新老教师之间、不同学科教师之间在工作上都要目标一致，尤其是思政课教师和辅导员之间，要互相通信息，勤联络，实现教师与教师之间平等、和谐、团结一致的关系，为共同的目标而努力。三是工作目标体现立德树人。立德树人是学校一切工作的出发点和落脚点，也应该作为教师个体的工作目标。在工作和实践中，教师工作都要紧密围绕培养德智体美全面发展的社会主义建设者和接班人展开，把这个根本任务贯穿于课程建设之中，贯穿于学生管理中，贯穿于校园文化活动中，实现共同的德育目标。同时，要坚持一切以学生为本，因为学生作为学校的主体，也是教师教育对象主体。应建立良好的师生互动，促进学生在和谐、宽松的环境里健康成长，满足学生全面发展需求，帮助教师更好地实现立德树人的根本任务。

②坚持维护集体利益

集体利益中不可回避的就是竞争与合作，竞争与合作是相互依存，又相互排斥的两个方面。教师个体要强化合作意识，也不能回避彼此之间的竞争关系。坚持维护集体利益，教师要做到以下几点。第一，激发合作意识。合作是物质世界普遍存在的一种现象。每一个人都是在与他人的交往、合作中，获得全面的发展和自我实现的。合作在教师之间显得尤为重要和突出。在现代社会中，学科往往分得很细，不同的教师教授不同学科或某个学科的一部分，不同部门的学工人员负责不同项目或管理的一部分，而学生的发展是多方面的综合发展，学生的管理是多方面的综合管理。所以，教育教学任务的最终完成必然是由多位老师或多个部门之间共同努力合作的结果。从事大学生思想政治教育工作的教师必须密切合作，这是由其教育工作的性质所决定的。具体实践中，提升教师个体的合作意识，要注重沟通能力和合作能力的提升，只有教师之间或不同部门之间很好地合作，才可能促进学生多方面协调、有步骤地发展。第二，调节竞争关系。市场经济强调以市场为调节机制，通过市场对资源进行合理配置，以实现资源的优化配置，实现利益的最大化。这必然导致优胜劣汰的竞争机制。公平、合理的竞争会最大程度地调动人的积极性、能动性和创造性。经济领域的竞争最终必然会导致其他领域的竞争，当然这也包括教育领域。随着我国改革开放的程度越来越深入，范围越来越广泛，我国教师的竞争意识越来越强。各层目标资源的有限性使主体之间的竞争成为可能，并且竞争主体之间存在一定的排他性。竞争是寓于合作之中的，合作能力越强，竞争能力也就越强。学校的教育教学工作首先是在各教师之间、各部门之间及各学科之间相互协调的基础上进行的，只有各方面相互协调，才能够保证基本的教育教学工作正常进行。脱离合作的竞争必然是杂乱无章的，甚至产生不公正、不择手段的竞争现象，以至打破正常的教育教学秩序，而在合作基础上的竞争是可以增强协作的动力和活力的。

③坚持以学生为本

以学生为本是大学生思想政治教育科学理念的内在要求。思想政治教育工作者应充分尊重和关爱学生，明确大学生思想政治教育工作的目标是为了学生的发展。坚持以学生为本，应从以下几个方面做出努力。第一，一切为了学生。教育工作者是学生成长成才道路上的领路人，是学生人生路上的指明灯和方向标，是学生在大学期间可以依靠和信赖的良师益友。在大学生思想政治教育工作中，要做到一切为了学生。教育工作者要以学生为本，尊重学生，爱护学生，注重学生的全方位发展；调动各种资源，采用各种方式，最大程度地发挥学生的主观能动性，实现学生的健康、全面发展。第二，为了一切学生。大学生思想政治教育工作的主体是学生，一切为了学生，为了一切学生，为了学生的一切，是对大学生思想政治教育工作的最高阐释。这里的"一切学生"是指所有学生，也就是大学生思想政治教育要实现全覆盖。没有教育不好的学生，只有不会教育的老师。这就要求教育工作者在大学生思想政治教育过程中，要合理看待学生差异，为了每一名学生的发展，尊重和关爱每一名学生，平等公正地对待每一名学生，尤其是要关注学生中的特殊群体，为解决所有学生的问题服务。第三，为了学生一切。为了学生的一切，就是在大学生思想政治教育过程中，对学生的教育，突出重点，划分阶段，实现全面覆盖。在以学生为本教育理念的指导下，应该为处于不同学习阶段的大学生提供全方位的教育服务。

（5）坚持在改革中创新的理念

改革创新是推动人类社会进步和民族发展的强大精神动力。改革就是变革旧事物中不适宜的东西，除弊兴利；创新，就是创造新的事物，弃旧图新。人类文明发展的历史，就是靠着改革创新而变得丰富多彩和不断进步。新时代大学生思想政治教育也要坚持改革创新的教育理念，以教育的理念、思路的改革创新，带动教育内容、教育模式和教育方式方法的改革创新，是大学生思想政治教育符合时代要求，提升教育的实效性，做到与时俱进的需要。

中国共产党以改革创新的精神，把中国的革命、建设、改革事业不断推向前进，使改革创新精神逐步凝结成为中国人民认可的时代精神核心。中国共产党从领导革命开始，就勇于突破创新，坚持马克思主义中国化，反对教条主义，确立实事求是的思想路线，找到中国革命的规律，形成了毛泽东思想，以此作为指导中国新民主主义革命胜利的思想武器。新民主主义革命胜利以后，中国共产党人重视在社会主义建设实践中的创新，坚持马克思主义基本原理的同时，没有照搬照抄苏联经验，初步探索社会主义建设道路，并为发展中国特色社会主义积累和提供了重要借鉴。改革开放以来，中国共产党人解放思想，坚持实事求是，带领中国人民进行改革开放的实践，提出了邓小平理论，开创了中国特色社会主义发展道路，指出改革创新对民族和国家发展的重要作用。中国共产党在理论和实践上大胆改革创新，在经济、政治、社会、文化、生态文明建设等方面不断变革，使中国特色社会主义事业取得了巨大成就。党在领导中国人民革命、建设和改革中不断坚持改革创新的理念，这对人们产生了巨大影响，极大地调动了人民群众建设社会主义的积极性、主动性和创造性，逐步形成了全社会追求变革、奋发向上、敢于创造的进取风尚，改革创新成为时代精神的核心。改革开放以来，改革创新精神激励全国人民在各方面发展取得的成就举世瞩目，没有改革创新，社会就难以发展，时代就难以进步。如今，改革创新更是大势所趋，人心所向。改革是决定当代中国人命运的关键。全面深化的改革，让我们不再故步自封，奋起直追，解决发展中的现实问题，利用好发展机遇，全面建成小康社会和实现中华民族伟大复兴。创新是民族的灵魂，是引领发展的第一驱动力，创新可以让我们在新一轮科技革命和产业变革中抢占先机，可以加快实现经济强国的目标，实现经济持续健康发展。改革创新精神激发了人们革故鼎新的勇气，创新创造潜能，让人们更快接受新事物，敢于变革敢于竞争，极大促进了人的全面发展。

改革创新广泛存在于社会主义建设的方方面面，有力地推动了经济、文化、社会、生态文明、党的建设、制度、科技等各个领域的发展进步，高等教育的发展同样需要改革创新。改革创新是高校的灵魂，需要以改革创新的理念为先导，引领其他方面的改革创新，不断推进学校发展和人才培养。缺少改革创新精神的教育，就像一潭死水，缺少灵性和活力，影响教育成效。在社会物质生活极大丰富的今天，如何进行思想政治教育是需要不断改革创新的，要根据不同的时代特征、社会背景、生活环境，进行思想政治教育内容、形式、方法、手段、环境和机制等方面的不断变革创新，让受教育者尤其是大学生深切体会思想政治教育对其人生、事业乃至生活具有重大的指导意义，确保大学生的发展符合社会需要，使之面对各种困难和挑战时有慨然应战的勇气和百折不挠的意志品质，在面对挫折和暂时的失败时有充分的心理准备，不迷惘、不退缩，一往无前；使之明白自身的发展与国家和民族的整体进步和发展，荣辱相连、休戚与共；使之在面对利益诱惑时，不以触犯法律底线和丧失道德操守为代价，避免因蝇头小利跌入万劫不复的深渊，害人害己。大学生思想政治教育的改革创新使大学生思想政治教育工作符合时代要求，满足大学生的实际需要，增强工作时代感和实效性，促进大学生的健康成长和全面发展。

（二）制度路径的完善

高校思想政治教育的领导体制，是指关于高校大学生思想政治教育领导机构设置和权力划分的制度。领导体制是高校思想政治教育正常运行的领导核心，它不仅事关高校思想政治教育的全局，而且对整个系统的教育主体起着导向和动力的作用。完善领导体制是形成高校思想政治教育动力的中枢环节，只有健全、完善的领导体制，才能使整个思想政治教育系统有序地高效运转。

1. 完善党委领导的"大思政"机制

党委是高校思想政治教育工作的领导核心，担负着落实思想政治教育工作的主要责任。为了形成各育人主体、各部门等共同性与共在性的关系，高校要坚持和完善党委领导下的校长负责制，统一思想认识，明确责任分工，构建党委统一领导，党政齐抓共管，校院层层落实的"大思政"工作机制。党委要不断加强思想政治教育系统各要素之间的组织与协调能力，增强领导层、管理层及思想政治教育主体之间的共同体意识，形成全员协同育人格局。

首先，发挥党委的思想引领作用。高校党委主要负责大学生思想政治教育目标的制定，因此党委要全力做好大学生思想政治教育的顶层设计，针对存在的问题进行讨论，使决策符合大学生成长成才的要求。其次，党委书记作为学校的第一责任人，要做好党对高校思想政治教育的绝对领导工作。具体来说，党委书记需要开展调查研究，与高校教师和学生进行深入的交流，广泛听取他们对思想政治教育的建议和需求，有的放矢地开展思想政治教育工作。再次，各学院党委也要发挥相应的作用，加强组织领导，增强高校上级党委与学院师生之间的联动性，促进大学生的成长与成才。高校的各行政管理部门要增强共同体意识，携手执行党委决策，共同促进高校思想政治教育目标的实现。例如，学校团委和学生处在做好各自部门工作的同时需要增强协同联动。除了开展丰富多彩的校园活动，团委和学生处应组织一些校外社会实践活动，同各学院一同推进校内、校外的协同育人。最后，高校要把教书育人、管理育人和服务育人等理念融入学校思想政治教育的全过程，协同"十大育人"体系中的各要素，实现思想政治教育的全员育人、全程育人和全方位育人。

2. 促进党建工作与高校思想政治教育的融合发展

高校党建与思想政治教育工作都是高等教育的重要组成部分，二者的协同发展有益于实现高校立德树人根本任务。正是因为高校党建和思想政治教育具有有机统一的内在联系，使二者能够充分发挥自身优势，功能互补，形成教育合力，进一步增强高校思想政治教育的针对性和实效性。高校应着力打造多元化、立体化的党建和思想政治教育工作平台，纵深推进二者优势互补、协同发展，提升协同育人的实效性，加快建立、健全高校党建与思想政治教育深度融合发展的有效机制。

（1）完善高校党建工作体制机制，增强高校思想政治教育工作实效扎实做好高校党的建设，既是办好中国特色社会主义大学的根本保证，也是实现中华民族伟大复兴的现实需要。"要把抓好学校党建工作作为办学治校的基本功……"①党的事业能否取得最终的胜利，关键在于能否不断加强党的建设。高校党建是思想政治教育工作的政治引领和保障，高校思想政治教育是党领导高校的具体体现和实践。一些高校的领导者、管理者只关注业务工作和学校的发展规模，忽视学校党建工作，从而削弱了高校思想政治教育的实效。高校思想政治教育工作必须始终坚持正确的政治方向和立场，始终坚持党的集中统一领导。新时代背景下，要加快推动高校党建工作的转型发展，构建党建工作新体系，充分发挥党建工作的政治功能、教育功能、凝聚功能和保障功能，形成党建与协同并进的共赢机制。

　　首先要强化思想引领，夯实组织体系根基。以具有时代性、前瞻性和战略性的新发展理念引领高校党建工作，增强思想政治教育的理论内涵。健全组织制度体系，优化党员队伍结构，提升党建的组织力，激发其创新活力。推进高校基层党组织建设科学化水平，锻造高素质的党务工作和思想政治工作干部队伍，不断提高党建工作质量，有力保障思想政治教育的有效实施和实际效果。

　　其次要创新工作理念，构筑"大思政"格局。深化马克思主义理论第一学科的建设，构建新时代中国特色社会主义学术话语体系，为思想政治教育提供重要的学理支撑。整合党性教育和思想政治教育的优势资源，搭建多层次平台，打造党建工作主阵地，疏通思想政治教育渠道。

　　最后要发挥联动效应，建立协同育人机制。大学生的思想政治教育是一个系统工程，高校党的建设与思想政治教育必须高度融合。面对当前复杂严峻的意识形态斗争形势，必须加强党对高校思想政治教育工作的全面领导，构建完善的党建与思政一体化育人体系；引导思政课教师积极主动参与党建工作，利用思想政治理论课的教学优势深化大学生对马克思主义党性理论的认同，强化政治引领和价值引领功能。加强统筹协调和顶层设计，重点解决高校党建与协同发展存在的难点和问题，建立健全党建与思政协同管理机制，使党建和思想政治教育各部门凝聚共识、有机契合，形成合力，

---

①　教育部课题组. 深入学习习近平关于教育的重要论述 [M]. 北京：人民出版社，2019：86.

构造互联互通、同向同行的协同育人新格局，不断增强思想政治教育的亲和力。

（2）建构高校思想政治教育工作创新模式，筑牢高校党建工作根基

高校思想政治教育工作是高校党建工作的基础平台和有力抓手。高校党建要牢牢把握意识形态工作领导权，需要借助思想政治教育工作的教育渠道和主要载体。习近平在2016年全国高校思想政治工作会议上强调："做好高校思想政治工作，要因事而化、因时而进、因势而新。"①创新是时代发展的永恒动力、民族进步的灵魂之所在。当前我国部分高校思政课的教育方法和理论创新滞后于社会现实的变迁，影响了大学生主流意识形态认同的教育效果。因此，必须全面深化高校思想政治教育改革，全力开辟新时代高校党建和协同一体化发展的新局面。新形势下，不断加强高校思想政治教育理论研究和实践创新，是推动高校全面从严治党向纵深发展的必然要求，也是巩固高校党建基石的重要途径。

一是增强阵地意识，强化主流思想舆论宣传。面对纷繁复杂的国际国内形势、西方多元文化和社会思潮的渗透，要深刻认识到意识形态领域斗争的重要性、严峻性和紧迫性，切实发挥思想政治理论课在政治引领、舆论引导和价值导向等的主渠道、主阵地作用，将党建新理论和新思想科学而系统地融入大学生思想政治教育教学全过程，推动两者深度融合，激发学生讲政治、强党性的主体意识和行为转化能力，让社会主义主流舆论牢牢占领思想高地。

二是拓宽工作渠道，创新思政教育模式。高校要回应新时代的发展要求，改革党建工作模式和思想政治教育方法，积极利用新媒体、新技术和现代化教育技术手段，搭建党建和思想政治教育新型载体和融合平台，拓宽党建和思想政治教育的工作渠道，改进传统灌输式教学模式，构建凸显学生主体地位的多元化教学模式。要准确把握时代特征，更新教育理念，提高党建和思想政治教育的时代感和针对性；要时刻关注最新形势，整合优质资源，充实教育内容，增强党建和思想政治教育的吸引力和时效性；要正确把握教育规律，坚持以人为本，丰富教育形式，提升党建和思想政治教

---

① 习近平在全国高校思想政治工作会议上强调：把思想政治工作贯穿教育教学全过程 开创我国高等教育事业发展新局面 [N]. 人民日报，2016-12-09.

育的亲和力和感染力。

三是重视知行合一，建立联动管理机制。马克思主义是实践的理论，将实践教育融入高校党建和思想政治教育中，能够增进学生对党建理论和思想政治理论的认识、深化和升华，真正做到内化于心、外化于行，成为新时代知行合一的践行者。要找准高校党建和思想政治教育的契合点，坚持理论和实践相统一的原则，建立实践育人联动机制，统筹协调好校内外实践资源，完善实践教学路径，实现党性教育和思想政治课堂教育的延伸和补充，充分发挥高校党建和思想政治实践教育的合力优势和联动效应，达到高等教育理论培育和实践引导的根本统一。

（3）打造高质量教师队伍，促进高校党建与思想政治教育的协同发展

"新时代思想政治教育的发展离不开党的领导来保驾护航。"[1]实现高校党建与协同发展的根本保证是党的领导，如果离开或弱化了党的领导，高校思想政治教育必将迷失正确的方向。思政课是全面贯彻党的教育方针、落实立德树人根本任务的关键课程，是巩固马克思主义在高校意识形态领域指导地位的主渠道和主阵地。思政课教师要担负起思政课程与课程思政协同育人体系中的主体责任，解决好培养什么人、怎样培养人、为谁培养人这一根本问题。培养中国特色社会主义事业合格建设者和能够担当民族复兴大任的时代新人，是时代赋予高校思政课教师的光荣职责和重大使命。思政课教师不仅是高校思想政治理论课的主力军，而且绝大多数是党员，置身于高校党建工作第一线，并在高校基层党支部中发挥着先锋模范作用。这就对思政课教师提出了更高要求，使其在高校基层党支部建设和思想政治教育中发挥协同创新作用，实现二者的良性互动。无论是高校党建还是思想政治教育工作，都需要造就一支政治素质过硬、业务能力精湛、育人水平高超的高素质专业化思政课教师队伍。

王沪宁同志在第 27 次全国高校党的建设工作会议上指出，要推动新时代高校思想政治工作守正创新，坚持用习近平新时代中国特色社会主义思想铸魂育人，健全高校立德树人落实机制，深入做好高校教师思想政治工作。高校思政课教师既要做习近平要求的"四有好老师"，坚持"八个相统一"，

---

① 金卓，邢二涛. 新时代思想政治教育的新使命和新要求 [J]. 重庆理工大学学报（社会科学），2019（09）：130.

更要具有政治强、情怀深、思维新、视野广、自律严、人格正的优良品质。唯有如此，才能在价值引导中以理服人，用深厚的学理回应社会焦点，让学生亲其师、信其道，才能做好学生的引路人。思政课教师在教育教学行为中应坚持思想为本，内容为王的理念，遵循教育教学规律，善于用学术话语讲政治，实现政治话语和学术话语的有机转化，使思想政治教育既有学理支撑，又有政治高度，更有思想深度。思政课教师要用真理的强大力量引导学生增强"四个自信"，激发学生的爱国之情和强国之志，对于各种错误思潮和观点要敢于亮剑，在润物细无声中传播真理，这样才能"给学生心灵埋下真善美的种子，引导学生扣好人生第一粒扣子"[1]。打造一支可信、可敬、可靠，乐为、敢为、有为的高水平的思政教师队伍，成为新时代高校党的建设和协同发展的关键之举。

总之，新时代高校党建和思想政治教育的协同发展是引领高校健康、有序、稳步发展的内生动力，是培育中国特色社会主义时代新人的铸魂工程。我们应该在实践中不断反思与重构，努力探索实现高校党建与思想政治教育互动互鉴、同向同行的有效协同机制，使之成为推进高等教育高质量内涵式发展的重要途径。

（三）创新路径的完善

思想政治教育创新的驱动机制是指思想政治教育的决策者、组织者和实施者为了实现思想政治教育目标所制定的各项政策所采取的各种激励手段，即以科学的发展、创新和科学知识的普及、科学精神的弘扬为重要内容。在思想政治教育系统中，无论是作为施教主体的教育者还是作为接受主体的受教育者，他们首先都是作为人而进入思想政治教育领域的。在思想政治教育创新过程中引入竞争机制，有助于增强群体内部的凝聚力和向心力，促进个体的自我完善和发展。

1. 合理的物质激励

马克思主义认为人的需要十分重要，正是由于人的需要才产生了激励。

---

① 习近平. 习近平谈治国理政（第三卷）[M]. 北京：外文出版社，2020：330.

"人直接地是自然存在物。而且作为有生命的自然存在物"[①]其特点就在于它有需要。马斯洛将人的需求划分为五个层次，不同个体在不同阶段的需求是不同的，因此激励主体采取的激励内容和激励策略也不尽相同。具体而言，高校思想政治教育者要根据激励客体的实际状况，进行分类汇总，具体问题具体分析，不能"一刀切"，同时要根据环境和形势的变化，采取不同的激励策略，做到与时俱进。

在实践过程中，有时候物质奖励是最直接、最有效的激励方式。在升入大学以后，学生们最耳熟能详的激励形式就是奖学金。虽然现在各所高校的奖学金制度都在趋于完善，不过普遍存在的问题就是形式单一、奖金数量少。笔者在与学生的讨论中发现两种明显的现象：一是很多家庭比较贫困的学生，不想再单纯地接受家里资助，希望靠自己的力量完成学业，不过在用功学习和努力兼职的纠结中出现了问题。往往因学校的课程安排没有大量的课余时间兼职工作，如果将零碎的时间都用来兼职，那么学习任务就不能够及时完成，导致成绩下降，失去获得奖、助学金的资格。虽然很多学校都有相应的补助政策，不过往往不能惠及每一名需要资助的学生。二是某些学生具备一些特殊的才艺，学校没有足够的空间任其施展才华，甚至禁止学生在校园内举办一些特色活动。这种不民主的做法违背了激励的原则精神，损害了学生的积极性，影响了学生的自主发展，经历几次碰壁之后，有的学生往往会走向极端，不但有害于学生自身的成长，也不利于学校的管理工作。所以想要更好地使学生完成大学中的学习任务，让每一名学生都能在大学中尽情施展才华，高校应该推陈出新，跟上时代的步伐去设置更多能够刺激现代年轻人的奖、助学金种类。在加大奖金数量的同时设置单项、特色奖、助学金的获得标准，能够让一些有才华或者其他特长的学生，最大程度发挥自己的能力，不仅锻炼了自己，还能为校园文化建设贡献更多的力量，让高校的校园文化更加多姿多彩。

2. 重视精神激励

马克思主义认为人的本质是一切社会关系的总和。人是社会活动的产物，因此人必然有物质需求和精神需求。马斯洛的需求层次理论将人的需

---

① 中共中央马克思恩格斯列宁斯大林著作编译局编译. 马克思恩格斯全集（第3卷）[M]. 北京：人民出版社，2002：324.

求分为从低到高的五个层次，从生理需求到心理需求，这些需求源于心理紧张产生的"动机"，一旦人的需要通过激励得到满足了，就会使得心理不再紧张而趋于平衡，激励也就达到效果了。目前人们生活状况普遍提高，大部分的学生不仅仅对于物质有追求，更多地追求精神上的满足。在日常的学习生活中，更多的学生需要的是一种被认可的精神需要。针对这种学生，学校应该给出一种完整的、程序化的精神激励制度。学校将符合社会主义核心价值观的、优秀的、积极上进的一些先进事迹，通过校园文化宣传和媒体、网络宣传等深入到学生内心，使他们竞相效仿，然后再通过宣传，就会达到很好的激励作用，并且在调动学生积极性的同时，潜移默化地加大了思想政治教育工作力度，使每一名学生都能投入到思想政治教育的建设中。

3. 强化情感激励

人是情感动物，情感是心理活动的外在表现形式。大学生因其年龄特点和所处环境的特殊性，情感需要是心理需要的强度较大的需求之一。情感活动包括思想情绪的感化、观念的认同、感情的投入等，通过尊重、信任、关心、爱护、欣赏等一系列活动，公平、公正对别人进行赞美和批评，以理服人，创造和谐融洽的人际关系环境。具体而言，大学生的校园情感需要主要包括爱情、友情，希望能够被认可，能与他人交往并建立相应的和谐关系。对大学生的情感激励主要包括以下几种类型。

首先，是对大学生人格的尊重。人格指的是一个人的价值、尊严和名誉的总和，具有明显的社会属性，是个体内在在社会化过程中的具有特色的全体和综合。大学生作为社会中的一个重要群体，理应受到尊重。根据马斯洛的需求层次理论中"尊重的需要"的解释，大学生在满足生理、安全及爱和归属感的需要后，渴望得到尊重。这种尊重既有来自老师的尊重，也有来自同学间的尊重。大学生由于地域文化和家庭背景的差异，可能在语言、生活方式、生活习惯、学业上有差别，甚至是有缺陷，但是在人格上是平等的，教师应当一视同仁，公平对待，充分尊重和保护学生的自尊心。人人都有自尊心，对那些先天不足和表现稍差的学生，如果教师不注重保护他们的人格自尊，极易使他们受到伤害，进而自暴自弃，与教师和其他学生关系越来越疏远，可能会导致严重的后果。

其次，是朋友形式上的尊重。师生关系亦师亦友，要创造融洽的师生关系，就应当摒弃师生间管理与被管理、控制与被控制的消极关系，建立相互理解、相互尊重的朋友关系，这样能够极大地消除师生间的代沟和阻碍，顺畅地沟通和交往，使学生被尊重的需要得到满足，从而形成一种内在的激励机制。

最后，就是对学生成绩和成果的尊重。大学生表现欲强，具有好胜心和进取心，追求自我实现并渴望被认同和尊重，如学业上取得好成绩、社会活动取得好成果、思想上有重大进步等，都希望得到别人的认可与尊重，这时教育者如果能及时对其成绩进行肯定，则一定会起到很好的激励效果，促使学生取得更大的成绩。

4. 构建理想激励

理想信念对于人的社会活动具有重大的指导作用。大学生作为将来国家和社会需要的特殊群体，树立坚定的理想信念是十分必要的。要正确评估学生的成就理想的心理需要，通过及时、正确评价学生的结果，及时进行相应的奖励，满足学生成就理想的心理需要，促进学生的全面发展。学生的思想意识出现松动、懈怠的根本原因就是因为没有理想。没有理想的学生就像迷失在大海中航船，虚度青春美好时光，不明白自己真正想要的是什么。面对这样的学生，学校、辅导员及教师就应该及时提醒学生，更帮助学生去构建一个符合学生实际情况的理想、目标，让学生对未来有所憧憬，从而燃起对当下学习生活的斗志，结合之前的几种激励方式，使学生自主地努力奋斗。在奋斗过后、成就自己理想的时候，学校能够给予一定的正面宣传指导，不仅满足该学生对于成就理想的满足感，也能激励后来的学生奋勇拼搏。

综上所述，建构新的驱动机制是提高高校思想政治教育实效性的有效途径。过去高校思想政治教育更多注重的是上级的精神要求，走的是从上到下的路线，建立新的驱动机制，就是要把发动由上级改为下级，走由下而上的路线。学校的思想政治教育要做什么，要由学校根据自己的实际情况自己决定。而学校做决定的时候，思想政治教育做什么，应该从基层开始，由基层工作人员做出计划，在这样计划的基础上，学校再统筹协调工作计划。把驱动机制交给基层，能使基层工作人员发挥主观能动性，深入实际调查研究来确定思想政治教育应该做点什么，同时也由于思想政治教育基层工作人员决定自己要做什么，这样就促使基层思想政治教育工作者要摸清学生的思想实际，倾听学生的呼声。这样，在确立内容的过程中，把学生需要纳入其中，既使教育具有针对性，也会增加它的实效性。其实，这样的驱动机制，实际上就是把学生思想中的问题要求纳入思想政治教育内容体系当中。驱动机制和内容体系是紧密联系在一起的，动力仅表现为一种外在的形式，而内容则反映着事物的本质。

第六章　新时代高校协同育人的运行机制

思想政治教育是一项复杂的系统工程，是由多种要素以相互联系与相互作用的方式形成的一个有机整体，所以，要实现高校思想政治教育效益最大化，就必须要构建起一个动态平衡、具有可操作性的、高效的运行机制。遵循协同育人理念，整合校内外优秀的教学资源，搭建协同的平台，多方联动，实现全员育人、全过程育人、全方位育人的高校协同育人育人效果。

一、新时代高校思想政治工作运行机制的模式及特点

运行机制是由各个要素为统一的目标，通过一定的联系方式连接起来的工作系统，其内部运行有着一定的模式和特点，因此，通过对运行模式和特点的了解可以全面了解这一运行机制。

（一）新时代高校思想政治工作运行机制概念

新时代高校思想政治工作运行机制，就是指在新时代背景下，高校思想政治工作过程中党的领导、社会支持、高校教育、家庭参与及学生主体五个方面的教育资源以立德树人为目标，形成相互联系、相互作用、互相制约的联结方式并建构起来的运行机制。具体地说，党的领导在高校思想政治工作运行机制中承担着总领方向的角色，"为谁培养人""培养什么样的人""怎样培养人"是我国高等教育必须要解决好的根本问题，这一问题的合理解决必须要坚持党的领导，高举中国特色社会主义伟大旗帜，坚定社会主义的基本立场。社会在高校思想政治工作运行机制中承担着动能供给的角色。社会生产力发展水平决定了高校思想政治工作开展的内容、师资条件等方面；社会发展水平及其对人才的需求决定了高校思想政治教育的目标与要求等方面；社会意识形态现状则规定了高校思想政治教育的

阶段性目标及要求；社会精神财富则为高校思想政治工作提供了具体的教育内容。高校方面在其中承担着外驱动的角色，社会发展所提供的目标、资源、要求均需要在高校的思想政治教育工作中得以实现，教育资源只有通过高校思想政治教育主体借助教育环体及教育介体作用于教育客体才能实现教育目的及要求。家庭方面在其中承担着调节系统的角色，家庭家风建设为高校思想政治工作提供了德育基础，并在高校思想政治工作中以个人为单位对高校思想政治工作进行个性化的沟通与调节。学生主体则负责内驱动的部分，社会知识资源只有经过学生主体的内化过程——进行自我教育才完成了教育的全过程，才能真正实现教育效果。

（二）新时代高校思想政治工作运行机制的模式

高校思想政治工作运行机制的运行模式包含宏观与微观两个层面。宏观层面，概括而言，即坚持党的领导、主抓高等教育、推进社会与家庭及学生主体协作、联动育人。具体说来，坚持党的领导就是要充分发挥高校党委在高校思想政治教育工作中的领导和指导作用，推进党委统一领导、各部门各方面齐抓共管工作格局的构建。主抓高等教育，是要以高等教育为主，推进思政课的发展建设并将思想政治工作贯穿于专业教学过程，要完善高校各职能部门建设保障思想政治教育工作的开展，要完善校内外的沟通渠道，加强内外联系，推进协同联动育人。社会、家庭及学生个体联动育人，在这一环节，要推动家庭从功利性的教育目标转变入手，促进其主动参与思想政治教育，社会则要从正清社会思想舆论环境的角度来协助思想政治教育的进行，学生主体要发挥主动性，积极提高自身的思想政治素质并通过交往的交互作用影响家庭环境建设及学生群体的思想倾向。

微观层面，即坚持促进模块化发展、强化线条化联系的方式，充分发掘高校思政课教育、专业课程教育及课下各个教育环节的育人功能。将高校课堂教育模块、社团组织模块、教学管理服务模块、校园环境模块等课内外各育人环节纳入高校思想政治教育的工作范围，在坚定政治方向的基础上支持并促进各个模块的特色发展，与此同时强化模块间、各模块与高校思想政治工作队伍及高校党组织间的联系，在保证方向一致、立场坚定的同时促进资源共享、教育同步，进而推进高校思想政治教育途径创新。

两个层面结合形成校内外多方联动育人途径，推动高校思想政治教育实现由外而内的完善与发展。概括而言，即要统筹校内校外两个育人方面，其中要以校内育人为中心，抓好高校这一主阵地，推进知识性与教育性的统一；同时要强化党的领导，充分发挥各级党委在思想政治工作中的领导和指导作用，以此为重要推手促进校内外育人工作的有效、有序开展；此外还要紧抓社会、家庭及学生个体的联动育人，在这一环节要激活社会、家庭及学生个体在育人工作中的作用，以此为助力巩固并扩大高校育人工作的影响。

（三）新时代高校思想政治工作运行机制的构建

新时代高校思想政治工作运行机制是充分调动党的领导、社会支持、家庭参与、学生主体以及高校育人五个方面的育人力量，并以一定的沟通机制联系起来，经由统筹协调形成育人合力以提升育人实效，此外还有系统的评估激励机制对机制的运行进行评估反馈和激励，以促进机制的自我协调、自我完善与自我发展。由此可见，新时代高校思想政治工作运行机制的构建包含了以下两个方面的内容。

第一，党的领导、社会支持、家庭参与、学生主体以及高校育人等方面的育人力量有着相对独立的内部运行环境，需要充分推进其内部的育人力量的发展与建设。其中，高校是育人工作的主阵地，必须要强化其内部党组织、教学、管理、服务等各个部门的育人功能，细化落实各级部门的育人任务；党的领导同样是机制运行中的重要力量，需要各级地方党组织积极参与到育人工作的指导中，以其特有的精神文化育人资源来强化育人实效；社会支持是机制运行的重要方面，需要社会舆论力量加强正向引导，同时加大舆论大环境的监管力度，巩固育人实效；家庭参与和学生主体在育人工作中同样有着不可替代的作用，推进家庭文化与家风建设可以通过内部环境巩固育人实效。

第二，党的领导、社会支持、家庭参与、学生主体以及高校育人五个方面的育人力量是紧密联系、统筹发展的，需要推进各方面育人力量间的沟通机制与评估激励机制的建设。首先，有效的沟通机制能够为各方面的育人力量的协调运行、合力作用提供一个基础平台，通过这一平台以共同的目标为方向，结合各方面育人力量功能的发挥特点来进行统筹安排，形成有效的协作模式，形成育人合力，提升育人实效。其次，还要有有效的评估激励机制。评估激励能够对运行机制整体进行评价与反馈，这对于运行机制的优化发展有着极为重要的作用，此外还能为个体育人力量进行评估和激励，以优化其发展并提升其工作实效。

（四）新时代高校思想政治工作运行机制的特点

高校思想政治工作运行机制的特点具体表现为明确的方向性、多维体系之间的强互动性、各要素的相对独立性和多方联动运行的层级性。第一，高校思想政治工作运行机制具有明确的方向性。党的领导、社会支持、高校教育、家庭参与及学生主体这五个方面的作用方式虽各有不同，但其目标均为提升高校思想政治教育实效性、促进学生的自由的发展、实现立德树人。第二，高校思想政治工作运行机制多维体系间的强互动性。党的领导、社会支持、高校教育、家庭参与及学生主体之间并非相互隔离的系统，而是紧密联系，相互协作并相互牵制的，是高校思想政治工作运行机制这一有机整体的组成部分，机制功能的发挥有赖于个方面间的互动协作。第三，高校思想政治工作运行机制各要素间的相对独立性。党的领导、社会支持、高校教育、家庭参与及学生主体系统虽有着紧密的联系，但四者之间又相互独立，各有其独立且各具特点的内部运行环境。第四，高校思想政治工作运行机制运行的层级性。党的领导与社会支持方面提供了宏观的方向指导、资源支持、目标规范等；高校方面实施中观的操作、教育等；家庭支持及学生主体则从微观出发，以家庭的反馈调节和学生主体的自我教育为途径，促使学生外化、进行自我教育，实现外力促成内化再实现外化的教育过程。

二、当前高校思想政治工作运行机制现状分析

关于高校思想政治教育工作运行机制发展现状的有效分析能够实现高校思想政治教育的优化发展，对于促进大学生群体发展有着重要的意义，对于新时代高校思想政治工作运行机制的建设也有着十分重要的现实依据。因此，本章以问卷调查的方式，通过网络平台在河北经贸大学学生中发放

问卷 420 份，有效回收 409 份，回收率 97%。笔者以网络问卷的数据统计为依据，对当前高校思想政治工作运行机制的发展现状进行深入的分析，以便于准确把握其发展中存在的问题，并对问题成因进行系统分析，为新时代高校思想政治教育的优化发展提供经验借鉴。

（一）当前高校思想政治工作运行机制现状

高校学生思想政治工作运行机制发展现状反映了上一阶段的工作情况，通过对结果的分析能够对下一阶段的工作安排、调整提供有效的现实依据和经验总结。对于高校思想政治工作运行机制的现状分析，应主要从其内部各要素及其构建机制两个方向进行，总结经验，为新时代高校思想政治教育的创新发展提供可靠的现实依据。

1. 各要素发展现状

当前背景下高校思想政治教育机制的运行范围包含在高等教育范围之内，由高校党组织、教学部门、职能部门三个部分构成。具体来说，高校党组织包括高校党委、院级党组织、学生党团组织；教学部门包括思想政治理论课教学科研部门以及相关教学单位；各职能部门包括高校学生处、教务处、研究生院和后勤处等相关部门。主要工作队伍由思政课专任教师、各学院专兼职辅导员、学生干部、心理咨询教师构成。高校思政课专任教师通过理论灌输为主、辅以师德影响、个人榜样示范等方法，以理论教育为主要内容，对学生进行思想政治教育。各学院专兼职辅导员以密切联系学生群体为渠道，密切关注学生思想、学习、生活动态，以学生思想成长、学习成才为目标、适时引导的方法开展思想政治教育。学生干部以榜样示范、朋辈教育为途径潜移默化地推进思想政治教育。心理咨询教师以心理疏导帮助学生提升心理健康质量为途径推进思想政治教育。就高校各个部门的功能发挥而言，在高校党组织方面，校党委领导高校思想政治教育工作，各院级党组织负责落实具体工作，学生党团组织进行进一步的细化、巩固工作。在教学方面，以思政课教学科研部门为主导，各相关部门倾力配合，以想政课四门公共课教育为内容，面向全校学生开展理论教育。在职能部门方面，各职能部门积极配合落实校级工作安排，以维护教学开展、构建学生学习生活便利环境为工作要点，为教师工作、学生学习生活提供服务。

依据当前高校思想政治教育工作部门及工作队伍的划分，高校思想政治教育的整体实效可从思政课教育实效、专业课程育人实效、职能部门育人实效三个方面进行分析。在本次问卷调查中，首先关于"您学习思想政治理论课的首要目的是什么？"这一问题，有 40.44% 的同学认为思政课学习可以提升自身的思想政治素养，这表明有相当一部分学生对于思政课的学习已经由被动的知识灌输转向自觉自发的学习阶段，表明了思政课教学取得了一定的成绩。其次关于"当前背景下您接受思想政治教育的途径有？"这一问题（多选），有 97.3% 的学生选择了学校课程教育，此外有 67.65% 的学生选择了社会实践教育，62.5% 的学生选择了党团宣传教育活动。这表明了高校在加强思政课教育环节的同时也在不断探索新的育人途径，并取得了较好的成效。最后关于"您认为专业课程教师、学校管理者、服务者等是否具有思想价值引领的功能、责任与义务"这一问题，有 87.5% 的同学认为专业课程教师、学校管理者、服务者均具有思想价值引领的育人功能，这表明了当前高校在不断加强思政课建设的同时也在不断强化各个职能部门的育人功能，完善职能部门工作队伍的思想建设工作。总体而言，当前高校思想政治教育运行机制内部的组成要素体系健全、各要素效能基本充分发挥、各要素自身的发展完善也在有序进行。

2. 机制运行现状

当前高校思想政治工作运行机制由高校党组织、教学部门、职能部门三个部分构成。高校党组织部分又由高校党委、院级党组织、学生党团组织三个部分组成；教学部门则由思政课教学科研部门及相关教学单位两个部分组成；各职能部门则由学生处、教务处、研究生院和后勤处等部分组成。因此，高校思想政治工作运行机制运行是指这三个育人部门之间基于共同的育人目标而展开联系沟通、统筹合作的状态。依据这一模式，对当前高校思想政治工作运行机制现状的分析主要从统一的领导机制的工作实效、各个育人部门的工作实效两个方面入手。在本次问卷调查中，在高校思想政治教育统一的领导机制方面，对于"您的学校是否有统一的思想政治教育领导机构及制度？"，有 65.77% 的同学认为当前学校内存在同统一的领导机构及制度，但仍然有 34.23% 的同学并不肯定是否存在。关于"若有统一的思想政治教育领导机构及制度，您认为其运行实效如何？"这一问题，在认为存在统一领导机制的 269 名同学里仅有 66 名同学认为其功能发挥完全，另有 203 名同学认为其功能发挥不完全，这两项结果表明了高校思想政治教育已经建立起统一的领导机制，但是其发展、建设并不完善，进一步导致其功能发挥并不理想。在各职能部门育人功能发挥方面，对于"您认为当前专业课程教育对您的思想价值观念成长的影响程度是？"，仅有 19.56% 的同学认为当前背景下专业课程教育对于自己思想价值成长的引领功能"非常大"，另有 42.3% 的学生选择"较大"；对于"您认为当前学校管理者的行为及工作对您的思想价值观念成长的影响程度是？"，仅有 15.4% 的同学选择"非常大"，另有 38.14% 的学生选择"较大"；对于"您认为当前学校内服务者的行为及工作对您的思想价值观念成长的影响程度是？"，仅有 14.91% 的同学选择"非常大"，有 35.7% 的学生选择"较大"；对于"您认为校党团组织建设及活动等对您的思想价值观念成长的影响程度是？"，仅有 16.87% 的学生选择了"非常大"，另有 36.19% 的学生选择了"较大"；对于"您认为当前的校园文化环境的建设对您的思想价值观念成长的影响程度是？"，仅有 16.24% 的学生选择了"非常大"，另有 46.7% 的学生选择了"较大"；对于"校园思想政治教育网络平台，您认为其教育实效如何？"，仅有 41 人认为实效"非常好"，另有 91 人认为"较好"。由此可以看出当前高校思想政治教育机制中，各个育人部门均处于不断发展的过程中，因此各个部门在保证完成本职工作的同时，其育人功能已经被调动起来，这是当前高校思想政治教育机制建设所取得的成绩，但由于各个部门育人功能调动的程度相对较低，所以其育人实效仍不理想，有待进一步发展和完善。

整体而言，高校思想政治教育已经建立统一的领导机制，且机制内各个组成要素、各个发展模块均强调完善自身发展建设，各个模块的发展目标明确、本职功能发较为充分，但是由于统一的领导机制的发展、建设不完善，加之各个部门育人功能调动不充分，使得部门之间的统筹联系薄弱，要素间的整合度较低，导致各个部门的育人功能发挥尚不理想，育人合力尚未形成，最终导致高校思想政治教育实效性不足的现实局面。也就是说，当前高校党组织、教学部门与职能部门三个部分的内部纵深发展机制健全，进而推动了要素的发展，但三者之间的横向沟通、要素整合、统筹发展、协同育人的机制发展相对滞后，导致整体作用实效较为薄弱。概括来说，即各个要素以及各个模块自身的纵深发展较充分，但要素、模块间的整合度较低、统筹联系薄弱。这表明当前高校协同育人机制并非一个良性的运行机制。要推动高校思想政治工作运行机制的良性发展就必须要结合时代发展的现实需求、结合高校育人目标及其高校思想政治运行机制的发展需求来进行完善和发展。

（二）当前高校思想政治工作运行机制存在的问题

发展的过程同样是一个发现问题、分析问题并解决问题的过程，这一实际要求我们在发展过程中要树立问题意识，坚持问题导向。当前，高校学生协同育人机制的发展日益成熟、体系逐步健全，运行日趋规范，在推动高校思想政治教育的完善和促进高校学生全面发展方面发挥了不可替代的作用。但与此同时，还必须要清醒地认识到高校协同育人机制运行中依旧存在目标统筹层级较低、信息沟通实效较低和育人合力发展不足的问题。

1. 目标统筹层级较低

当前高校协同机制运行中的目标统筹层级较低主要表现为各要素、模块内部的纵向统筹度高，但要素模块间的横向统筹度较低，即各要素均是从自我发展完善的目的出发，要素间的目的协调统筹度较低，导致合作的整体实效较低。例如高校党组织建设的首要目的是为了保持党组织的先进性、纯洁性，并在各级党组织间保持了高度的一致性；教学部门建设的首要目的是为了提高教育的时效性，这一目标在自上而下的层级之间保持了高度一致；职能部门建设的首要目的是为了提升工作质量，保障教学工作、学生学习生活的正常运转，这些目标都是现实发展所必要的。而机制的良性运行，首先在于机制内部各要素有一致的目标，目标的分化将导致运行机制作用效果的分散，运行机制系统就相当于做无用功。

高校思想政治教育的目标是宏观目标与微观目标的有机统一，但是宏观目标旨在立德树人，培养社会主义现代化的合格建设者和可靠接班人，在一定程度上忽略了学生个性化发展这一微观目标。一方面，高校思想政治教育为了提高统筹管理效率，往往会更加强调宏观目标；另一方面，受限于高校思想政治教育资源，难以确切实现学生个性化发展的教育目标。

新时代背景下社会现代化建设更加强调发展的全面性，因此，高校思想政治教育发展及个人发展同样要全面推进，要将结合时代发展要求，高校育人要求、个人全面发展要求有机结合起来，统筹规划高校思想政治教育工作的目标体系，提升高校思想政治教育机制的内部凝聚力，增强高校思想政治教育工作实效。

2. 要素整合程度较低

高校协同育人机制功能的有效发挥源于机制内部各要素高度整合而形成的强大驱动力。当前高校协同育人机制运行实效不容乐观，造成这一现状的重要原因是当前高校思想政治教育的统一领导机制发展不健全，导致机制内部要素整合程度较低。在本次问卷调查中，对于"您的学校是否有统一的思想政治教育领导机构及制度？"，仍有 34.23% 的学生不了解校内是否存在统一的思想政治教育领导机制，而在认为校内存在思想政治教育统一领导机制的 269 名学生中，认为当前校内统一的思想政治教育领导机制的运行实效非常好的仅有 66 人。据此可以得出，当前高校思想政治教育领导机制运行的实效较低，因此其对于各个育人部门的统筹领导力较弱，这就造成了各育人部门间的协调配合程度较低，进而导致各育人要素间功能发挥的整合程度较低。

各个育人要素间功能发挥的整合程度较低具体表现为三个方面。第一，各要素间的统筹合作是非自发的，因而合作联系是非固定、非常态的，只是由于偶发性需求而被动进行合作，所以机制协调运行的内源性动力不足。第二，各要素间信息沟通机制不健全，有效的信息沟通和信息共享是机制效能发挥的关键条件，而当前背景下机制内各要素的信息沟通是基于偶发需求进行的，沟通范围较窄、共享内容较少，长效机制缺乏，因此机制运行的信息驱动力不足。第三，机制运行的评价激励机制不健全，机制运行需要有力的内部驱动，其目的就是保持机制积极的运行状态，但当前机制系统评价激励机制建设滞后，多为要素内部基于自身发展制定的评价激励规则，因此机制运行的内驱动力不足。

由于机制内各要素功能发挥的整合程度较低，高校协同育人机制正处于非良性的运行状态，具体表现为两个方面。第一，高校协同育人机制运行状态的不稳定性，由于机制内的整合、沟通多产生于偶发性任务需求，导致机制运行的唤醒状态也是偶发的，并为形成常态化、规范化的运行模式。第二，高校协同育人机制运行效能发挥不充分，由于沟通整合机制不健全，导致作用指向不一致、各要素功能发挥难以形成强大的合力，甚至会相互抵消，导致机制运行效能发挥难以达到预期目标。因此，当前高校协同育人机制的优化发展必须要结合各要素的状态、功能等具体特点进行全局性规划，优化配置，推进发展。

3. 育人合力尚未形成

《关于进一步加强和改进新形势下高校宣传思想工作的意见》（中办发〔2014〕59号）指出，要提升思想政治工作的实效必须要引入社会支持力量，推进校内外的协调配合，构建起齐抓共管、多方参与的高校宣传思想工作的新格局。这一要求指明了高校协同育人机制发展的未来方向，即以社会发展实际、高校育人目标及学生个体的全面发展目标为依据，更新机制构建理念，引入多方育人力量，完善统筹规划并细化具体路径，以进一步推进高校协同育人机制的完善和发展。首先，高校协同育人机制的构建及运行主要集中于高校内部，这决定了其外部育人支持力量较弱；其次，其内部要素间的目标统筹程度较低，更未能建立起与外部环境的长效沟通合作机制，发展动能单一，导致机制运行实效较差，难以满足育人目标及社会发展的现实需求，这一现状反映出高校协同育人机制构建的过程中联动育人合力发展不足，难以满足社会发展的问题。

在本次问卷调查中，对于"您认为当前专业课程教育对您的思想价值观念成长的影响程度是？"，仅有19.56%的同学认为当前背景下专业课程教育对于自己思想价值成长的引领功能"非常大"，另有42.3%的学生选择"较大"；对于"您认为当前学校管理者的行为及工作对您的思想价值观念成长的影响程度是？"，仅有15.4%的同学选择"非常大"，另有38.14%的学生选择"较大"；对于"您认为当前学校内服务者的行为及工作对您的思想价值观念成长的影响程度是？"，仅有14.91%的同学选择"非常大"，有35.7%的学生选择"较大"；对于"您认为校党团组织建设及活动等对您的思想价值观念成长的影响程度是？"，仅有16.87%的学生选择了"非常大"，另有36.19%的学生选择了"较大"；对于"您认为当前的校园文化环境的建设对您的思想价值观念成长的影响程度是？"，仅有

16.24% 的学生选择了"非常大"，另有 46.7% 的学生选择了"较大"；在认为当前校内存在网络思想政治教育平台的 261 名学生中，对于"校园思想政治教育网络平台，您认为其教育实效如何？"，仅有 41 人认为实效"非常好"，另有 91 人认为"较好"。这表明了高校内部各育人部门功能发挥尚不充分，更无从谈起育人合力的发展。在多方联动育人功能发挥方面，对于"在您当前所处环境中是否存在上述各要素即社会、高校、家庭等合作推动您的思想发展的工作模式？"，有 57.95% 的学生即 237 人认为存在社会、高校、家庭合作的育人模式。而在这 237 人中认为当前社会、高校、家庭等合作模式的运行实效非常好的仅有 66 人，另有 111 人认为其运行实效较好，余下 60 人认为运行实效一般或较差。基于以上结果可以得出，当前高校思想政治教育的社会、高校及家庭的联动育人模式尚处于建设阶段，一方面造成学生对其了解不够深入，另一方面导致校外育人支持力量较薄弱，校内外育人合力尚未有效成型。

概括而言，高校思想政治教育育人合力的发展落后于实际的需求，这造成育人工作开展范围的局限性，内容的狭隘性，致使机制运行与教育现实之间产生强烈的不适应性，进一步导致工作实效性不理想。一是高校思想政治教育工作的开展范围的局限性与高校育人目标之间的不适应性。当前高校思想政治教育工作主要集中于高等教育范围之内，导致育人与实践相脱节、育人过程具有盲目性，使工作开展的结果不能达到育人目标要求。二是高校思想政治教育内容的狭隘性与高校育人目标之间的不适应。高校思想政治工作以思政课教育为主，理论性较强使学生学习积极性不高，且教学远离学生生活实践使学生的接受度较低；教学工作途径单一、教育方法发展创新不足，导致教育实效不理想，难以实现到达育人目标。

（三）当前高校思想政治工作运行机制存在问题的原因

问题可以倒推发展，其关键在于要对问题进行深入的成因分析，总结教训，指导发展。同理，对当前高校思想政治工作运行机制存在的问题进行深层次的分析，可以依据问题成因明确未来发展的方向及要求，优化发展进程。

1. 多方联动育人任务落实不力

当前高校协同育人机制运行中的目标统筹层级较低，导致各组成要素均有其自身的建设目标和工作任务，在思想政治工作中也有各自具体的任务要求，这一运行状态导致各组成要素在功能发挥的过程中难以有效整合，难以形成育人合力，更难以建成良性运行机制。此外，高校协同育人机制的范围不大，使得高校思想政治工作局限于高校教学之中，工作方式固化，工作实效不足。这两个方面的问题反映的是当前高校协同育人机制发展不够完善，多方联动育人任务落实不力，导致其运行过程中多方育人力量的支持不够充分。

新时代的发展要求推进全局性的建设、全面性的发展，因此，以多方联动、协同育人的理念为基础的高校思想政治教育运行机制，是新时代实现高校思想政治教育优化发展的必然趋势。这一发展趋势要求高校协同育人机制建设必须从宏观的角度出发，做好多方联动育人任务的落实工作，即一方面要统筹目标规划和细化实现路径，另一方面还要联结并协调多方支持力量，最终实现全面发展。概括而言，即要做好多方联动育人任务的落实工作，将社会发展中的多方育人力量引入高校协同育人机制构建之中，构建起高校思想政治教育全面发展、联动运行、协同育人的格局，以此拓宽高校思想政治教育的支持系统，在机制运行中形成多方参与的育人合力，以提升育人实效、促进学生全面发展，在此基础上满足社会发展需求。

2. 缺乏有效信息沟通机制

当前高校协同育人机制运行过程中存在着各要素之间整合程度较低的问题，导致机制内部各要素功能难以形成育人合力，进而难以实现育人目标。造成这一问题的深层次原因是缺乏完善而有效的信息沟通机制，具体表现在两个方面。第一，高校思想政治教育内部环境的信息沟通不完善，造成教学部门、党团组织以及职能部门之间的工作目标不协调、工作方向不一致，功能发挥未能形成合力甚至相互抵消。第二，缺乏有效的校内外信息沟通渠道，造成高校思想政治教育力量薄弱，难以应对复杂的舆论环境的负面影响。

要素的有效整合要以完善的信息沟通机制为基础。有效的信息沟通能推动不同要素、不同层级间工作目标的同化以及工作任务的协调，提升要素之间的整合度，调节不同要素的功能发挥，实现功能发挥最优化。因此，要推动当前高校协同育人机制的优化发展必须健全高校内部各部门以及各要素之间的信息沟通渠道，同时高校内外信息沟通机制还要加强联系，以此为基础提升高校内各育人要素的整合度、引入社会和家庭力量参与协同育人、强化学生个体的主动性积极性，增强学生群体内部的正向引领，形成育人合力，实现育人目标。

3. 缺乏有效评估激励机制

当前高校协同育人机制在运行过程中整体的评价激励机制尚不健全，多为各部门因自身发展需要自发制定的评价激励规则，不具备整体的激励保障作用，难以激发充足的内驱动力，也难以保持机制运行的积极状态。评价机制的缺位会导致各要素功能作用的发挥没有具体的评估衡量标准，难以对结果进行深入分析，难以形成有效的经验总结以指导后续发展。高校协同育人机制运行过程中激励机制的缺位则会导致各要素功能发挥的内源性动力不足，难以提升工作的积极性与主动性，使功能发挥实效降低。

健全而有效的评价机制和激励机制可激发各部门、各要素功能发挥的积极性、主动性，为机制运行提供充足的内部发展动能，同时还可以完善机制内部的自查制度，为机制运行提供强大的自我革新、自我发展的动能。所以，要完善高校协同育人机制，首先必须要健全评价机制的构建，以全面有效的评价制度对高校思想政治教育工作进行细化评估，形成总结性结果，以此为依据对缺陷进行弥补，对成果进行适当鼓励，推动机制运行的完善发展。其次还要健全激励机制的构建，以全面有效的激励机制激发各部门、各要素育人的主动性与积极性，进而保持高校思想政治教育的正向发展的可持续性。二者结合，才能有效推动高校协同育人机制的创新发展。

三、新时代高校思想政治工作运行机制的实现路径

（一）强化多方联动的育人意识

多方联动的育人意识是高校思想政治教育优化发展的现实需求。当前高校协同育人机制内部因目标统筹层次较低及信息沟通渠道不健全，导致功能发挥的目标指向不明确，所以功能发挥尚未形成育人合力，机制运行

实效较低。此外，高校协同育人机制的运行局限于高校教育之内，所以育人力量较为单一，难以应对负责社会环境的负面影响，教育实效性较差，难以满足社会发展现实需求。此外，多方联动育人同样是学生为实现自身全面发展的要求，如图6-1所示，对于"您期望接受的思想政治教育途径是？"大部分学生选择在接受校内思想政治理论课程教育、专业课程教育、党团与社团活动、校园文化建设、管理与服务等育人活动的同时，还选择了强化家长的示范作用、社会的正向引导作用及学生社交群体内部的正向影响作用。基于这一现实，要提升育人实效，必须要结合现实需求，将树立多方联动育人理念纳入机制构建的过程之中，以推进高校协同育人机制的优化发展。

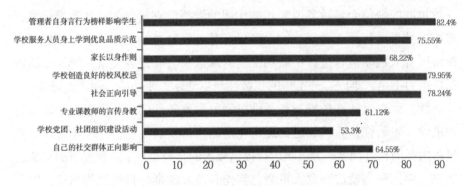

图6-1 "您期望接受的思想政治教育途径是？"调查

树立多方联动育人意识，要从两个层面入手。一是在高校育人这一层面，需要自上而下地在高校育人体系内树立起多方联动育人意识，以意识为引领推进各育人部门之间协调与合作，提升各育人部门功能发挥的整合程度，进而提升高校育人的实效性。二是在校内外联动育人的层面，首先需要明确高校育人的主要地位，同时要提升主要育人部门的合作意识，在完善高校内外沟通机制建设的基础上推进高校育人的协同合作发展。其次要社会中树立多方联动育人意识，一方面增强社会舆论核心、各方成员协同参与育人的责任意识，另一方面促进家庭教育功利性倾向的转变，提升其参与育人的积极性。只有树立多方联动育人理念，并以此为基础推动高校协同育人机制的优化发展，促进校内外多方联动育人合力的形成，才可切实提升育人实效、满足社会发展需求。

（二）完善多方联动运行机制建设

各个部分的机制建设为整体运行提供规范化、科学化的框架，保障机制运行的有序性、有效性，没有了机制建设，整体的运行就会陷入无序运转、盲目重复的困境之中。因而，高校思想政治工作运行机制建设至关重要，当前背景中，这一建设要从完善高校思想政治教育管理机制、完善舆论管理机制、完善信息沟通机制、完善评估激励机制四个方面展开。

1. 完善多方联动管理机制

中央 16 号文件指出，高校思想政治教育工作必须要有与其发展实际、社会发展要求以及学生个体全面发展需求相适应的健全的管理体系。完善的制度体系是高校思想政治教育有序、有效开展的重要保障，当前背景下，要建立健全这一管理工作机制，需要从加强校级组织机构功能、完善院级思想政治工作组织领导机构、加强学生党团、社团的建设与管理三个层面入手。

第一，加强校级组织机构功能，首先要从组织建设抓起，要坚持《关于加强和改进新形势下高校思想政治工作的意见》（中发〔2016〕31 号）的要求，要坚持社会主义办学立场，严把高校领导班子尤其是校长与党委书记的选任关，为高校发展组建起坚强、有力的高校党委领导班子，强化校级管理机制的领导力与影响力。其次要明确组织责任分工，文件中强调，要坚持并完善党委领导下校长负责制，党委书记作为高校思想政治教育的第一责任人，应统筹全局，主持好全面工作；校长作为高校思想政治教育工作的最高执行者，应积极行使各项法定职权以落实党委领导下的相关决议。概括而言，高校党委要做好统筹规划工作，做到管好方向、定好大局，为高校思想政治教育工作的稳步开展奠定良好的基础。校长及其他行政领导则要依据党委领导依法行使各项职权，确保高校思想政治工作落到实处。

第二，完善院级思想政治工作组织领导机制。院级单位受学校领导，并与各职能部门保持工作上的统筹合作，是高校思想政治工作贯彻执行的主体，因此，完善院级思想政治工作组织领导机构至关重要。一方面，院级党委组织选任要严格把关，以此为基础充分发挥院级党委的思想政治工作导向作用。院级党委要结合学校领导，基于学院实际与学生特点，积极履行政治职责，统筹安排学院思想政治工作计划。另一方面，要积极推进学院全员育人的思想政治工作队伍的组建，建立起以学院辅导员为主力，专任教师、学生干部等协同合作的院级思想政治工作队伍。把牢选任辅导员、专任教师的标准，保证队伍的纯洁性、先进性，确保育人功能的充分发挥，同时要积极发挥学生干部的模范带头作用，以榜样示范、朋辈教育的方式发挥思想引领作用。

第三，加强学生党团、社团管理机制的建设。高校学生组织团体是大学生学习生活的重要组成部分，也是校园环境建设的重要环节之一，对于高校思想政治工作有着重要的影响，故此，健全学生组织团体的管理机制是推进高校思想政治教育优化发展的重要一环。首先，要强化学生党团管理机制的建设，一方面要规范学生党团组织的日常活动；另一方面要以制度规范提升学生党、团员的组织意识、纪律意识，以保障其在学生群体中的榜样带头作用的有效发挥。其次，要加强学生社团的管理机制建设，一为学生社团建设提供规范化导向，奠定学生社团建设的组织基础；二为学生社团活动的开展提供价值方向导向，保障学生社团活动在学生群体中价值引领功能的有效发挥。

2. 完善多方联动舆论监管机制

任何舆论都带有倾向性与目的性，处于舆论中的个体在思想发展过程中均会受到舆论倾向的影响。在本次问卷调查中，有关舆论环境对于高校思想政治教育的影响方面，对于"您认为当前的校园文化环境的建设对您的思想价值观念成长的影响程度是？"，有 62.84% 的学生认为校园文化环境的建设对其思想价值观念成长的影响程度"较大"；对于"您认为社会发展及舆论环境对您的思想价值观念的成长的影响程度是？"，有 62.11% 的学生认为社会发展及舆论环境对其思想价值观念成长的影响程度"较大"。因此，舆论环境的规范建设势在必行。在当前社会纷繁复杂的舆论大环境中完善舆论环境监管机制要分清主次，重点针对高校内部舆论环境监管机制建设，同时做好社会舆论环境的监管、引导等建设工作，以及家庭舆论圈的建设和引导工作。

高校内部舆论环境监管机制建设，核心目的是发挥舆论价值引领功能。首先，要拓宽舆论资源引入渠道，以此为指导扩展并完善舆论资源，将高校内党团组织建设、高校思想政治教学成果、榜样模范等纳入舆论资源建设中，充分发挥其价值引领作用。其次，要健全舆论环境的监管，要建立健全高度敏感的监督预警机制，对与高校思想政治教育工作方向相背离的信息要及时加以管理，正清校内舆论环境。最后，要健全高校网络平台的监管，在自媒体时代，网络平台就是一个舆论场，其对于当代大学生思想成长的影响极大。对此，高校要加强高校网络思想引领机制的建设，抢占网络阵地，强化思想政治教育，同时还要加强校内网络信息监管机制建设，削弱不良思想倾向的影响力。

高校舆论环境处于社会舆论大环境之中，只有加强社会舆论环境的建设与监管，才能促进高校舆论环境的建设。首先，必须要健全社会舆论的发展制度，以此为依据支持引导优秀的精神文化成果、社会活动、团体个人等各个环节积极参与到社会舆论环境的建设之中，为社会舆论环境的良性发展奠定坚实基础。其次，还要强化社会舆论的预警监督机制的建设，做到反应及时、应对规范，及时有效地净化社会舆论大环境，为社会舆论良性发展保驾护航。

家庭舆论圈对个体思想成长的影响最为深远，必须要健全家庭舆论圈建设的引领机制。首先，在社会层面，积极推进家风建设，以精神文明建设影响家庭舆论圈的发展趋势。其次，在高校层面，要完善家庭与学校的沟通渠道，以学校舆论环境辐射影响家庭舆论圈的发展趋势。最后，在学生主体层面，发挥其主动性与主导性，以学生主体为媒介对家庭舆论圈实施影响和监管，推动家庭舆论圈的良性发展。

3. 完善多方联动信息沟通机制

完善的信息沟通机制是保障机制良性运行的重要因素。当前高校机制运行因缺乏完备的信息沟通机制建设：一方面，导致各个育人部门间工作目标、工作任务、育人资源的整合度较低，进而使得部门间的合作处于被动状态，最终造成育人实效不理想的结果；另一方面，导致高校育人局限于高校内部系统，育人力量单一、育人资源不够完善，难以应对复杂的校内外思想舆论环境，育人实效性不理想。因此，当前高校思想政治教育多方联动运行机制的构建必须要完善信息沟通机制的建设，这一建设包含了两个方面，一是完善高校内部信息沟通机制建设，二是完善高校内外各方信息沟通机制的建设。

高校内部信息沟通机制建设的完善，一方面需要健全纵向沟通渠道，即健全自校到院、职能部门再到具体工作队伍的信息沟通渠道，要保证自上而下的领导作用的发挥和自下而上的反馈作用的发挥，保证各层级的功能发挥的指向一致；另一方面需要健全横向沟通体系，即强化各思想政治工作部门间的信息沟通，要保障其工作目标的一致性、工作效果的互补性，以此提升高校育人工作的实效性。概括来说，即通过纵向领导与反馈信息沟通渠道及横向职能协调信息沟通渠道的建设来完善高校内部各育人要素与部门间信息沟通机制的建设，并在此基础之上推进高校思想政治教育多方联动运行机制的建设。

高校内外各方信息沟通机制建设，包含了完善社会与高校间信息沟通机制建设、完善家庭与高校间信息沟通机制建设两个方面。首先，由于社会环境的复杂性，社会与高校之间的信息沟通极易受到负面影响，因此，二者间的信息沟通建设需要充分发挥高校的主导作用，要求高校育人部门积极发挥主动性，加强对社会舆论、社会发展的分析，适时引入积极的育人因素，规避消极的风险因素；同时要发挥社会舆论核心的引导作用，以正清社会舆论环境，保护高校育人成果。其次，强化家庭与高校间的信息沟通机制建设，需要引导家长发挥主动性，加强与学校的联系及时把握和分享学生成长动态，并加以辅助引导，推进学生的全面发展，同时高校学生工作部门与辅导员要加强同家长的信息共享，学生个体也要充分发挥自身的桥梁沟通作用，拓宽家校间的信息沟通渠道。

4. 完善多方联动评估激励机制

评估制度的发展为机制运行提供自我发展、自我革新的依据，而激励制度的建设则为机制发展提供了内部发展动能，所以，推进高校思想政治教育多方联动运行机制建设必须要完善评估激励制度的建设。高校育人模块是多方联动运行机制的主体构成部分，且其制度建设的可操作性较强，因此成为评价激励制度建设的重点。高校育人评估制度包含两个方面。一方面是完善高校思想政治工作领导部门主导的评估制度建设，即强化对高校思想政治教育队伍工作的评估，以此为依据对高校思想政治教育中的成功经验与失败教训进行归纳总结，为后续的发展建设提供具体而明确的指导。另一方面，要完善以学生群体的主体的评估制度建设，即从学生的角度来评估高校思想政治工作的实效性，以此为依据分析机制运行过程中的优势和缺陷，推动机制的进一步完善和发展。完善其建设首先必须要依据不同对象建立起客观有效的评价标准体系，其次要组建客观专业的评估分析队伍，最后要针对评估工作的规范化制定相关的规范性要求，以保障评估制度的有序进行和有效实施。

高校育人激励机制建设也包含了两方面的内容。一方面，要完善高校思想政治教育主体的激励机制建设，保障其工作开展与个人发展有完善的精神、物质激励体系，激发其工作的热情、调动其工作的积极性。另一方面，要完善高校思想政治教育中学生主体的激励机制，充分激发其学习动力，提升其学习效率。完善以上两个方面的激励机制建设，首先要依据不同主体制定合理可行的激励标准，其次要结合不同对象的发展需求完善激励的具体措施，最后要实现激励信息的公开，同时还要跟踪收集反馈信息，保证激励实施的针对性和有效性。

（三）建立健全高校协同育人育人校内运行机制

1. 构建教学管理服务全员育人机制

在高校全员育人机制中，不同的人员并不存在职责的不同，只是分工不同而已。当前的高校更重视教书育人，很少体现出管理育人和服务育人，而全员育人的关键在于能否帮助学生将道德知识内化为道德品质、外化于道德实践，因此要将协同育人理念融入高校思想政治教育育人实践中，整合教学、管理、服务三个领域的长处，取长补短。

（1）建立思政课教师和非思政课教师的协同育人机制

首先，要定期对专业课教师进行思想政治教育理论培训，增强责任的认同感与责任感，以身作则，为学生做好表率，培养专业课教师的德育意识，在提升学生的专业知识的同时，也提升了学生的职业道德素质。其次，思政课教师和非思政课教师要"组队"，帮助专业课教师制定出既能够适用于各专业课程教学又能够提升学生思想修养的教学大纲。与此同时，思政课教师也要帮助专业课教师解决学生学习过程中的思想方面的问题。

①增强高校辅导员的骨干作用

解决辅导员队伍建设"短板"，提升育人工作能力，应以"立德"为出发点，紧扣"为谁培养人"的根本问题，坚持以体制机制为切入点，实现"树人"目标。教育投资是主要渠道，职业培训是有效补充；职业认同是精神保障，工作待遇是物质基础；角色定位是重要保证，明确职责是基本要求。

第一，追加教育投资，增强职业培训。追加教育投资，加强职业培训，能不断增强高校辅导员处理新问题的能力。轻视人力资本投入，忽视职业能力培训，这是高校辅导员队伍建设的"短板"。教育与培训是人力资本投资中最为重要的。高校应制定继续教育政策，继续追加教育投资，鼓励辅导员提升学历层次，增强辅导员学习能力；强调经典著作研读，扎实科学理论知识，为辅导员处理现实问题奠定理论基础；构建基层辅导员培训基地，提供交流平台；制定辅导员培训政策，奠定制度保障；邀请科研专家，开展科研培训，增强科研能力。开展辅导员培训至关重要：应合理安排培训内容，增加基础知识培训板块，开设专业技能培训，扎实科学理论知识；开展分层次培训，针对理工科专业背景的辅导员，系统开设思政专业知识培训；针对新入职辅导员，严格按照辅导员职业标准，全面开展思想政治素质、理论知识、专业技能等方面培训；针对工作年限较长的辅导员，开设职业道德、职业归属等方面培训。

第二，提升职业认同，落实职称待遇。职业化是高校辅导员岗位的发展方向，提升职业认同是辅导员工作职业化的精神保障，落实晋升待遇是辅导员工作职业化的物质保障。辅导员是提升职业认同的内在要素，即辅导员应自觉树立职业认同感。辅导员应正确处理职业需求和职业利益之间的矛盾，严格遵循职业规章制度，调整内在利益驱动，将职业标准内化为职业信念；以积极情感投入工作岗位，消除负面情绪，达到情感认同；以坚强的意志克服辅导员工作困难，树立终身职业理想，实现信念认同。"满足需要是职业认同的动力"[1]，落实职称待遇至关重要。高校应开设辅导员科研项目，鼓励学术研究，报销科研经费，提升学术水平；设立辅导员岗位独立考评机制，根据辅导员工作属性，实行辅导员职级制，参照行政岗位职称，设置相应职称等级，解决辅导员难晋升问题。

第三，找准角色定位，明确工作职责。辅导员既要做好本职工作，还

---

[1] 肖述剑. 高校辅导员职业认同的内在机理探析 [J]. 思想政治教育研究，2019（02）：121.

要处理其他琐碎事务，这导致辅导员难以找准角色定位，产生角色认知偏差。从琐碎事务抽身，明确工作职责，能引导辅导员找准角色定位。如何脱离事务性工作，明确工作职责，成为解决问题的关键。学校应理顺辅导员工作顺序，重视辅导员本职工作，将辅导员从琐碎事务解放出来；理清辅导员管理属性，建立明确的人事管理制度，明确各部门各员工职责，打造线上线下沟通机制，消解多部门共同领导辅导员、布置重复任务等现象，防止辅导员在日常思想政治工作中上演独角戏，提升辅导员工作效率。辅导员明晰本职工作职责，明确日常工作范畴，知道"如何培养人"，增强职业认同感，为工作注入创造性。

②发挥思政课教师的主导作用

思政课教师应坚守育人主体地位，树立育人教育理念，发挥育人职责作用；应结合时代要求，满足学生需求，完善实践教学形式，健全德育考核方式，创新课堂教学方法，发挥思政课教师育人主导作用，提升思政课育人实效。

第一，以理论为基础，完善实践教学形式。教育的直接目的并非在于知识传授的量化，而在于学生头脑中留存知识的质化。如何校验学生已内化的理论知识，唯有通过社会实践活动，突破"两张皮"发展瓶颈，构建"课堂教学＋课外探索＋社会实践"教学模式，开展多样化思政课实践教学活动。实践教学要抓重点、聚焦点。思政课教师应立足于校内课堂教学，以理论知识为出发点，面向全体学生，围绕教学重难点，将课程内容划分为不同专题；根据不同专业特点，聚焦学生关注的热点问题，精选贴近学生实际的实践课题；严格把关实践团队建设，鼓励学生走进社会课堂；坚持理论联系实际原则，开展多元化实践教学形式，如经典案例分析、校内外专题调研、实践成果汇报、人物调查访问等，将实践形式纳入期末考核学分，增强学生解决实际问题的能力。

第二，以智育为前提，健全德育考核方式。思政课具有较强的理论性，以理论知识考试作为学生期末考评的主要方式，德育考核流于评奖评优的形式。思想政治教育的目的并非是扎实学生的思想政治理论知识，更重要的是通过传授理论知识提升学生思想觉悟、塑造道德品质、培养独立人格。期末考核方式应比例化，即合理分配理论知识考试和德育考核比例，结合社会热点问题或学生关注点，在理论知识考试中增加德育考核内容，直接测评学生德育发展倾向。德育考核不应局限于思政课教师视野，应增加同学评价、自我评价、辅导员评价，采用多元视角评价方式。应将德育考核纳入学校考评体系，建立完善的德育考评机制。

第三，以内容为保障，创新课堂教学方法。应借助多元化教学方法将枯燥乏味的基础理论知识趣味化。然而，思政课程较强的理论性导致教师重知识传授轻教学方法，常采用单向灌输法，降低了学习效率和教学成效。思政课教师应自觉学习新理论，创新教学方法，打造"魅力型"思政课程，这也是高校教学改革之所需：融入时代发展，提升媒介素养，将科技因素和时代因素融入课堂教学；将教学内容划分为不同版块，坚持学生主体地位，鼓励学生上台讲课，听取学生对知识的见解，做出内容补充，使思政课"活"起来；设置问题教学模块，以解决学生知识疑点为切入，将问题贯穿于教学全过程；学生媒介素养较高，可利用课余时间，设计相关主题，打造网络展示平台，鼓励学生将学习内容拍摄成微电影，引导学生由被动变为主动。

（2）建立思想政治教育和学校管理队伍协同育人机制

马克思、恩格斯指出："作为思想的生产者进行统治，他们调节着自己时代的思想的生产和分配……"[①]首先，管理者要牢记"管理也要育人"，要努力提升自身思想政治素养、提高管理水平、提升决策的科学性、做遵守学校各项规章制度的带头人。管理者应以自身的优秀品质和实际行动潜移默化地影响学生，为学生及教职工树立良好榜样。其次，在管理决策制定中，坚持"以学生为本"，关注大学生的个体发展需要及他们的思想和心理动态，不断更新工作理念，建立科学的管理模式和良好的校园管理氛围，使各项规章制度真正落到实处，使大学生的思想政治理论素养在校园管理中得到进一步提升。最后，完善师德考评，提升育人水平。树立育人理念是对高校职能部门人员的内在要求，完善师德考评体系是外在约束。完善考评体系旨在通过外在要求约束职能部门人员职业行为，使行为符合职业道德标准，内化为自身职业道德认知，融入职业道德情感，转化为职业道德信念。高校应将师德考评作为职能部门人员职称晋升的重要标准，建立"一

---

① 中共中央马克思恩格斯列宁斯大林著作编译局编译. 马克思恩格斯选集（第一卷）[M]. 北京：人民出版社，1995：99.

票否决"师德考评制，不留"空白点"，避免重师德考评量化、轻师德考评质化的错误倾向。因学生处、教务处、研究生院、校团委等职能部门人员与学生联系紧密，所以考评制度更应重量化、强质化。各职能部门人员是师德考评的对象，注重师德考评主体多样化，学生、同事、部门、自我都应是职能部门人员师德考评的主体。部门考评是常见的方法，但存在视角局限性。学生是职能部门人员提供管理和服务工作的直接对象，应加大学生对职能部门人员师德考评权限，拓宽师德考评视角。自我考评和同事考评能直接判断职能部门人员师德现状，应合理增加自我考评和同事考评在职能部门人员师德考评中的比重。

（3）将育人与服务相结合，思想政治教育工作中的开展要强调服务意识

使思想政治教育更"接地气"，发挥服务育人的特点和优势，因为服务育人"具有贴近生活、以情动人、润物无声等显著特点和独特优势"[①]，使大学生在优质服务中受到感染和教育。例如，校园宿舍里的管理人员以关爱学生的心让每位学生都能在回到寝室时感受到家庭的温暖，校园食堂的服务人员热情的服务、吃苦耐劳的形象，校园的行政部门在学生来办理手续时所体现的负责任且严谨工作态度，都会潜移默化地影响大学生。正是因为这些直接展现在学生面前的良好形象和优秀品质，都能够潜移默化地影响学生，影响他们在进入社会后对待工作、对待身边人的态度与看法。

2. 构建阶段连贯全过程育人机制

"全过程育人就是把思想政治教育融入学生从入学到毕业的各个阶段，贯穿于教育的整个过程。"[②]根据不同年级学生的特点和发展规律，建立分级、分阶段的育人机制，使这些机制有机协同，为高校育人工作服务。

（1）搭建新生衔接平台，开展新生入学教育

高中到大学是一个跨度，高校应该提供一个新平台，让学生顺利完成角色转换。大一学期处于衔接适应教育阶段，应该强化理想信念教育。高校可以合理利用军训或是组织多种丰富的活动，将育人理念传递给学生，

---

① 高斌，类延旭，方仲奇. 新时期高校服务育人路径的思考[J]. 学校党建与思想教育，2009（10）：16.

② 韩慧莉. 构建研究生思想政治教育"三全育人"新格局[J]. 青年教育，2012（07）：111.

让新生尽快融入校园，适应大学生活。

①利用军训对新生进行有效的思想政治教育

军训是每一所高校新生入学必须组织的实践教学工作，不仅能够培养学生吃苦耐劳、坚忍不拔的精神，而且还能提升学生的身体素质和学生的集体荣誉感。军训期间，高校可以组织思想政治教育工作者对此期间出现心理问题的学生及时进行引导，做好新生思想工作。更重要的是，不能让高校军训流于形式，要注重军训的课程设计，根据学生体质训练强度由低到高，让学生提高安全意识学会防身技能，促进新生间的交流，提升新生集体观念和纪律观念。军训是必要的，这一时期的思想政治教育工作还有很大的发挥空间，有利于促进学生正确树立价值观。

②组织形式多样的教育活动，提高入学教育成效

只有组织形式多样的活动，增进彼此间的交流与互动，将育人的思想融入日常生活的各种活动中去渗透、感染，才能不断提高受教育者的思想品德素质和个人综合能力。例如组织社团活动、各种文化活动、各种心理咨询活动及志愿活动等，让新生尽快融入校园生活，提高学生人际交往能力，不断开阔视野。高校一定要坚持将爱国主义精神、集体主义精神和民族精神教育贯穿于各种丰富多彩的活动中，帮助学生树立正确的政治立场。学校可以组织新生联谊舞会、专业发展和职业生涯规划的讲座，让新生了解校园，了解未来的发展状况。思想政治教育工作开展形式多样、生动有趣，更有利于提高入学期育人工作的质量和水平。

（2）搭建主干阶段育人平台，加强正面教育和引导

思想政治教育是一项连续性非常强的工作，高校必须保证各个学年的思想政治教育能够有效衔接。特别是大二、大三两个学期处于高等教育的主干阶段，这一时期也是受教育者的发展过渡阶段，高校必须合理规划育人工作，通过搭建主干阶段育人平台，提高思想政治教育工作的针对性，加强正面教育与引导。

首先，思想政治教育工作要有针对性。大学教育的主干阶段应侧重于社会主义核心价值观的内化教育，加强正面教育和引导。这一阶段受教育者思维更活跃，愿意尝试各种新鲜事物，高校可以组织道德实践、社会实践等活动加强人生观、价值观、世界观教育；还可以树立典型人物，发挥

榜样力量，引导学生树立良好的道德品质，树立远大的理想。这一时期育人工作还要注重引导受教育者辩证看待社会的负面问题，加强理想信念教育：高校可以通过开展各种主题的团活、青马工程、诵读经典诗词、红歌比赛、志愿服务等活动，加强爱国主义精神、集体主义精神及团队协助精神，将社会主义核心价值观深记于心。其次，全程育人更强调生活上"润物细无声"的隐性思想政治教育。高校可以通过开设校园广播站，组织大型节日的文艺表演，宿舍文化大赛等各种形式的活动，将思想政治教育贯穿到高校学生生活的各个方面。最后，思想政治教育工作要细化。高校可以根据学生个体的差异，以问题为导向，制定不同的育人政策。例如目前部分高校因疫情开展线上课堂，针对来自偏远地区、没有条件接受网络教学的学生，可以将相关的学习资料免费邮寄给受教育者，灵活采取"一人一策"教学方式，使育人工作更具有针对性。通过深入了解学生的实际情况，尽力帮助学生解决实际问题，把思想政治教育工作真正落于细微之处。

（3）搭建毕业季活动平台，开展职前教育

大四学期处于发展教育阶段，这一时期应侧重于社会主义核心价值观的外化实践教育。高校可以通过管理与规划，组织各种实践活动，搭建各种平台来进行职前教育，帮助学生完成社会职业的角色转变，提高学生的社会责任感。大四是毕业期，高校必须进一步加强毕业季的思想政治教育工作。

第一，高校应该提供一个良好的专业实习平台。高校应将实习期合理安排并提供实习场所，实习期间给予学生指导和关心，为学生及时解决问题，这样既能保证实习的质量，也能保证实习期间的安全。第二，高校应该提供一个就业指导平台，例如开通网络信息平台，将就业信息及时传递给学生，便于学生可以相互交流经验。特别是疫情期间，高校可以开展网络招聘会，及时发布就业信息，便于学生在网上完成面试、签订就业协议；还可以借此机会开展网络心理健康教育，及时了解学生在就业过程中遇到的问题，及时给予疏导，在进行就业指导时融入思想政治教育，提高学生的心理接受能力和随机应变能力，引导学生树立正确的就业择业观。第三，毕业季的学生组织性和纪律性较松散，高校应该加强管理和教育，例如请假必须走程序等，还可以通过各种讲座等形式加强理想信念教育和职业道德教育。

第四，组织毕业活动，增进师生间的情感交流，开展情感教育。情感教育能够使思想政治教育工作得以升华，能在潜移默化中影响学生。高校可以举办欢送晚会、有奖知识竞赛、道德品质颁奖会等活动，加强师生交流，让学生加强知识的吸收，加强道德教育；还可以组织学长学姐交流会，请优秀的毕业生鼓励即将进入社会的学生们，积极引导学生正确的价值观念。

3. 构建教育载体整合全方位育人机制

（1）统筹推进课程育人

课程育人是在课程教学活动中进行育人，是"三全育人"的主要内容，也是全方位育人的主要途径。课程育人在育人体系中占据重要地位，习近平总书记强调"要用好课堂教学这个主渠道"[①]，因而新时代高校必须统筹推进课程育人，发挥课程育人的作用，才能提升高校育人的质量。

首先，高校思政课的内容要紧随时代需要与时俱进，并根据学生的发展阶段，不断强化课程之间的衔接，课程内容要相互补充，相互贯通，便于学生对所学内容的理解和感悟。课程育人还必须深入挖掘非思政课程内容中的智育、德育资源，全面渗透思想政治教育。其次，高校的课程育人要求教育方式方法要灵活，采用符合学生实际情况的教学方法。教师在具备深厚理论知识的同时联系当下社会热点，结合网络、文化、实践育人创新教学方式方法，例如新闻案例教学法等，调动学生的积极性参与课程学习，提高课程育人的质量。教师在传授知识技能的同时穿插科学的世界观和方法论，可以传递热爱科学、热爱祖国等思想，引导正确政治立场，还可以融入情感教育、社会教育等，主动开展教学育人，做到润物无声，提高学生的思想品德水平。

（2）深入推进网络育人

网络育人是"三全育人"重要的组成部分，是推进全方位育人的重要实现路径。习近平指出："要运用新媒体新技术使工作活起来，推动思想政治工作传统优势同信息技术高度融合，增强时代感和吸引力。"[②]信息时代，高校必须重视网络思想引导工作，利用网络不断创新教学的方式和方法，以便能够线上线下、课上课下、随时随地进行思想政治教育。

① 习近平. 习近平谈治国理政（第二卷）[M]. 北京：外文出版社，2017：378.

② 习近平. 习近平谈治国理政（第二卷）[M]. 北京：外文出版社，2017：378.

第一，利用网络丰富教育内容。教育者可以利用网络了解到最新的信息，可以在世界范围内的信息中保留最有意义的教育内容，将教育内容填充得更丰富，更动态。例如可以将疫情防控的素材转化为深刻而鲜活的教材，用贴近生活的教育内容引发共鸣，加深对受教育者的影响。第二，利用网络丰富教育形式，增强生动性。教育的现代化要求教育技术的现代化，网络技术应用于高校思想政治教育工作，打破了空间维度的限制。受疫情影响，各大高校"停课不停学"，采用线上教学的形式，上好战"疫"思政课。教育部通过组织全国大学生同上一堂疫情防控思政大课，引导学生深刻认识到在抗疫过程中，中国共产党的领导和中国特色社会主义制度的显著优势。深入推进网络育人，利于实现全方位育人。高校可以通过线上线下、课上课下的网络育人，时刻引导和影响受教育者。在校内建立公共网络信息平台，增进师生交流与互动，便于教育者能够及时了解学生目前的状况，及时引导学生理智看待问题。高校还可以让优秀的学生队伍来负责网络信息的操作和维护，积极引导和帮助有问题的同学，同时要注重网络上的信息搜集和整理，及时制止不良言论，宣传正能量，致力于提升学生的思想觉悟。

（3）深入推进文化育人

"强化文化育人功能，构建文化育人工作体系，是落实党和国家'三全育人'工作的重要内容。"[1] 文化育人有着不容忽视的作用，积极推进文化育人有利于实现全方位育人。高校可以从以下几点着手提高文化育人功能。第一，高校应充分发挥中华优秀传统文化的作用。继承并发扬中华优秀传统文化。高校应组织丰富多样的传统文化活动，开展各种文体活动，建立文化传承的基地等，将高雅艺术、非物质文化等优秀传统文化融入校园，拉近学生与传统文化的距离，丰富学生的精神世界，培养爱国情怀，引导积极的人生态度，规范思想品德。第二，高校应不断提升革命文化的教育作用。高校应将红色文化教育系统化，组织形式多样的文化教育活动，例如可以通过举办舞台剧、歌舞音乐会、网络作品有奖征集、宣传革命英雄事迹等形式来进行革命精神教育，引导学生树立正确的"三观"，坚定

---

① 高慎波. 新时代高校文化育人实践路径研究 [J]. 才智，2019（33）：99.

理想信念、增强奋斗意识，提高思想政治觉悟。第三，高校应积极开展社会主义先进文化教育。以课堂教育为基础，宣传主流价值观念，分析社会中的一些经典案例、热点问题，宣传优秀事迹、优秀精神。例如目前正处于疫情防控阶段，高校可以组织策划《疫情知识大科普》《团结一心共患难、战"疫"必胜》等宣传栏目，及时挖掘报道先进典型，征集相关作品、歌曲、画册等激发全体学生为抗疫作贡献的爱国主义热情。高校还可以组织社会实践活动，积极践行社会主义先进文化，不断创新教育方式，将社会主义核心价值观传入学生的心理，引导学生树立正确的文化观，促进学生全面发展。高校必须大力发展校园文化。利用好第二课堂，采取丰富多样的活动，例如组织名师讲座、党团活动、社团活动等提高学生的认知，培养情怀、传递正能量；组织有趣的文娱活动，让学生身心放松、丰富阅历；组织教育科研、学习交流等活动，形成良好的教风、学风。此外，高校的文化育人一定要与社会榜样相联系，采取正面教育宣传，发挥榜样力量，引导学生全面提升自身素质和品质。

（4）着力加强实践育人

教育是一种培养人才的社会实践活动，马克思的观点与实践育人理念相契合："生产劳动同智育和体育相结合，它不仅是提高社会生产的一种方法，而且是造就全面发展的人的唯一方法。"[①]高校实践育人作为"三全育人"的一个重要载体，能够锻炼、提升人的技能，挖掘人的潜能，不断促进受教育者全面发展。

高校实践育人的渠道主要为课堂实践教学和课外实践活动，但课内实践教学的局限性较大，所以高校课内实践教学的形式、方法和内容应该更丰富多彩，比如组织课堂演讲、案例分析会、辩论会、小品表演、电影观后感、模拟法庭等，激发学生的学习兴趣，提高课堂实践育人的成效。除了必要的课内实践教学，还要多组织课外的实践育人活动。特别是课余和假期，思想政治教育工作主要以社会实践活动为主，可以鼓励学生参与重大项目的建设、社会调研活动，鼓励并帮助学生创业等。高校的社会实践活动要以学生自我管理、自我服务为主，可以鼓励学生参与志愿服务，因为志愿

---

① 中共中央马克思恩格斯列宁斯大林著作编译局编译. 马克思恩格斯全集（第43卷）[M]. 北京：人民出版社，2016：510.

者活动有利于学生在此过程中不断完善自我，在实践中学习和感受社会主义核心价值观。特别是在抗击新型冠状病毒疫情过程中，众多高校的学子勇于牺牲和奉献，在保证自身安全的情况下，积极参与疫情防控志愿服务工作，彰显了青年一代的奉献与担当，传播防疫正能量。

高校的实践育人工作最为重要的一点是实践活动要保证安全，且有价值、有意义，真正让学生参与进来并有所收获，相关部门应该深入研究，从战略角度部署工作，各部门支持并进行有效的管理，防止实践育人形式化。

（四）建立健全高校协同育人育人校外联动机制

1. 构建学校家庭社会联动育人机制

（1）发挥高校思想政治教育主阵地优势

首先，在保持理论课教学优势的基础上，创新教学方法，推进课程体系改革；其次，通过科学配置，合理分工，整合思想政治教育队伍，充分发挥思政课教师、专业课教师、辅导员等校内主体力量及校外专家学者等校外主体力量，使思想政治教育队伍内实现融合互动；最后，全面拓宽教育渠道，将理论教育与实践教育有效结合，提升大学生的思想道德水平。

（2）构建学校教育与家庭教育协同育人机制

首先，建立合力教育机制。家长应以自己品行、和谐的家庭氛围，为孩子树立良好的榜样，帮助孩子形成健全的人格，推动孩子形成优良的品质和作风。其次，建立及时有效的沟通机制。大学生作为新生报到时，就要对家长的基本信息进行登记，以便于辅导员在学生出现情绪波动或者学业问题的情况下第一时间与家长取得联系，用亲情配合学校做好学生的思想政治教育。最后，建立定期双向汇报交流的机制。如以学院为单位，在每学期开学初和学期末，召开家长座谈会，由辅导员对学生在校一学期的学习、思想、生活等情况向家长通报，征求意见，让思想政治教育直接深入到家庭之中，共同营造大学生成人成才的良好健康环境。

（3）构建社会教育与学校教育协同育人机制，发挥社会教育的能量

首先，坚持弘扬社会正能量。在高校思想政治教育中，坚持正面舆论引导，在思想政治教育课堂上融入先进人物先进事迹案例，能够更好地提升教育效果；其次，邀请各行各业的专家学者进入校园，对学生进行国防

教育、爱国主义教育、传统文化教育等；最后，高校应与社会公益性组织、社区等联合举办各类活动，通过这些实践活动开展，在培育学生的社会实践能力和道德素养同时也扩大了高校思想政治教育的社会影响力。

2. 构建区域性高校联动育人机制

我国每一所高校都有自己独特的育人优势，但各高校间开展的合作与互动却非常少。构建区域性高校联动育人机制可以使高校之间实现资源共享、合作共赢，共同推动校际思想政治教育联合育人。

（1）要共建联合培养平台

首先，各高校的思想政治教育学科带头人和专家可以共同商讨、沟通、交流，制定出科学、可行的教育目标和课程体系等；其次，通过开设优质的思想政治教育公开课、在线直播课堂等方式，可以让高校间分享优质课程资源，丰富高校思想政治教育的形式与内容。

（2）要完善定期互访机制

高校每年都应组织校际互访活动，可以通过教学研讨会议等形式开展活动，这对教师和学生都是有益的。在这个过程中，教师可以通过活动汲取更丰富的教学经验，而学生可以通过和其他学校的老师和同学的交流，开阔眼界、增长知识，同时感受他们的认真态度和优秀品行，提高对自己的要求。

（3）要健全校际联合管理制度

在校际联合培养机制建设中，要设立一个专门的思想政治教育管理机构，负责监督管理学生的学习状况，并形成反馈机制，以保证联合培养的实效性。

3 构建网上与网下联动育人机制

传统的思想政治教育通过老师和学生面对面授课的方式，传授教育内容，这种方式的局限性在于时间和空间的固定性。而随着科学技术的发展，思想政治教育的传统教育方式的弊端可以通过网上教育来弥补，学生对于网上教育喜闻乐见，但网络却是把双刃剑，由于其信息资源的丰富性，使学生很难进行甄别。因此，将网上教育与传统的教育方式，也就是网下教育相结合，可以实现优势互补，提升高校思想政治教育整体效果。

（1）建立网下教育为主，网上教育为辅的机制

对于思政课、体验式教学活动等，需要教育者与受教育者面对面进行交流，并进行理论灌输，应以网上教育为辅，网下教育为主，要注意对教育的过程进行记录和整理，并将其发布到网上，从而扩大网下活动的影响面。[①]

（2）建立网上教育为主，网下教育为辅的机制

对于那些网下教育不占优势的思想政治教育领域，就要充分利用网上教育的优势。通过创立自媒体互动平台，比如微信公众号、微课、官方微博等，让大学生自觉关注并发表自己的观点，而学校可以利用这个互动平台及时了解学生的思想和心理动态，并引导学生发表正面、积极的言论，将思想政治教育从学校课堂延伸到大学生的日常生活中，为网下思想政治教育工作的有效开展寻求新的发展空间。

---

① 龙妮娜. 大学生思想政治教育网上网下协同育人模式刍议 [J]. 思想理论教育，2014（05）：81-84.

第七章　新时代高校协同育人的保障机制

高校协同育人保障机制，指的是为促进思想政治教育活动顺利、平稳开展，协同机制正常运行需要获得足够的、全方位内外部条件，可以保证协同创新系统可以有序进行的机制，主要的保障机制包括政策、制度、组织领导保障机制，物质、资源保障机制，队伍保障机制，管理保障等。众所周知，协同育人机制是一个由多种要素共同组成的复杂系统，想要实现协同目标，每一个育人环节都需要相应的保障机制。完善保障机制除了能够为协同育人机制的运行与完善提供相应的支持，科学的人才晋升制度还可以免除教育主体的后顾之忧，让其可以全身心地投入到教育活动中。

一、完善高校协同育人组织保障机制

组织是思想政治教育育人主体的"龙头"，从组织层面协同各育人主体，是推动高校协同育人机制高效运行的有力保障。

（一）组织领导机制

新时代高校协同育人机制建构立足高校、放眼社会与全球，是理论与实践的有机结合，既坚持马克思主义基本原理与中国化的马克思主义理论，又坚持人类文明发展进程中一切有利于发展中国特色社会主义的先进理念；既坚持中华传统文化的文明底蕴，又坚持与时俱进不断改革创新，是坚持原本又勇于改进的思想政治教育时代化进程。那么如何更好地呈现出一个符合学科理论深化与创新的协同机制，如何更好地解释社会与时代发展中出现的新矛盾、新任务与新要求，如何更好地打造一个能够让中国处在世界发展浪潮中而不随波逐流的"千斤锚"，等等，正是建构新时代高校协同育人机制需要考虑并重视的问题。

习近平在学校思想政治理论课教师座谈会上重要讲话以及《关于加快构建高校思想政治工作体系的意见》都对加强思想政治工作的领导提出了要求，进行了部署。强化校院两级党组织的领导，为协同育人机制的建构提供坚实的组织保障和领导力量。各高校相继开展了院、校党政领导讲思政课活动，提高了人们对思想政治教育的重视程度，扩大了思想政治教育的影响力与感染力。

第一，建立统筹领导小组，从校内、校际、校外三个维度明确协同育人机制的宏观调控方式等，从全局的角度，为协同育人工提供方向性指导，提供制度保证、资金支持、任务分配、评价奖励等，统筹全局，以增强协同育人机制顶层设计的科学性。

第二，高校内部要建立由马克思主义学院、各党委、团委、后勤保卫处及各院系等部门组成的联动育人机制，组织召开工作会议，深化各部门的合作和配合，从而提升协同育人效果。

第三，设立涉外协同育人工作组织，搭建学校与家庭、企业、其他高校等校外育人主体间的沟通平台，通过与校外育人主体共享先进的思想政治教育理念和理论成果等资源，加强与校外育人主体的交流与协作，实现校内与校外的双向互动和优势互补。

（二）宣传引领机制

党的领导是根本，政策引领是关键。一是加强政治引领。坚持社会主义办学方向，把坚持以马克思主义为指导落实到教育教学各方面，用马克思主义思想旗帜鲜明地抵制各种错误观点和错误思潮。全面推动习近平新时代中国特色社会主义思想进教材、进课堂、进师生头脑，探索行之有效的措施让大学生入脑入心，大力开展理论宣传教育。二是增强价值观导向。通过模范典型和正确价值观的传播和辐射，积极推动受教育者形成科学的"三观"，扩大辐射面，培育积极向上的价值观，促进大学生健康成才。

1. 坚持习近平新时代中国特色社会主义思想

习近平新时代中国特色社会主义思想凝结了党的十八大以来的实践经验，是传承马克思主义、毛泽东思想和中国特色社会主义理论体系的思想汇聚，对于指导中国特色社会主义伟大实践具有重要的作用和意义。针对教育体制改革，习近平强调："要全面落实立德树人的根本任务，推进育人方式、办学模式、管理体制、保障机制改革，建立促进学生身心健康、全面发展的长效机制。"[①]高校思想政治教育坚持以立德树人为根本任务，一方面积极探索教育体制改革，另一方面更需要通过创新驱动积极践行习近平新时代中国特色社会主义思想，坚持"两个维护"，为新时代人才培养和中国特色社会主义现代化贡献力量。

新时代高校协同育人机制建构坚持以习近平新时代中国特色社会主义思想为指导，坚定不移地拥护中国共产党的领导，始终将为党和国家培育人才作为重点任务。习近平强调："新时代贯彻党的教育方针，要坚持马克思主义指导地位，贯彻新时代中国特色社会主义思想。"[②]建构新时代高校协同育人机制应注重对高校学生的理论与实践教育，强化品德教育，通过科学的理论和思维方式向受教育者阐释党和国家的路线、方针、政策，帮助受教育者树立坚定的目标和远大理想，培养信仰坚定、能力突出、品德优良的高校学生。

2. 坚持马克思主义实践观

"马克思主义是实践性的理论，只有内在于劳动人民的时间创造，成为现实的思维方式、实践方式、说话方式和生活方式才能发挥作用。"[③]立足实践建构思想政治协同机制内容体系，明确"说什么"。一要立足国情，立足于中国实际，反映中国站起来、富起来、强起来的发展逻辑；着眼于新时代中国社会主要矛盾，反映发展中取得的成就和存在的问题；着眼于中华民族伟大复兴的中国梦，反映中国人民对美好生活的向往以及创造美好生活的智慧和力量。新时代中国的发展要立足实践，以实践验证认知，科学制定发展规划，在不断形成的认知中促进实践的进一步深化和发展。二要立足党情，着眼于中国共产党百年历史。作为马克思主义指导的无产阶级政党，中国共产党是中国实践的领导者也是规划者，打铁还需自身硬，在全面从严治党的基础上不断完善党的自身建设，加强党与人民的联系，保持从群众中来到群众中去，坚持以人民的需求作为党和国家发展的重要

---

① 习近平. 习近平谈治国理政（第三卷）[M]. 北京：外文出版社，2020：348-349.

② 习近平. 习近平谈治国理政（第三卷）[M]. 北京：外文出版社，2020：328.

③ 韩喜平. 构建具有中国特色的哲学社会科学学术话语体系 [J]. 红旗文稿，2014（22）：7.

驱动力量。三是立足世情，处在百年未有之大变局中，构建能够体现中国立场、中国智慧、中国价值的协同机制。当前我国社会主要矛盾依据国内国外综合条件的分析发生了转变，国际层面的影响因素正在逐步增加，国际社会中对中国的敌对和误解也随之增加。正确处理中国特色社会主义发展进程中的矛盾关系，不单一局限于国内矛盾，还要放眼世界，在全球化进程中多角度、多层面分析社会主义现代化建设中的矛盾。

建构高校协同育人机制介体应尽显中国风格，明晰"怎么说"。高校协同育人机制，是中国特色社会主义理论体系的特定话语表达方式与表达载体。"怎么说"的关键是要明确"说什么"，中国特色社会主义发展至今数十年，坚持从实践中吸取经验，将经验转化为指导实践的内部力量，结合当代中国新思想、社会新矛盾、科技新发展产生的话语元素，逐步形成的对外话语等，融合生长为具有中国特色的时代话语，融政治性、学理性、人本性与国际性于一体，尽显中国风格。

3. 坚持马克思主义价值观

马克思、恩格斯语言思想的核心内容是语言的阶级属性，鲜明地指出了语言"为谁说""说什么"的问题。习近平多次强调中国共产党的初心和使命，为构建新时代高校协同育人机制提供了价值引领。

第一，以尊重人民主体地位为价值追求。语言能够在特定历史条件下内化为力量，推动全世界无产者，联合起来，真正实现全人类解放。当前，中国共产党的奋斗目标是满足人民群众日益增长的美好生活需求。中国思想政治教育本质上是"'为人民说话'，这有别于资本逻辑主导下的新自由主义话语"[1]。需要明确的是，高校协同育人机制建构的阶级性不等于狭隘性，对内体现为"为人民说话"，对外还要有国际视野。中国特色思想政治教育机制以科学的世界观和历史的、现实的实践为基础建构，体现尊重人民主体地位的价值追求，体现人类命运共同体的理念，彰显真理的现实性和力量。

第二，以增强"四个自信"为价值旨归。科学阐释和传播"四个自信"，是高校协同育人机制建构的重要任务。"改革开放以来我们取得一切成绩

---

① 陈曙光. 中国话语与话语中国 [J]. 教学与研究，2015（10）：23.

和进步的根本原因，归结起来就是：开辟了中国特色社会主义道路，形成了中国特色社会主义理论体系，确立了中国特色社会主义制度，发展了中国特色社会主义文化。"[①]坚定"四个自信"，建构具有中国特色和国际视野的协同机制，让"四个自信"更有理论底气，彰显战略定力。中国特色社会主义道路是带领人民幸福的康庄大道，理论自信是构建中国特色协同机制的思想基础，制度自信是构建中国特色协同机制的现实基础，文化自信是构建中国特色协同机制的价值基础。

第三，以人的自由全面发展为价值本位。无产阶级语言的最终价值诉求是一切人的自由发展。中国思想政治教育表达中华民族的价值追求。中华民族苦难深重，中国人民在无产阶级政党的领导下实现了从站起来到富起来的飞跃，新时代努力让中国强起来满足人们对美好生活向往。不同时期形成了革命思想、解放思想、共同富裕思想、美好生活思想，表达着中国人民对存在方式变革的历史诉求和深层渴望，每一种话语表达都寄予着对美好生活的追求，每一时期的思想都是人的自由全面发展的思想基础。

4. 坚持马克思主义方法论

马克思主义教育思想为构建高校协同育人机制提供了路径遵循，认识中国社会的矛盾和问题，认识中国与世界的关系，标明底线，廓清界线，既不妄自尊大，也不妄自菲薄。充分表明自身观点，达到有效传播。

第一，创新传播方式。一方面，信息技术的高速发展把人类推向了多媒体时代，新时代的媒体阵地处于意识形态斗争的前沿，也是协同育人机制建构的重要阵地，为思想政治教育传播开辟了便捷的路径、提供了技术支撑、拓展了沟通交流空间。媒体阵地信息传播速度快、覆盖面广、参与人数多的特点，充分利用其传播职能，及时准确在传播党的理论、路线、方针政策，及时应对社会热点问题，及时回应人民群众的利益关切，及时回击网络意识形态霸权，打牢新媒体阵地。

另一方面，新媒体阵地也带来了话语权位移和话语主导之困，以及对媒介的过度依赖而导致的话语认同之困。话语权力中心多元化、话语内容碎片化、话语环境复杂化，为协同育人机制建构带来了严峻挑战。同时加

---

① 中国共产党章程（2017 年 10 月 24 日通过）[N]. 人民日报，2017-10-29.

强网络监管，及时消除不健康话语，净化网络空间，化危为机，变不利因素为有利因素，是新媒体时代新课题。

第二，提升话语权力。强调意识形态的领导权，并且把它上升到关乎政权是否长久的高度。党的十八大以来，我国在全球治理中发挥了越来越重要的作用，提升国际话语权是中国对外展示国家形象的重要途径，也是实现人类命运共同体理想愿景的重要前提。提高国际话语权，首先，要抓住"黑天鹅"和"灰犀牛"频繁出现的契机，积极参与，主动发声，提升话语能力；其次，警惕西方的话语陷阱，坚持中国特色的价值主张，以构建人类命运共同体，实现全球人类正义、和平和繁荣为终极目的，推动世界文明交流互鉴和全人类共同价值与共同理想重构。

综上所述，新时代高校协同育人机制的建构以"说什么""为谁说""怎样说"为主要内容，以辩证唯物主义和历史唯物主义为根本方法，以立德树人为根本任务，发挥思想政治教育在时代发展中的最大化效用，培育有理想、有本领、有担当、有作为的时代新人。

（三）政策保障机制

高校思想政治教育工作协同机制的建构是一项系统性、长期性的实践活动，依赖于完善的政策保障。

首先，要完善相关政策，为协同机制的构建提供政策保障。为保证协同机制中各教育主体的合法性，立法机构应积极学习发达国家关于协同合作方面的成功经验，参考其法律法规，明确各教育主体在协同机制运行合作中的责任和义务，构建可以促进协同创新良性发展的保障机制。地方政府应针对本地区发展实际问题，有针对性地完善促进各教育主体协同创新的地方法律法规和相关惠民政策，搞清楚政府、企业、高校、科研院所及其他社会中介机构在协同创新机制中的位置，厘清每个人的育人责任，以具体的政策来使教育主体增强法律意识，学会用法律的手段来解决协同合作中出现的各种问题，促进各教育主体协同创新更深入的合作。除此之外，相关部门还要不断完善协同创新投资、融资等方面优惠政策，制定科技专项资金支持政策，对于重大协同创新活动给予适当财政支持。①完善融资体

---

① 秦艳芬. 论政协同创新的合作机制 [J]. 高等工程教育研究，2016（04）：50.

系，提供资本投入、科技融资、金融服务、人才引进等方面的惠民政策，从立法角度强化政府的宏观调控作用，引导社会育人主体自带资金介入高新技术产业与地方优先发展产业，与高校一起展开科研活动，降低企业自主研发成本，提高产品转化率，促进科技成果转化为真实的产品；不断完善科技成果转化及知识产权申报等方面政策，通过政策约束来规范科技成果的归属权，明确知识产权的具体属性，保障科技成果研发人员的合法权益，降低科技研发风险，避免出现核心技术流失或者无人科研的情况；不断完善协同合作外部环境建设优惠等方面政策，在鼓励高校与地方企业建立高等研究院或者研究所时，提供相应的场地租用补助、工商注册简化、税收减免等优惠政策，简化相关申报流程，用明确的优惠政策筑牢协同创新合作外部保障环境。不断完善教育客体实践实训平台建设等政策，依据《合同法》《劳动法》和《劳动合同法》等相关法律法规，将配合大学生实习、实训逐渐上升到企业发展的法律义务，按照地方人才需求的实际，以相应的优惠政策鼓励企业主动接受大学生实习、实训，并定期向高校对口专业提供一定的带薪实习岗位，与高校建立相应的实习工作站或者实习基地等，为创新型人才培养提供相应的政策保障。

其次，建立利益透明分配制度。政府以及地方单位应该将权力透明作为一项重要的改革工作去进行，利益分配的透明化及操作的透明化可以充分彰显一个组织在利益分配问题上的态度，当协同机制构建过程中出现利益分配矛盾问题时，利益透明分配制度可以更为直接地面对、解决问题，能够更为有效地凝聚各教育主体的协同动力。高校要建立必要的利益透明分配制度，签订协议，在尊重原创的前提下，进行透明分配，针对学术成果、应用研究成果等各方面，进行公开分配，不仅可以增加协同育人主体的信任感和归属感，还可以帮助协同机制造成好的社会影响，推动协同创新良性发展。

最后，政府要把握好舆论导向，加强正确的价值引领。虽然社会中存在很多不文明现象，但也有很多正能量的存在，即便是在平凡的岗位也可以做出不平凡的举动。将社会中极具正确价值观先进人物感人事迹与高校思想政治教育进行协同，加强外部舆论导向管理工作和价值观引领工作，既可以让育人主体充分认识到协同创新的发展战略、发展路线和应有的价值取向，还可以为协同机制的建构提供和谐良好的外部环境，让高校协同育人机制可以系统地、高效地发展。良好的外部舆论导向可以使高校获得外部主体的更多认可和支持，整合更多的校外资源，降低教育成本和压力。

二、完善思想政治教育队伍保障机制

高水平的人才队伍是高等教育发展的根本推动力，也是促使协同创新工作不断向纵深发展的关键因素。人才队伍的整体质量在很大程度上决定了协同创新工作的质量，因此，人才队伍建设是协同创新发展的中心任务。

（一）坚持统一领导和齐抓共管的管理模式

党的领导是思想政治教育工作的根本政治保障。实践证明，加强高校党委对思想政治教育工作的领导，既是坚持社会主义办学方向的需要，也是我国高等教育发展的必由之路。在新时代开展大学生协同创新，需要更进一步坚持和完善党委统一领导、党政齐抓共管的管理模式，各部门、各团体齐抓共管，各院系具体落实，全校师生共同参与的领导体制和工作机制，强化大学生协同创新的组织保障。

长期以来，党和国家对思想政治教育工作始终高度重视，建立党委统一领导、党政齐抓共管的思想政治教育管理模式，能够为协同创新提供坚强的政治保障。在全国高校思想政治工作会议上，习近平强调："各级党委要把高校思想政治工作摆在重要位置，加强领导和指导，形成党委统一领导、各部门各方面齐抓共管的工作格局。"[1] 新时代大学生思想政治教育需要增强政治意识，始终确保中国共产党的领导核心位置，倡导当代大学生坚决维护党的领导核心，与此同时，还要不断提升个人与集体的政治意识。作为培养社会主义建设者和接班人的主阵地，高校需要进一步明确加强新时代大学生思想政治教育管理的重要性，做好立德树人的良好保障。此外，党和国家为促进思想政治教育管理工作的制度化、规范化与细节化发展，推进高校思想政治教育工作在党的领导下有序展开，制定了一系列高校大学生思想政治教育与党建工作标准。

---

① 习近平在全国高校思想政治工作会议上强调：把思想政治工作贯穿教育教学全过程　开创我国高等教育事业发展新局面 [N]. 人民日报，2016-12-09.

《高校思想政治工作质量提升工程实施纲要》为新时代大学生协同创新的管理体系提供了有力保障。而作为高校大学生思想政治教育管理的主要部门——高校党委、行政等部门更应该遵循党的统一领导和部署，协同合力促进大学生思想政治教育工作的顺利展开。美国约翰霍普金斯大学的乔伊斯·爱泼斯坦（Joyce Epstein）教授提取四百多所学校的样本分析和研究后得出的结论就是：学校和家庭、社区的合作离不开地方行政机构和学校，特别是学校主要领导人的支持和帮助，只有在他们的帮助下，这种合作才可能扩大范围，提高质量。①2005 年在全国加强和改进大学生思想政治教育工作会议上，胡锦涛指出：“加强和改进大学生思想政治教育工作，是全党全社会共同的重大任务，要把各方面的积极性、主动性充分调动起来，形成加强和改进大学生思想政治教育工作的强大合力。”②换言之，现阶段的高校大学生思想政治教育必须要由党委、党政部门齐抓共管，共同促进新时代大学生思政教育管理工作开展。同时，合力机制的构建也推动大学生思想政治教育各部门与参与主体间的沟通配合，形成强大育人力量，全面推进思政教育管理工作的开展。

首先，作为主要的思想引领部门，校党委要担负起制定大学生思想政治教育目标与计划的任务，并就育人工作中存在的问题进行思考讨论与决策部署。党委部门工作的展开要尽可能做到公正、公开，坚持以育人为本，树立以学生为中心的理念，全心全意为学生服务。其次，高校党委书记、校领导也要担任好建设高校政治体制的重要责任，做好大学生思想政治建设的领导工作，要将工作落实到具体的思政教育体系中，多与师生进行交流，积极吸纳师生对思想政治教育工作的建议与诉求，有的放矢地开展管理工作。再次，院系的各级党委也要积极发挥自身作用，起到联系上级党委与师生的桥梁作用。只有不断提升党在组织上的领导力量，建设好高校思政教育管理队伍，才能进一步夯实大学生协同创新的人才基础。最后，行政

---

① Joyce L.Epstein, Galindo Claudia L. ,Sheldon Steven B..Levels of Leadership: Effects of District and School Leaders on the Quality of School Programs of Family and Community Involvement[J]. Educational Administration Quarterly，2011（47）：8.

② 中共中央文献研究室编. 十六大以来重要文献选编（中）[M]. 北京：中央文献出版社，2006：644.

管理部门也要合理地统筹规划。团委以及学生工作处等部门则需要进一步将分内的职责有效落实到位，通过开展各项社会实践活动来配合好各个学院的教育管理工作。对此，加强党委统一领导、党政齐抓共管已然是大势所趋，党委、行政等部门人员只有明确自身功能定位，相互配合，大学生思想政治教育管理工作才有根本保障。

（二）提升高校思想政治工作队伍的素质和能力

"一个学校能不能为社会主义建设培养合格的人才，培养德智体全面发展、有社会主义觉悟的有文化的劳动者，关键在教师。"[①]教师群体在协同创新中起着不可替代的作用，教师的思想政治素质体现在其头脑中所具备的思想政治教育意识，以及在实际课程教学过程中展现出的能力。参与主体的素质和能力径直决定着协同创新实践能否顺利运行并稳步推进，是建设协同创新队伍的关键。一支高水平的思想政治工作队伍，不仅能吸引更多高素质人才，也能"自产"优秀人才，以此实现人才队伍的内外良性循环，为协同创新提供强有力的人员支持和保障。

2016年12月，习近平在全国高校思想政治工作会议上指出："整体推进高校党政干部和共青团干部、思想政治理论课教师和哲学社会科学课教师、辅导员班主任和心理咨询教师等队伍建设，保证这支队伍后继有人、源源不断。"[②]高校教师队伍的素质和能力的提升主要有两方面，一是教师对专业课程中所包含的思想政治理论知识的掌握程度，二是教师在讲解课程知识的过程中所展现出的对学生进行思想政治教育的能力。但是，在实际教学过程中，大部分专业课教师仅限于传授基本专业知识与技能，无法充分认识到课程中所蕴含的对学生思想品德的教化和感染作用，也未能与思想政治教育内容有效结合，从而通过专业课教学进一步提升大学生的思想政治素质。

1. 提高教师队伍的综合素质

提升教师队伍的思想政治素养是一个长期的系统性工作，最根本的就

① 邓小平. 邓小平文选（第2卷）[M]. 北京：人民出版社，1994：108.

② 习近平在全国高校思想政治工作会议上强调：把思想政治工作贯穿教育教学全过程　开创我国高等教育事业发展新局面[N]. 人民日报，2016-12-09.

是要深化教师的科学理论学习。通过不断学习，教师对知识的掌握更加精深，开阔了视野，提升了觉悟，从而提高协同创新能力。专业理论知识是武装头脑的基础，特别是要注重马克思主义理论、思想政治教育学原理、协同创新理论等知识的学习。在教育理念方面，要将教学内容与高校立德树人目标进行有机融合。使教师意识到知识教学不单单是具体知识内容的传输，更是对知识理论体系中蕴含的情感价值和正确"三观"的传达，这是大学生接受思想政治教育的重要组成部分，更是高校教职工必须具备的专业素质。因此，在具体的思想政治教育实践活动当中，专业课教学应当积极探寻课程知识与思想政治教育的契合点，在专业课程教学中适当融入思想政治教育内容，并将其由浅入深地传达给学生。主要从以下三个方面入手。第一，根据课程教学要求深入研究教材内容，制定科学合理的教学方案，并根据学生的实际情况及层次水平加以优化，采取更有针对性的教学方式，实现专业课教学与育人工作的协调统一；第二，各专业课教师要加强对大学生思想政治教育的引导，做到言传和身教相统一、教书与育人相统一，时刻留意学生思想动态变化，与学生保持课内课外的有效沟通和联系，做好学生人生道路的引路者；第三，教师之间实现教学资源共享，学校可搭建使用便捷且覆盖范围广的大学生思想政治教育教学资源平台，使教师之间可以互相选取、借鉴有利的教育资源，进而共同探索更为有效的课程教学方法，促进教学队伍总体素养水平提升；第四，高校应适时组织教职工对教学过程和育人工作中出现的新情况、新问题进行交流和探讨，制定解决措施并全力实行，打造一个理论扎实、素质过硬的大学生思想政治教育教师队伍，共同营造高品质的教学环境。

2. 强化教师队伍的培训力度

通过培训可以加强教师的协同创新理念，培养教师的协同意识和创新意识，使其更好地开拓新观念、形成新思维，激发教师教学积极性，提高工作热情。一是做好教师的职前教育和职业技能的培训；二是注重对在职教师自我知识的更新，及时弥补不足，拓展教师的知识来源。在增强思想政治教师队伍培训力度上，高校可以从丰富教师培训方式、拓展培训内容、总结培训经验等方面入手，鼓励教师积极参与，提升教师队伍综合素质。高校可以加强同其他院校之间的合作，增进参与教师之间的交流，通过交流分享提升教学水准。

（三）推动高校思想政治工作队伍的角色转化

教师不仅仅是知识的传递者，也是教学实践活动的组织者，还是学生人格的塑造者。在高校协同育人机制中，教师不再是单打独斗者而是协同合作者，要因时因势转变教师思维方式，拓展思想政治教育人员的广泛性，使教师适应教育角色的转化。

1. 增强教师队伍的责任意识

高校协同育人机制集聚多方主体，每个参与主体都是思想政治教育者，教师应该提高角色转换的责任意识。教育工作事关重大，教师必须具备强烈的责任意识，认识到育人不再是思政课教师和辅导员的专职，与每位教职工都息息相关，高校所有教职工都应该加强对学生思想政治教育的重视程度，重新找准自己的职业定位。学高为师，德高为范，作为一名育人工作者，除了要有广博的知识，更应该时刻规范自身的言行举止，以德为先，以德为重，做到真正的为人师表。同时，提高对教学育人的认识，全身心投入到教育事业中，对自身的育人工作产生认同感、使命感，清楚作为教育者的重要性，在对学生授业解惑的同时不断内省，自觉抵制腐朽思想，树立正确的"三观"，具有鲜明的政治立场，时刻与党中央保持高度一致，坚定不移地完成教学任务和教育使命。

2. 坚持协同共育的多元教育模式

在协同创新中，需要发挥教师之间的协同作用，教师之间应当摒弃以往相互竞争、暗自较量的关系，应当学会相互配合、相辅相成、合作共赢。思政课教师要将理论知识与社会实践相结合，其他专业课教师也要与思想政治教育目标保持高度一致。"单打独斗"的教学方式已经无法实现立德树人的根本目标，协同创新是将教师从传统、单一的育人模式中脱离出来，增强教师角色转换的意识，通过彼此间的交流分享、取长补短、互相学习，从独立教学过渡到协作教学，提高角色担当，共同发力，实现教育功能的同向同行，为学生的成长成才和全面发展添砖加瓦。

3. 增强师生间的交流互动

在高校协同育人机制建构过程中，教师与学生均发挥着重要的作用，二者之间的相互配合也助推着各项协同创新工作的顺利开展。教师作为思想政治教育的施教者，其对学生起着引导、榜样等作用，而学生作为受教育者，其思想品德和"三观"的培养将直接反映出协同创新的具体成效，也是对教师教学水平的重要衡量标准。处理好教师与学生的关系，营造良好的学习氛围，对于促进协同育人机制的发展完善具有重大意义。协同育人机制构建要求教师在上好课的基础上，还要培养学生良好的学习习惯，不论课堂内外，及时与学生保持联系与交流。高校可以充分运用教育平台或者师生大会等多种形式，增强师生互动，增进教师与学生对彼此的了解与认识，使其可以对对方在协同育人机制构建中的具体角色有更深入的了解，促进角色转变，在实际教育工作中愿意相互配合，推动高校协同创新发展。

（四）完善高校协同育人机制相关人才引进、晋升保障制度

教师是高校进行人才培养工作的中坚力量，高校协同育人机制的构建需要一大批具有协同意识和创新能力的教师去培养创新人才。提升教师的协同创新能力，需要为其提供充足的学术自由，为其构建广阔的科技创新平台，让其在提升自身专业素质的同时能够更加积极地开展教育客体协同创新方面的培养工作。

首先，地方政府要主动聚拢创新资源，主导高校进行协同创新系统人才引用和人才聘用制度的合理改革，出台更具吸引力和激励性的人才政策，加大高校人才主流机制建设。在队伍选拔过程中，高校应适当放宽选拔标准，例如放宽头衔、职称、学历等硬性标准，避免人才引进出现"严进宽出"的现象，应将人才选拔的评判标准放在人才对于协同创新系统构建带来的实际效应上，将协同创新中取得的学术研究成果或者育人成效作为晋升职称的重要依据，不仅可以挖掘出很多潜在的学术精英降低成本，还可以拓宽每个育人主体的发展空间。

其次，要创新育人主体的发展路径。高校可以考虑在学术型教师（教授）或教学型教师（教授）外单独设立可以创新型教师（教授）、科技成果转化型教师（教授）等岗位，并为其打造专门的人才晋升、职称评定、评奖评优、效果评估、成果应用等制度，这样即便是在协同创新系统内部教育主体也

可以找到自己的位置和价值，还可以激发广大育人主体对于参与协同创新工作的积极性和主动性。

最后，可以打破传统人事制度，设立流动人才培养政策，鼓励思政课教师、企业、研究单位科研人员加入管理队伍，或高校教育主体到企业、研究单位进修，增强高校与企业之间的人才流动；还可以鼓励高校教师和研究成果持有人到研究单位或企业兼职或者离岗创业；还可以和校外育人主体单位签订联合培养协议，参与协同创新工作的校外育人主体基本工资仍有原单位发放，但是创新成果绩效可由协同创新按照育人成效发放，这样可以增加育人主体积极性，促进研究成果产出。对于已经取得研究成果，但不愿协同、不想协同的学科带头人，可以采用提供优待、利益分成的方式聘请他担当导师，间接参与到协同创新工作中。

三、完善高校协同育人物质保障机制

协同育人机制构建，除了要有相应的政策、制度保障，还需要有足够的经费、物质、资源保障。

（一）信息共享保障机制

建立信息共享保障机制，可以帮助育人主体积极整合各种育人信息，在跨学科、跨组织的协同创新平台上保证信息共享。

（二）经费保障机制

建立经费保障机制，将协同育人机制构建与完善列入高校发展规划中，建立相应的管理部门，划出专门的项目经费，除了保证协同育人机制囊括的教学、管理、科研等所需经费充足，还需要保证队伍建设、表彰奖励、学科建设等资金充足。除了高校自身提供的经费保障外，高校还应积极争取地方政府的专项资金拨款、企业或者其他机构的社会捐赠，最大限度地保证协同育人机制的资金充足。

（三）物质、资源保障机制

建立物质、资源保障机制。高校要为协同机制的构建与完善提供充足的物质、资源保障。例如高校要为每个学科设立专门的教室和研究室，供

教育主体和教育客体展开学习和科研工作；还需要开设学科相关的图书室和阅览室并配以大量的期刊和报纸等，供教育主体研究学术问题，供教育客体拓宽眼界；还需要提供足够的校内活动场地，供教育主体和教育客体展开课下时间活动。另外，高校要为思想政治教育活动提供场地保障。例如，为学校创造良好的心理疏导和心理健康教育的环境，设立心理咨询室；设立思想政治教育资料阅览室，配以马克思主义理论相关书籍及思想政治教育相关的期刊等，定期组织学生在这个环境里进行理论专业知识学习，提升学生的思想政治教育素养。

（四）网络载体保障

健全高校思想政治教育网络平台。思想政治教育是一个立体化、开放性的系统。新时代"互联网＋"等各种科学技术不断发展，网络载体成为大学生思想政治教育中不可忽视的重要力量，充分发挥网络载体的作用，利用线上平台开阔学生眼界，活跃学生思维，可以从共享慕课建设、手机App 与 PC 端开发、新媒体网络教育载体拓展三方面入手。促进思想政治教育与"互联网＋"载体深度共融，以实现思想政治教育中显性教育与隐性教育相协同。高校思想政治教育网络教育载体协同创新，可从以下几个方面着手。

1. 共享慕课建设

慕课与传统思政课教学方式有很大不同，通过线上课堂的形式，可充分满足大学生不同学习需求。高校应充分利用网络载体，丰富、完善线上课程，为大学生思想政治学习提供各种资源，实现课堂内外教学形式协同创新。首先，教师在日常思想政治教学中，可以设计不同类型的微课，并将其上传至学校慕课平台上，学生通过线上观看、讨论等形式，实现对思想政治教育课程的学习，充分满足不同学生群体的需要。在微课设计上，相关教学人员一定要注重内容筛选与安排，真正做到短小精炼，充分调动大学生的学习兴趣，拓展育人方式在课后的延伸。其次，注重线上互动。在慕课共享建设中，教师不可忽视学生之间与师生之间的有效互动，通过网络载体，加强师生之间的互动交流，实现有效协同。在促进线上互动的同时，加强对慕课管理工作，统计好微课上传率、互动人数、访问人数、点击量等数据，把这些数据作为教师评价考核的重要指标，促进慕课在大学生思想政治教育中发挥积极作用。最后，完善慕课制度建设。高校在网络载体协同创新方面，可以通过完善慕课制度，进一步促进大学生思想政治教育效果提升。在慕课制度完善上，注重慕课系统、硬件设施、慕课应用等方面完善，提高大学生思政教育中慕课应用深度和广度。

2. 手机 App 与 PC 端开发

在高校协同育人机制构建工作推进中，充分利用手机 App 与 PC 客户端，全面促进"互联网+"网络载体创新，为提升大学生思想政治教育质量提供支持。首先，政府和教育部门牵头，通过覆盖范围广的手机 App 实现资源共享。各高校积极参与，充分开发利用手机 App，在 App 中设计本校线上课程、名师讲堂、知识拓展等应用模块，为学生依据自己兴趣选择多种多样的思想政治学习资源提供保障。在手机 App 中还需要增加相应学习交流、手机选课、生活指南、成绩查询、名师讲座等功能模块，学生可以通过手机 App 随时随地针对思想政治教育相关内容与教师进行交流与互动，利用学生碎片化时间，创新网络载体在大学生协同创新中的应用，确保思想政治教育水平提升。其次，利用"互联网+"、大数据等相关技术，全面完善 PC 客户端服务功能，促进高校思想政治教育中网络载体创新。在 PC 客户端服务功能完善上，可以利用大数据分析、处理、管理等技术，根据大学生日常浏览喜好，优化思想政治教育内容推荐，将更多学生感兴趣的思想政治课程内容推送到学生面前。另外，在 PC 客户端服务功能完善同时也不可忽视对思想政治教育相关内容的质量控制。无论是思想政治内容选择，还是不同形式思想政治教育内容制作与窗口功能等，都要保质保量，为学生提供更为优质的教学服务，促进"互联网+"网络载体协同创新。

3. 新媒体网络教育载体拓展

在新媒体网络载体拓展方面，高校要注重资源拓展与运用形式拓展，创立大学生喜闻乐见的网络平台。首先，充分整合多种网络资源，提升网络资源为大学生思想政治教育的服务作用，创新网络载体。将多种新媒体与传统媒介有机整合，为大学生开设符合其兴趣特征的自媒体交流、互动平台，开设思政专栏，结合线上线下不同渠道，对学生优秀风采、正能量事迹等进行展示。高校可以利用团支部、思政教师个人微博、微信、官方微博、官方微信等手段更好地实现教育主客体的平等对话，做好舆论引导工作，达到对大学生进行思想政治教育的目的。其次，新媒体具有海量资源、开放共享、交互便捷等特点，充分利用新媒体的资源优势，创新网络载体运用形式和教育观念，通过微博与微信等软件加强师生之间互动，在潜移默化中帮助学生树立正确的价值观念，促进新媒体在高校协同育人机制构建中发挥作用。

四、完善高校协同育人管理保障机制

事物的发展是一个过程。"世界不是既成事物的集合体，而是过程的集合体"[①]且"整个伟大的发展过程是在相互作用的形式中进行的"[②]。协同机制构建的实质便是将协同创新贯穿于思想政治教育的全过程，由此，健全和完善管理保障机制，对过程优化管理是改善协同创新成效的一项重要举措，有助于加强对协同创新过程的调控。

（一）培育大学生协同创新文化

"文化是推进创新最为深刻、最为持久的因素。协同创新需要文化的价值引领。"[③]而协同创新文化，就是以协同创新作为主体间共同的价值观及行为准则的文化。只有不断打破教学禁锢和学科壁垒，营造协同创新文化氛围，才能使协同创新实现长足发展。若高校具备一个优越的协同创新文化环境，无疑可以为协同创新提供成熟的环境支持，反之则可能阻碍协同创新的进一步发展，因此，要集中力量构建良好的、和谐的协同创新文化环境，助推思想政治教育水平有效提升。

1. 高校全体教职人员应形成正确的思想认知

大学生的德育教育与智育发展是协调统一的关系。高校的德育教育不单单是政治教育，更包含丰富多样的思想教育内容。大学生的智育发展是输送专业知识内容的主要目的，同样也可以在其中渗透思想政治教育内涵。

---

① 中共中央马克思恩格斯列宁斯大林著作编译局编译. 马克思恩格斯选集（第四卷）[M]. 北京：人民出版社，1995：250.

② 中共中央马克思恩格斯列宁斯大林著作编译局编译. 马克思恩格斯选集（第四卷）[M]. 北京：人民出版社，1995：705.

③ 吴长锦. 协同创新研究 [M]. 北京：中央编译出版社，2019：207.

实现高校大学生思想政治素质的优化建设，需要发挥全体教职工的教育引导及教学实践作用。因此，高校应当构建及完善全体教职员工全员育人机制，通过全体教育工作者的共同努力，提升思想教育工作的实效性。专业课教师之间应当加强沟通合作，因为在实际的大学生思想政治素养培养建设过程中，各门课程都有其连通性，思想政治教育潜在于大学生各门专业课程教学过程中。例如，在自然科学专业课程教学活动中，就蕴含着丰富的思想政治元素，影响学生获取并吸收科学知识的因素不仅仅是智力因素，其中还包括耐心、机会、想法及毅力等非智力因素，这些都在很大程度上影响学生专业课程知识的学习。而不同专业课程教学中的非智力因素是大学生思想政治教育教学中的基础内容。学生在其他专业课上接收到的思想政治知识，要比在思政课的学习中更容易接受。在不同的专业课程教学中适当地融入思想政治教育内容，不仅可以增强学生的知识认同感，还可以充分调动学生学习思想政治知识的积极性。比如在物理实验、化学实验研究中，学生及科研人员都必须遵循诚实求真的道德规范，专业授课教师在具体的教学过程中给予关键性的引导，让学生明白其中的利害关系。学生经过实践观察更能够深切了解诚实做人、追求真理及提升自身综合素养的真正价值和意义。通常情况下，高校其他专业课的授课教师在实际的专业知识内容教育教学过程中也会对学生进行思想政治教育，这样的方式可以使思想政治教育内容适当地融入专业课程教学的各个环节之中。

2. 强化高校教职工思想政治教育意识

高校中每一位专业课教师都是思想政治教育工作者，学校的全体教职工都应当强化育人意识，探寻构筑更加多元化的教学结构。一方面，高校的思政课教师可在课程教学过程中融入一些契合本课程的其他专业元素，不断丰富思想政治课程教学体系，借助不同的教学内容有效激发广大学生的学习兴趣。另一方面，其他专业课程的授课教师可在具体的教学过程中，结合专业课程的知识内容，在其中恰当地融入思想政治内容，深入挖掘专业课程知识中蕴含的思想政治内容，在专业课教学实践中对大学生进行思想道德建设。思想政治教育工作是学校开展一切教育教学活动的前提基础，该项工作本身具备全方位、多层次及多角度等特性，因此必须渗透到大学生教育教学工作的方方面面之中，而不能单纯依靠领导干部和专职教辅人员开展相关工作。高校全体教职员工都必须发挥引领示范作用，合成育人力量。教职人员是加强大学生思想道德培养建设的关键，在实际的教育教学活动中，全体教职工应当善于发现大学生在思想品德方面存在的各种问题，从整体上把握基本特征，全面构建和完善全体教职员工全员育人机制。首先，高校应当制定统一的思想政治教育工作标准，将全体教职人员的思想观念、工作步调进行统一，使其形成良好的合作关系。只有完善全员育人机制，才可实现教学工作格局的协同创新，不同领域的教职人员形成合力，施行教学工作制度。展现不同专业教职人员的积极性，发挥自身的教育、引导作用。大学生政治思想政治教育机制的协同创新，重点在于强调教职人员队伍的优化发展，在健全的思想政治工作组织结构与相关教育体制下，全体教职人员应当整合各方教育教学信息资源，并结合学生实际需求，运用高效的思想政治教育教学手段及方法，将教育教学活动与思政教育资源紧密联系起来，结合思想政治教育教学要求，创新教育内容，优化教学评价方法、开展网络教育等，推动高校大学生思想政治教育工作的又好又快发展，发挥最大教育效能。

3. 创造良好的思想政治教育环境

邱柏生认为，高校思想政治教育的生态环境研究，既不是指现今人们通常所指的生态文明中的自然生态，也不是指这一学科原先对社会环境组成要素的一般研究，而是突出全部社会、经济、政治、文化等因素在一定条件下的协调整合关系与高校思想政治教育的交互作用之分析。[①] 除了对教育人员协同创新意识的培养之外，丰富与完善当前高校协同创新的硬件设施也是营建良好的校园风貌的重要举措。校领导应当对当前思想政治教育工作开展的具体情况进行总结和反思，分析高校现有协同创新资源与硬件情况，依据具体情况与未来发展需求，对现有协同创新资源进行统筹与管理，并适当引入新的教学设施，为协同创新提供物质保障。同时，注重校园文化建设，在校园内陈设相应的刻有校训等文字的石碑，在潜移默化中为协同创新的推进提供环境支持。

---

① 邱柏生. 高校思想政治教育的生态分析 [M]. 上海：上海人民出版社，2009：1.

（二）健全高校协同创新的工作制度体系

高校在进行大学生思想政治教育教学活动的过程中，应当完善相关的制度保障，将高校党政领导干部育人机制发展成为与相关教育教学管理办法相协调、与大学生全面发展和实际需求相一致、与高校协同创新模式相契合的管理制度体系。伴随现代社会的不断发展，新时代对大学生思想政治教育管理的协同创新也需要进一步结合实践展开，逐步健全全过程协同创新育人工作制度与体系，将大学生思想政治教育管理工作真正落到实处，从而为社会培养综合发展的高素质人才。

1. 构建"三全育人"机制

在教育工作中，先进、科学的育人理念是助力大学生思想政治教育发展的关键力量，而对大学生的思想政治教育作为一项重要的教学活动，更具有特殊的规律性。作为社会、家庭、高校、教师与大学生共同参与的教育活动，必须尊重思想政治教育的内在规律，深入推动科学育人理念的形成。对此，我国相关政府部门对高校思想政治教育管理工作的开展非常重视，并在教育事业的发展中逐渐摸索，提出了"三全育人"理念，与新时代大学生协同创新机制的内在机理相统一。在"三全育人"中，全员育人主要指全社会各方面资源的整合与协同配合，从而共同促进大学生培养良好的思想政治素养；全方位育人则是指充分运用多种多样的方式展开教育活动，从各个方面促进大学生思想政治素质的提升；而全程育人则主要指从学生进入高校到离开高校的全过程的教育活动，在尊重学生发展规律的基础上因材施教，教学相长。

2. 注重协同创新机制的实效性

协同创新要想获得高效长远的运行必然离不开机制的构建，实效性更是育人工作追求切实效果的基本要求。新时代对大学生思想政治教育管理体系也提出了更全面的要求，因此，就需要我们积极运用科技创新成果，结合信息时代新媒体的快捷性、高效性，注重从大学生入学伊始至离开校园的全过程培养，为协同创新机制的发展注入新的活力。

（三）统筹高校协同创新过程的运行

在大学生协同创新运行的过程中，要注重其运行的管理工作，不断总结不足之处，制定有针对性的改进策略，逐步完善各相关机制。大学生协同创新并非一蹴而就，是一个慢慢渗透到各领域的过程，在推进过程中，每一个创新方式的运用，均可能对当前协同创新产生影响，因此，加强对协同创新的过程管理，从中发现利于创新发展的方式方法，加以利用，并将过程中不利因素剔除，优化教学结构。

1. 注重目标规划

充分结合高校教学环境、大学生学习特点、教师队伍素质水平、育人资源现状及未来教育总体方向，对近期、中期、远期的协同创新目标科学规划，在目标引导下按部就班推进协同创新体系完善。在制定大学生协同创新目标后，要严格执行和实施，并根据实际工作开展情况，对原定目标进行调整，使得协同创新发展目标能更好地适应发展现状。

2. 注重协同创新的整体推进

在过程中定期检查协同创新情况，总结协同创新中获得的成就与出现的问题，并根据总结制定与调整下一步工作的教育目标，保证能够始终在协同创新目标指引下，完成育人工作，促使协同创新体系逐步健全。在协同创新过程管控中，充分运用循环管理理念，形成协同创新实践—协同创新总结—协同创新改进策略制定—协同创新改进策略执行这一循环协同创新管理机制，助力教育体系更加完善。

3. 为协同创新提供必要的环境支持

在协同创新工作推进过程中，积极营造良好的创新环境，完善协同创新平台，加强协同创新重要性的宣传等，能够为协同创新提供有力的环境支撑，特别是增强在协同创新过程中发挥辅助作用的平台、载体等媒介的运用。充分运用多种协同创新载体，可以对线上协同创新平台进行完善，结合师生实际需求，适当拓展协同创新平台的功能，进一步完善协同创新系统。

（四）完善高校协同机制运行的评价管理

"思想政治教育评估指标体系，应该完整地反映思想政治教育任务与目标的要求，成为科学地判断思想政治教育效果大小、质量好坏的具体标准。"[1]科学地谋划评价管理在协同创新运行过程中显得尤为重要。评价管理以持续性跟踪大学生对思想政治教育的吸收、内化情况，为大学生协同创新质量提升提供必要支持。

1. 完善协同创新运行的评价管理

协同创新过程中，结合协同创新参与主体实际情况、协同创新目标完成情况等制定评价标准，对成果进行评定，掌握师生的具体情况。在协同创新评价机制中，可以充分结合"互联网+"等技术来编制大学生思想政治协同创新教育评价考核表等，在评价表中根据协同创新运行中涉及的主体要素、介体要素、目标要素等，选取相应的核心评定指标，形成系统的协同创新成果评价体系，为协同创新工作的成效检验提供支持。同时，为调动师生参与到协同创新评价管理中的积极性，可制定相应的奖励措施，鼓励师生参与意见反馈与评价，且为了避免某些大学生恶意评价，制定相应要求和规则，确保获取的评价建议准确真实。例如，学生可以通过学校内部打分系统，对思政课教师进行打分，完成打分后，学生可以获得相应的学分奖励，而打分结果将直接影响教师奖金发放，同时授课教师有权质疑学生的打分行为或动机。

2. 定期检验协同创新过程中的育人情况

高校要适时对协同创新过程中师生参与情况进行检查，在评价中着重关注当前协同创新存在的不足，依据不足制定改进策略，并督促执行情况。在策略制定上可以充分考虑不同教育主体提出的具体意见，集思广益，制定更为科学的可行性举措；并且可以利用师生大会、线上评定系统等方式，广泛采集各主体意见和建议，坚持评价与反馈相结合，实行战略谋划。

---

① 陈华洲. 思想政治教育方法论 [M]. 武汉：华中师范大学出版社，2010：200.

第八章　新时代高校协同育人

机制的完善与发展

新时代，面对高校思想政治教育活动存在的一些不协同问题，我们应该采取相应的措施对其进行完善和发展，促进主体之间、主体和客体之间以及主客体和介体之间、主客体和环体之间的协同。

一、新时代高校协同育人机制建构的原则

原则是建构协同育人机制所依据的准则或标准。坚持原则，坚定方向，以人为本，以问题为导向，对于推进马克思主义时代化和大众化、促进新时代中国哲学社会科学体系的丰富和发展、巩固主流意识形态地位具有极为关键的作用。

（一）守正与创新相统一

新时代高校协同育人机制建构坚持守正与创新相统一的建构原则。守正是对原则性的坚持，是对基础性、理论性、指导性的思想和原则的坚持，坚持指导思想的核心地位，坚持中华优秀传统文化对现代社会发展的促进作用，坚持文化自信以促进和保障中国特色社会主义文化繁荣。守正守的是立身之本，守的是发展正道，守的是优良传统。尽管波涛汹涌难免泥沙俱下，但中国特色社会主义的发展需要有坚实的核心作为锚定自身不被涌动的暗流卷入歧途的"定海神针"。马克思主义是中国特色社会主义发展的稳定器，特别是在新时代面对诸多新事物的时候，守正是"不忘初心，牢记使命"的时代诉求。讲守正并不是顽固不化，守正是创新的基础。习

近平强调："创新是引领发展的第一动力。"①在守正的基础之上创新，是马克思主义的基本要求，也是我们坚持发展中国特色社会主义的重要途径。新时代高校协同育人机制建构作为一种创新实践，坚持守正与创新相统一主要体现为以下几方面。

第一，守立场之正，创传授之新。思想政治教育的根本出发点和落脚点是始终坚持马克思主义的基本立场，坚持正确的政治方向和政治原则，是加强对大学生进行理论传授和思想武装的根本要求。同时，教育者要认真研究学生的认知规律和接受特点，探索教育规律和方法，最大程度地发挥学生主体性作用，实现理论传授之新，以新方式方法满足学生对知识的需求。

第二，守方向之正，创育人之新。毛泽东指出："没有正确的政治观点，就等于没有灵魂。"②坚持正确的政治方向，就是要始终坚持马克思主义的指导地位和社会主义的根本方向，不断强化对马克思主义最新理论成果的传授，确保坚定正确的育人方向。高校思想政治教育要本着立德树人的根本任务，进行全过程、全课程、全方位育人，构建课程育人、服务育人、组织育人等为主要内容的育人体系，让思想政治教育贯穿学生学习、生活和社会实践各个环节，实现多维度、融合性、交叉式育人。

第三，守方法之正，创手段之新。坚持马克思主义基本方法，是思想政治教育的方法论遵循，守此方法之正，创手段之新：在因材施教方面，坚持实事求是原则，了解和把握学生总体情况、知识需求和个体差异，有针对性地进行思想政治教育，采用科学灵活的方法进行个别引导；在教学方法上，注重将传统方法融入现代教学，实现传统方法与现代方法的交汇和融通。在教学方式上，以传统灌输式教学为基础，善于借助现代新媒体，将知识具象化、直观化，提升学生认知内化的效果和程度，实现教育方式和手段的多样化。

创新更是成为新时代发展理念之首。新时代高校思想政治教育话语体系的建构应坚持并深入研究先进理论，大力倡导创新能力的培养，丰富和创新中国哲学社会科学体系，彰显新时代高校思想政治教育话语体系的系

① 习近平. 习近平谈治国理政（第二卷）[M]. 北京：外文出版社，2017：480.
② 中共中央文献研究室编. 毛泽东文集（第7卷）[M]. 北京：人民出版社，1999：226.

统性、科学性和时代性。

（二）顶层设计与实践探索相统一

新时代高校协同育人机制的建构是完善思想政治教育理论与创新思想政治教育实践的统一，既要注重理论层面的建构，又要注重实践层面的探索。建构过程中要坚持顶层设计与实践探索相统一，确保协同育人机制方向的正确性和方法的科学性、多样性和可操作性。

首先，坚持顶层设计。顶层设计是对实现新时代思想政治教育目标、完成新时代思想政治教育任务、树立新时代思想政治教育精神、创新新时代思想政治教育方式、完善新时代协同育人机制等方面的总体把控。顶层设计具有多方面、多层次性，根本要求是把政治方向摆在首位，用学术讲政治，用政治促学术，以立德树人作为根本任务。一是教育系统要有顶层设计，指明方向，明确任务，提出要求，强调责任，确保高校思想政治教育工作协同机制的科学性和有效性；二是高校层面要做好顶层设计，根据高校性质、学科设置制定方案、出台政策、配置师资，提升高校协同育人机制的针对性；三是各部门要做好顶层设计，马克思主义学院、团委、学生处等部门协同联动，依据各自职责列计划、促实施、求实效。

其次，注重实践探索。依据顶层设计，高校因地制宜，"摸着石头过河""架桥过河""乘船过河"，不断探索有效的、有吸引力的协同方式，继承且坚持我们已经拥有的、行之有效的协同方式，而且根据学生特点、时代特点创新行之有效的协同方式，既要"讲"，又要"讲"得受听。信息时代"微"风蔓延，许多高校运用微视频进行思想政治教育，极强的视听效果增强了思想政治教育的亲和力；有的采用话剧形式还原历史，以较强的现场感增强了思想政治教育的感染力；恰当运用"生活就像淋浴，方向转错，水深火热""人生不能重来，青春怎敢留白"等生活话语及"油菜（有才）""鸭梨（压力）很大""秋天的第一杯奶茶"等网络话语，提升思想政治教育的"温度"，提高实效性。

最后，顶层设计与实践探索统一于实践。建构协同育人机制是一个复杂的过程，以顶层设计指导实践探索，以实践探索丰富顶层设计。顶层设计通常是宽泛的、宏观的、长远的，实践探索则是细致的、有针对性的、阶段性的，坚持顶层设计与实践探索相统一原则对于指导新时代高校协同育人机制建构具有重要指导意义。顶层设计与实践探索相统一体现在两方面：一方面通过阶段性的实践探索去完成顶层设计的任务，达成顶层设计的目标；另一方面则需要通过实践探索去检验顶层设计是否真正的科学合理。

（三）理论性与实践性相统一

理论与实践相统一是马克思主义基本原则，理论与实践相结合是马克思主义的基本要求，理论性与实践性相统一也成为建构新时代高校协同育人机制的重要原则。毛泽东强调："马克思主义的普遍真理一定要同中国革命的具体实践相结合，如果不结合，那就不行。这就是说，理论与实践要统一。理论与实践的统一，是马克思主义的一个最基本的原则。"[①]

坚持理论性与实践性相统一的原则建构新时代高校协同育人机制，体现在两个方面：一是协同机制的理论性与实践性；二是协同机制建构的理论性与实践性。

第一，协同机制自身要体现理论性与实践性的统一。协同机制是一个国家软实力和硬实力的集中体现，蕴含着一个国家的文化密码、价值取向、核心理论，因此，协同机制首先是理论体系。中国思想政治教育是中国道路的理论表达和中国经验的理论提升，体现走向现代化的中国智慧、中国方案。高校协同机制必须有理论厚度，讲透中国理论、中国道路、中国制度、中国文化，讲明中共党史、新中国史、改革开放史、社会主义发展史；讲清马克思主义立场观点方法，讲好社会主义核心价值观，以政治意蕴、学术思想凝聚大学生的目标共识、思想共识、价值共识，以理论的魅力提升大学生的理论水平。其次，协同机制要体现实践性，即实践指导性和可操作性。既侧重理论的课堂传授能力，通过思想政治教育工作或活动向受教育者传授一定的原理性、概念性的世界观和方法论，将理论转化为受教育者的思想思维方式、认知分析能力、价值判断观念等，通过相应的传授手段帮助文本理论向思想精神的转变，真正地做到理论的内化于心，又要注重学生自我学习能力的培养，让学生能够主动发掘理论的魅力，认识理论的说服力，促进受教育者实践能力的培养，提高认识问题、分析问题的能力，

---

① 中共中央文献研究室编. 毛泽东文集（第7卷）[M]. 北京：人民出版社，1999：90.

树立科学的"三观"，将内化于心的思想政治教育内容外化于行，用以指导自身日后的社会实践、工作实践、生活实践等。

第二，协同机制的建构过程要体现理论性与实践性的统一。协同机制的建构是个动态的过程，一要坚持马克思主义理论的指导，在为谁建构的问题上，坚持马克思主义立场，充分体现人民性，话语体系建构为了学生，服务于学生，致力于培养大学生正确的世界观、人生观、价值观，培养中国特色社会主义事业接班人，致力于大学生的健康成长，要坚定正确的政治方向，确保话语体系的政治性、科学性。二要体现实践性，立足于新时代中国特色社会主义的实践，立足于高校立德树人的实践，立足于思想政治教育的实践，立足于新时代大学生的实际，确保协同机制的时代性、客观性和现实应用性。努力构建既仰望星空又触摸大地的高校协同机制，避免成为可望不可及的海市蜃楼。

（四）主导性与主体性相统一

新时代高校协同育人机制建构坚持教师的主导性与学生主体性相统一的原则。坚持教师的主导性，是对思想政治教育方向、内容、方法、过程的宏观把控，坚持学生的主体性，是要充分调动学生参与教学的积极性主动性，营造一种施教者与受教育者和谐相处平等互惠的教育氛围，提升施教者对思想政治教育工作或活动的掌控能力，提升受教育者的参与能力和融入效率。

思想政治教育是有计划、有目的地进行教育的培养人的活动，思想政治教育者在思想政治教育活动中居于主导地位，其主导性主要体现在以下几方面。一是对意识形态的主导性。我国的思想政治教育承担着积极宣传贯彻党的思想意识形态、维护人民民主专政的国家政权的责任，随着文化多元化的发展，思想政治教育受到了多元社会思潮的冲击，西方意识形态、价值观念的渗透，给社会主义意识形态带来了挑战。面对挑战，思想政治教育必须发挥主导作用，发挥引领规范作用，新时代高校协同育人机制首当其冲的要体现社会主义意识形态的引领作用。二是对思想政治教育内容的主导性。思想政治教育内容是思想政治教育的核心，加强马克思主义基本理论教育、党的路线方针政策教育、党史国史改革开放史教育、社会主义核心价值观教育、社会主义道德教育,在协同机制建构中确保"内容为王"。三是对教育目标的主导性。高校思想政治教育的目标是促进人的全面发展,新时代高校协同育人机制要加强对教育对象价值观念、行为准则的导向,提升思想引领能力、思想统一能力和精神指引能力,起到思想主导和行为主导的作用,培养有理想、有知识、有担当、有作为的时代新人。

在思想政治教育工作或活动中施教者和受教育者都是主体。新时代高校协同育人机制建构在注重施教者主导作用的同时,还要注重受教育者主体性的发挥。人是具有思想思维能力和创新创造能力的统一体,也是具有理论接受和研发及情感认知的统一体,重视人的主体性是马克思主义"人本性"的时代体现,在建构新时代高校协同育人机制过程中必须注重发挥受教育者的主体性。学生自主性主要体现在:一是大学生学习能力、学习方法、学习态度的自主性,二是大学生学习理论、调研实践的主动性,三是大学生自我实现的创造性。新时代高校协同育人机制建构的原则是主导性和主体性的统一,是思想政治教育内容主体要求和具体实施的统一,集中体现对"人"的综合考量。

(五)学术性与生活化相统一

思想政治教育属于马克思主义理论学科,必然带有较强的理论性,而建构新时代高校协同育人机制既要讲求内容的科学性,又要讲求方法的有效性。要坚持学术性与生活化的统一,既保证思想政治教育话语的科学严谨,又要求生动活泼。

理性思维和内心认同是最大效率地完成任务、达成目标的前提。一方面,理性思维依赖于学术性内容的传授和掌握,特别是理论性较强的学科。思想政治教育内容涵盖马克思主义基本原理、马克思主义中国化的理论体系、中华优秀传统文化、中国特色社会主义文化等诸多方面,是庞大的理论统一体。在学术性层面,客观的、理性的、科学的、系统的阐释能够厘清概念、理顺关系、讲明道理、引发思考,有助于理解理论、应用理论、创新理论、引领价值观,引领实践行为,促进形成理性思维。另一方面,人的内心认同很大程度上来自于生活,包括对某一学科的情感认同和价值认同。思想政治教育是以传授理论为主要内容的实践性活动,理论自身的特点决定了纯粹学理性的传授难免让人感觉枯燥，不太容易引发学生共鸣，自然也不易形成内心的认同。让受教育者亲身经历思想政治教育实践，通过结组讲述、演绎、朗诵、歌唱等形式将思想政治教育内容展现出来，切身体验思想政治教育内容的吸引力。2018年河北大学学生拍摄思政课微电影《孤岛蓝鲸》，以动画形式描述了一直只蓝鲸在面对环境污染时的内心独白，极大地展现了新时代生态文明建设的必要性，同时也让受教育者群体亲身感悟到了生态文明建设对人类发展的重要影响。动画相比书籍能够更吸引受教育者，提升受教育者的学习兴趣。另外，由受教育者自己制作而成的动画视频是制作者团队自身学习的难忘经历，同时也是对其他受教育者更为直接的鼓励、更为触动的感受和更为熟悉的环境。学理性与生活化的和谐统一是高校思想政治教育工作者面临的课题与难题，也是新时代贯彻新教学理念必须解决的问题。开放性的资源、素材选择，可以大量补充教学案例，增强教学的鲜活性和吸引力；时事进课堂，可以让学生时刻感受生活的变化，在了解时事中增进对理论的理解；适度应用网络话语、生活话语增强思想政治教育的亲和力，培养学生求索精神，提高教学效果。新时代高校协同育人机制建构是学术与生活相统一的话语体系，是以学术性为主，生活化为辅的学科发展模式，促进理论学习向思想认同的转变。

（六）民族性与世界性相统一

伴随着全球化进程和中国日益发展壮大，中国的发展越来越离不开世界，而世界的发展同样离不开中国，中国日益走向世界舞台中央，中国对于世界发展的贡献率有目共睹，在新型国际关系调整和全球治理过程中也贡献了中国智慧。当今世界发展一体化程度与日俱增，中国的对外开放政策也在持续深化，也注定了中国与世界的发展密不可分。新时代高校协同机制是在中国特色社会主义事业进入新时代的背景下，着眼于培养时代新人的协同机制，是站在人类发展高度，具有国际视野和世界关怀的马克思主义协同机制，也是应对各种社会思潮，提升中国哲学社会科学影响力和强化中国话语权的协同机制。

首先，新时代高校协同育人机制建构体现民族性。中华优秀传统文化博大精深、历久弥新。崇尚君子之风、倡导仁爱、尊重生命等传统的"仁""和"

思想为中国的发展提供了重要的思想指导。尊老爱幼的传统美德、勤俭持家的艰苦奋斗的精神、只争朝夕的奋发进取精神、主张天人合一的崇尚和谐精神，等等，对新时代中国特色社会主义建设仍具有重要的现实意义。中国共产党人在血雨腥风的革命年代创造了伟大的红船精神、井冈山精神、延安精神、西柏坡精神等敢于斗争、敢于坚持的革命精神，在轰轰烈烈的建设年代创造了"铁人"精神、红旗渠精神、"两弹一星"精神；在革故鼎新的改革年代创造了特区精神、航天精神等，凝聚成了以爱国主义为核心的民族精神和以改革创新为核心的时代精神，中国精神贯穿于中华民族五千年历史，是凝心聚力的兴国之魂、强国之魂。中国精神是中国传统美德与社会主义核心价值观的融合，是建设社会主义核心价值体系的丰厚精神资源，是中华民族的精神财富。此外，以中国人喜闻乐见的形式创设教育环境、进行教育传播也是协同机制的民族性的体现。新时代高校协同机制建构注重民族性，从传统文化的根基之上探索时代发展创新之道，将中华传统文化作为话语体系的鲜明特征，建构符合中华民族思想思维方式、顺应中国特色社会主义发展的新时代协同机制。

其次，在坚定民族性的基础上放眼世界，是新时代发展中国哲学社会科学体系的重要原则之一。自马克思主义传入中国之日起，无数先进知识分子和党的先驱就思考马克思主义中国化的道路，通过数十年的发展实现了马克思主义中国化的多次飞跃，形成了一系列的理论成果，由此可见，民族性与世界性的统一是中国共产党一向尊崇的方式方法，经过历史的检验也证实了其有效性。新时代高校协同机制建构是马克思主义中国化、时代化、大众化传播机制的建构，是立足中国放眼世界的协同机制，既要讲述中国"天下大同"的理想，又要讲述中国人民崇尚和平、在坚持和平共处五项原则基础上发展同所有国家友好合作关系的实际；既讲述"协和万邦"的理念，又要讲述中国为构建人类命运共同体而努力的实际行动；既要讲述中国人民团结奋斗、努力实现中国梦的决心，又要讲述中国为全球治理、世界大同、人类幸福贡献中国智慧的胸襟和能力。新时代高校协同机制建构是马克思主义中国化、时代化、大众化传播机制的建构，是充满人文关怀和世界关怀的协同机制，是针对人的全面而自由的发展形成的协同机制，始终将人的发展作为出发点和落脚点，坚持将民族性和世界性统一起来，共同为人类命运共同体建设贡献力量。

二、高校协同育人机制的建构路径

（一）主体之间的协同

高校思想政治教育的主体之间的协同对高校思政课效果的发挥具有重要影响。关于主体之间的协同，笔者主要从思政课教师和专业课教师之间的协同和相关职能部门、学生工作者与教师协同两个方面来展开表述。

1. 思政课教师和专业课教师之间的协同

《关于践行和培育社会主义核心价值观的意见》中对高校思想政治教育的实践提出了方法论的指导。文件中明确指出，高校教育活动要积极弘扬和践行社会主义核心价值观，将社会主义核心价值观教育融入高校学生日常学习的各个课程体系之中。高校通过凸显社会主义核心价值观教育，可以帮助高校学生正确认识我们的民族、我们的国家、社会主义社会成长的历程及发展的规律，从而系好人生的第一个扣子，帮助高校学生明确该往何处去发展、为谁发展及如何发展的问题，更加明确历史使命担当，将核心价值观内化于心、外化于行，做同龄人的榜样，成为合格的社会主义的建设者和接班人。科学教育是对学生科学知识和科学方法的教育；思想政治教育是对人的世界观、人生观和价值观的教育；人文教育是人文知识以及人的思想和精神的教育，将思想政治教育和人文教育的内容融入科学教育之中，同时积极发挥人文教育对思想政治教育的补充作用，是新时期对我国高校思想政治教育的必然趋势。

高校要变革现有的教育理念，变革"思政课程"为"课程思政"，改善以往重视科学教育忽视人文教育、重视知识文化的简单灌输和传播而轻视精神世界的升华的不协同局面。在培养全面发展的社会主义的建设者和接班人的目标指引下，打破文理分家的教育现状，加强科学教育的教师思想政治教育素养的提高，加大在理工科院系中的人文教育课程的建设，同时在人文社科类院系中多多开设有关基础科学的通识教育课程，做到高校学生对思想政治理论类课程、人文社科类课程以及科学教育类课程都有基本的了解。由此可见，文理结合对于高校学生的全面发展是非常必要的，这样不仅仅有利于我国高校思政课的建设，同时在促进学生对多学科多行业的了解过程中，可以多培养学生的兴趣爱好及扩大知识面、提高高校学生的逻辑思维能力及帮助其健康人格的养成。对高校学生进行思想政治教育从来不是高校思政课的单一责任，而是每一门课程都应该具有这样的功能和职责，虽然现在高校中按照学科的门类将教师划分为专业课教师、思政课教师及辅导员等，但是这样的名称安排或者说是制度设计的目的并不是为了将高校教师的育人职责进行分类，高校教师应该加强对学生多方面知识的传导。教师是我国高校思想政治教育的主体，其教育方式和教育理念的转变在我国高等教育改革中具有重要的作用。新时代高校存在的目的已经不仅仅是培养一个只有专业技术的"经济人"，而是要培养德智体美劳全面发展的"社会人"。

2. 相关职能部门、学生工作者与教师协同

校党委作为学校的领导核心，负有全面贯彻党的教育方针的重要职责。课堂作为其教育方针的重要输出场所，高校党委走进课堂，和高校学生近距离接触，对于学生来说本身就是一种思想的熏陶和文化的传输；同时，可以让学生很直观地记住，受教育的目的是为了当一个健全的对社会有用的人，是为社会主义建设服务的。我国有很多高校都在推动高校辅导员走进课堂，且已经取得了显著成效。辅导员走进课堂之后对高校学生的思想状况有了更多的了解，更加明确下一步需要采取的措施。

目前很多高校的校党委成员都已经开始走进课堂，和思政课教师一起对受教育者进行思想政治教育，均取得了很好的反响。由于校党委书记相关人员不同的人生经历，以及和思政课教师不一样的人生感悟，和学生分享的同时可以带动学生的对思想政治教育课的兴趣以及加深对祖国建设的了解，从而增强自己的使命感和责任感。新时代我国高校的思想政治教育必须从被动灌输转变为主导主动、自主参与，每一位教育者都要深入到教育活动的各个环节，教育主体之间、教育主客体之间互动互进，教育主体是教育活动的组织者和实施者，教育客体在提高其思想政治素养的同时激发其创造性，只有在这种互相协同、良性互动的环境中才能充分发挥高校思想政治教育的效果。我国高校思想政治教育的工作者有很大一部分是由学生构成，比如班级的团支书、班长及院级、校级的团组织成员。其在日

常的校园实践中所组织的活动均与思想政治教育相关，但是由于教师参与的程度较低，从而导致投入了很多时间和人力成本的思想政治教育活动并不能取得理想的效果，我国高校的思想政治教育长效机制的建议依旧有待完善。因此，学生工作者在进行相关的活动，应该尽可能邀请思政课教师或者相关职能部门的人员参与，或者最起码让教师和相关部门知道学生工作者相关活动的开展情况和进度，相关职能部门应该对活动开展的效果做出及时的回应和反馈。高校思想政治教育主体之间信息的畅通和协同是保证思想政治教育效果的重要前提。

（二）主客体之间的协同

促进高校思想政治教育主体和客体之间的协同主要是在发挥高校思想政治教育主体的主体地位的同时，发挥高校思想政治教育客体的主体性功能。

1. 教育要从实际出发，明确教育双方的定位

实践是检验真理的唯一标准。我国实施高校思想政治教育的目的是为了培养社会主义接班人，为我国的社会主义建设服务。高校学生的思维状态、政治理念能否满足我国社会主义发展的需要、能否在进入社会时其政治理念和思维状态符合社会发展的需要是我们必须考虑的现实问题。由于近年来各大高校都在强调积极发挥学生的学习主动性及尊重学生的主体性特征，导致很多情况下高校思政课教师的主体地位在降低，高校近年来扩招导致学生的人数较多，造成了高校学生和思政课教师的比例失调。但是作为教育活动的实施者和组织者，其主体地位是毋庸置疑和不可替代的，在组织和实施教育活动的过程当中，将学生看成高校思想政治教育的主体有失偏颇。

一切从实际出发作为中国共产党的思想路线和大政方针的重要内容，要求我们在日常生活和工作中必须坚持实事求是的基本方法，思想政治教育活动作为我党统一民众思想的重要活动，坚持实事求是的基本原则是其保证高校思想政治教育科学性和有效性的重要前提，时刻保证教师和学生的正确定位并且采取有针对性的方法是保证高校思想政治教育时效性的根本保障。时刻保证给教师和学生一个准确的定位，首先要求我国的高校思想政治教育活动要坚持以人为本，以人为本的本质要求我们将思想政治教育的主体和客体都看成是具有意识的人，尊重主客体的需求和意愿是我们

做事情的基本准则，对任何时期处于任何阶段的有着不同需求的人的尊重是我国社会主义文明建设最基本的要求。①

我们这里说的尊重教育主体和教育客体的需求都不是盲目的，而是有计划、有目且科学的。尊重不是完全顺从，尊重受教育者的需求和意愿的前提是保证教育者的主体地位和受教育者的客体地位，客体的角色决定了客体提出的要求很难站在国家和教育主体的位置来看待问题。②一味地对教育者的意愿表示顺从，很可能会出现一些教育乱象，不利于高校协同机制的建立；过分强调教育者的地位又不利于教育者和受教育者之间的协同机制的建立和沟通。

2. 充分发挥教师的主导作用和学生的主体作用

高校教师的主导作用主要体现在高校教师在授课及和学生交流的过程的中，不仅仅对学生进行科学文化知识的传授，更重要的是向学生传授可以受益终生的学习方法和生活态度，致力于高校学生综合能力的提升。互联网下慕课、思政小课堂的发展将高校教师关于科学理论的教育从课上转移到了课下，从而留出大量的课堂时间给高校教师对学生进行答疑解惑、与学生进行深度的互动。教育的本质就是一定的知识被受教育者内化于心的过程。教师（这里主要指的是高校思政课教师）可以将课堂交给学生，让学生结合本学科的知识，采取自由命题或者选题的方式，作为自己研究的课题，并在课堂上进行演讲和展示，真正做到将课堂交给学生，促进高校学生主体性的发挥。高校思想政治教育作为一种极具创新性的教育，必须注重学生的个性发展和创造性思维的培养。③现代教育理念下，充分发挥教师的主导作用要求教师在利用好课堂资源的同时，也要和学生一道，对课外资源进行整合。

学生的主体作用体现在学生能够自己制定自己的学习目标和计划，并且能够进行恰当的自我管理。学生自身是最了解自己的人，高校在实施因材施教的过程中，促进高校学生进行自我认知是其首要步骤。只有高校学

① 骆郁廷，论思想政治教育主客体及其相互关系 [J]，思想理论教育导刊，2002（04）：34-37.

② 马永庆，论思想政治教育的主客体关系 [J]，思想理论教育导刊，2013（07）：114-117.

③ 徐春艳，思想政治教育过程中主客体辩证关系及其优化研究 [J]，思想教育研究，2014（03）：21-24.

生能够正确地认识自己，才能选择适合自己的教学实践活动。教师在此基础上才能对学生进行因材施教，否则的话，教师以自己单方面的估计或者单一的衡量指标对学生进行分类显然是很容易造成对学生思想状况的误判。

教师的主导性和高校学生的主体性只有共同作用，才能推动我国高校思想政治教育事业的健康发展。我们不能因为强调了高校教师的主导性而忽视了学生的主体性作用，也不能因为强调学生的主体性作用而对学生的言行过分纵容。高校教师作为高校思想政治教育主体的地位不能动摇，学生作为高校思想政治教育活动的客体依旧不变。

（三）主体与介体之间的协同

促进高校思想政治教育主体和介体之间的协同的目的是为了使高校思想政治教育主客体所采用的教育方法和教育内容和其所想要达成的教育目标相契合，以下主要从教育主客体与教育方法之间的协同、教育内容与教学活动之间的协同两个方面展开。

1. 教育主客体与教育方法之间的协同

互联网时代的发展，使得高校教师和学生对有关互联网的科学运用的方式和方法提出了新的要求，随着微课和慕课等新的互联网教学模式的兴起，要求主客体对原有的教育和学习的模式进行改进，推动慕课的发展已是大势所趋。

张耀灿教授曾经指出："如何针对网络的特点，研究网络思想政治教育的新形势、新理论和新方法，是思想政治教育急需解决的重大课题。"[1]高校以往采用的传统灌输式的思想政治教育方法已经不能满足信息化社会高校学生的需要，传统的以教师为核心的教育模式也已经不能适应当下互联网时代的大环境。高校思想政治教育方法滞后于网络时代的发展现状及诸要素所发生的深刻变化，要求高校思想政治教育必须进行教育教学方法上的创新。

发挥网络在高校思想政治教育过程中的积极作用，离不开高校教师等高校思想政治教育机制中其他要素的支持。网络时代，重塑高校思想政治教育的实施方法体系是我们贯彻"以学生为本"教育理念的必然要求，必

---

① 张耀灿. 现代思想政治教育学 [M]. 北京：中国人民大学出版社，2006：86.

须构建灵活多样的方法来应对网络环境的复杂性，以学生为本的教育理念加上互联网时代的发展，促进了高校以学生（即高校思想政治教育客体）为中心的教育新格局。

慕课自诞生以来，就被寄予了打破传统教育的时空界限和学校围墙、催生新的教育生产力的厚望。2019 年 4 月 9 日，以"识变、应变、求变"为主题的中国慕课大会在北京召开，教育部副部长钟登华在会上充分肯定了我国近十年的慕课发展成果，并且表示需要采取积极主动的方式去应对时代的发展，积极用好用对互联网，用网络时代和信息时代的发展成果促进教育创新。互联网的发展对高校思想政治教育的要求之一就是将互联网的红利运用到教育的方方面面，慕课是试金石也是发展的必然要求。将慕课、微课等新时代的产物和传统教育相结合，定会产生不一样的效果，这是当下我国高校思想政治教育改革最重要的一步，也是其实现现代化的必然选择。该次会议强调，要解决理论课以及相关实践和时代发展的矛盾，各个教育主客体都要紧抓时代的发展成果，具备全局思维，具备改革创新的精神。

同时，该次会议在结合我国目前教育发展实际的基础上为我国新时期慕课的建设方案提出了几点建设性的建议。首先，我们要打好"建"的基础，就要围绕育人建、立足专业建、依靠教师建，做好高校党委、高校教师和学生之间的协同是我们推进慕课教育的关键。慕课并非简单的授课，而是根据教材知识点，成体系的在网络上推出，还有在线答疑解惑的环节。网上慕课促进了我国高校思想政治教育教学方法方式的改革，需要教师对教材、对学生有深刻的理解，并不断提高实体课堂的驾驭能力。质量是未来中国慕课发展的关键，质量的关键在教师。[1] 开发真正让学生受益以及被学生欢迎的课程才是我国高校思想政治教育课程追求的价值所在。其次，我们要聚焦"用"这个关键，注重高校思想政治教育环体和介体之间的协同；围绕"学"这个目的，推进学生学、服务全校师生学、拓展全民学，不断发挥高校思想主体的客体性和高校思想政治教育客体的主体性，不断推进高校思想政治教育主体和客体之间的协同，积极推进网络技术和实体课堂的融合，不断拓展教学时空。实现学生在哪里，课程就延伸到哪里的局面，

---

① 黄蓉生，李栋宣. 高校思想政治理论课教师"四有特质"的时代论析 [J]. 思想理论教育导刊，2015（12）：75-81.

积极构建"大带小、强带弱、同心同向、共同发展"的慕课发展新局面。会上还发布了对我国教育改革有重大意义的《中国慕课行动宣言》，赢得了广泛的共识。

目前我国慕课的数量和应用规模均居于世界首位，在学习模式、发展理念及管理机制等方面都形成了自己独有的特色，有12000余门慕课上线，2亿人次参与慕课的学习，其中200余门慕课已经走出国门，先后登陆美国、法国、英国、西班牙等国的学习网站，并且得到了一致好评。这块"改变命运的屏幕"为我国学习型政党、学习型社会、学习型国家的建设做出了重要的贡献。①

当下的网络环境迫使我国高校思想政治教育面临着与互联网上虚拟社会的"对话"，既要与网络中消极因素争夺思想政治教育的阵地，又要与其中的积极因素形成合力。慕课的设立减轻了我国高校思政课教师关于理论知识教学的压力，全校师生可以在任何时间实现资源共享，从而使教师有更多的精力投入到带领学生将所学内容运用到日常生活中去的实践，只有通过实践，知识才能内化为学生自己的知识，才能从本质上提高高校思想政治教育的效果。②

2. 教育内容与时俱进

"认清中国的国情，乃是认清一切革命问题的基本的根据。"③毛泽东同志早在新民主主义革命时期就提出了思想政治教育首先要认清基本国情和形势政策的观点。所谓认清国情，要求我们对特定时期的基本矛盾有基本的认识和科学的判断，在此基础上才能认识我国的基本国情，从而明确自己的奋斗目标，将自己个人价值的实现与社会价值的实现相趋同。以高校教师为代表的高校思想政治教育主体应当引导学生对形势政策的关注，让高校学生对社会发展状况有一个基本的了解，以防初入职场眼高手低以及理想与现实的情况差距太大而产生失落情绪。高校学生一直是我国社会主义发展的中坚力量，自觉将党和国家的路线、方针、政策作为自己行动

① 冯刚，王树荫. 思想政治教育研究热点年度发布（2018）[M]. 北京：团结出版社，2019：23.

② 项久雨，陈涛. 高校思想政治理论课教师队伍建设的二重维度 [J]. 思想教育研究，2013（11）：69–72.

③ 毛泽东选集（第二卷）[M]. 北京：人民出版社，1991：633.

的指南既是时代的要求也是个人成长的必须，因此，必须提高其自身在贯彻落实党和国家的路线、方针和政策方面的自觉性和坚定性，只有这样，高校学生才能以此为基础指导自己的行为和重新确定自己努力的方向，自觉维护好国家改革发展的大局，积极投身于推进社会主义建设的事业中去。

只有高校学生深入了解我国社会发展的现实，才能使高校学生真正认识到我国社会主义的发展，同时也可以看到我国目前面临的挑战及存在的不足，教师通过启发学生对我国发展过程中取得的成绩及失败的经验教训的一些思考，引导高校学生从现实出发，寻找解决我国当下社会问题的一些方法，从而增强高校学生的主人翁意识。

新时代背景下，由于高校学生逐渐苏醒的主人翁意识对其在高校思想政治教育活动中主体性的发挥有极大的促进作用，因此我们需要不断加强对高校学生主人翁意识的培养，从而确保每一位高校学生毕业离开学校的时候，都能够明白祖国的历史、发展模式和发展方向。

培养高校学生的主人翁意识，首先要培养学生对宪法的熟悉度和认同感。宪法是新中国成立以来中国共产党人探索的结晶，在人们不违反其规定的前提下为人们的权利提供了最终的保障。高校学生是我国未来社会秩序和社会价值的维护、传承及建设的主力军，因此，他们对宪法思想的理解、传承对于我国社会主义的建设有着举足轻重的作用。

此外，加强对高校学生形势政策的教育同样至关重要。形势政策教育要求教育者在坚持信息的真实性和广泛性的同时，对受教育者进行国家发展路线和政治纲领的教育，通过形势政策教育可以提高大学生的综合素质，对于提高大学生在教学实践中培养分析和解决问题的能力具有重要的现实意义。

信息时代及社会的发展让世界各个要素之间的联系更加紧密，让人与人之间、人与社会之间的距离不断缩小。互联网时代，不管在世界的任何一个角落都可以看到来自世界各地的信息，人的思维每天都受四面八方的信息影响。因此，在高校教师的带领下了解社会的热点消息，有利于高校学生以正确的价值观以理性的思维看待各种社会现象。高校学生是未来社会主义事业建设的中流砥柱，关心国家的发展和前途以及所面临的挑战和危机，是国家对当代青年最普遍和最基本的期待。因此，高校学生有义务在马克思列宁主义思想的指引下对当代的时事政治进行了解，从而增强学生的主人翁精神。形势政策教育的形式和方法多种多样，如将形势政策教育与课堂相结合；针对时事政治热点开展演讲竞赛，以班级为单位利用媒体和网络收集素材，以现场辩论的形式进行；借助新闻媒体加强形势政策教育，引导学生多关注新闻联播，以作业的形式要求学生定期对形势政策的内容发表自己的观点和看法，也可向相关时政报刊投稿，增强学生的参与感。

形势政策教育还应与学校的德育工作相结合。形势政策教育是学校道德教育的重要组成部分，形势政策教育和德育工作相结合才能起到事半功倍的效果。总之，加强高校大学生形势政策教育，特别是建立和完善形势政策教育对高校学生的个人发展和大有裨益。

《关于加强和改进高校领导干部深入基层联系学生工作的通知》中对高校领导干部，特别是校党委深入基层联系学生工作提出了一些方法论上的指导。通知要求，高校领导班子成员尤其是党委书记、校长，要主动进课堂、进班级、进宿舍、进食堂、进社团、进讲座、进网络，深入实践联系学生。同时，高校党委成员每名成员每学期至少给学生讲一堂思想政治理论课或形势政策课，每周至少"面对面"接触学生一次。目前很多高校以校党委书记为代表的党委成员都已经走进课堂，比如东北财经大学、吉林大学等，好评如潮。校党委走进课堂，和思政课教师就授课内容和方式方法进行交流，对学生的课堂表现和对课堂的诉求可以有最直接的感受，有利于校党委制定更加符合高校思想政治教育主客体要求和适应社会环境发展的制度，促进三者之间协同作用的发挥，推进高校思想政治教育的发展。

3. 教授治学

从校内微观环境来说，目前我国高校思想政治教育所采用的方式方法应该与其目标相协同。从学术层面来说，高校中有关学术方面的教学制度设计应该加入更多教授的观点。教授作为大学中与学生接触最多的人，不管是学术研究还是教学管理其意见的都有很大的权威性，因此，我们提倡教授治学。

教授治学作为一种西方社会一直实行的高等学校管理思想和教学实践，其主要内涵是指由教授阶层来决定办学的方针，掌管学校全部或主要事务（特别是有关学术事务）的决策权力，并且对外维护学校的自主与自治。

历史已经表明，教授治教、教授治学的方针政策极大地促进了西方高等教育的发展，甚至让西方高等教育近年来一直处于世界领先水平。

相较于西方而言，我国高校教授治学的理念贯彻得较迟。2017 年才开始实施的《高等学校学术委员会规程》是新中国成立以来首部高等学校学术委员会国家规范，其中明确规定："高等学校应当依法设立学术委员会，健全以学术委员会为核心的学术管理体系与组织架构，并以学术委员会作为校内最高学术机构，统筹行使学术事务的决策、审议、评定和咨询等职权。"[①]

我国的教授治学可以追溯至 1917 年蔡元培执掌北大时在北大设立的北大评议会、教授会等组织，当时的评议会作为北大最高的立法机构，由校长担任评议会的会长，会员由各科教授组成。蔡元培指出："大学者，所谓高深学问者也。"[②]此理念也得到当时著名教育家梁启超等人的极大认同。梁启超认为，大学组织应以教授团为主，大学校长由教授团推举，或互推或各教授轮流担任。从蔡、梁二位的表述中，我们可以粗略地感受到"教授治教、教授治学"的内涵。但是回首 20 世纪我国的高等教育史，真正将教授治教、教授治学做到当时社会状况下的极致的是清华大学。1931 年著名的教育学家梅贻琦校长的上任，开启了清华大学的"黄金时代"，相对于清华大学的前任校长们，梅校长更加懂得教授治教和教授治学的重要性。他认为，无论什么样的时代背景下，教授都是一个高校的主体。

当下，我国高校面临着复杂的内外环境，高校管理者不仅要谋求高校本身功能的扩展、规模的扩张，还要维系好和政府、企业、其他大学之间的关系，在摸索中建立与各个要素之间的协同机制，谋求共同发展。由此可见，治校所涉及的范围比治学要更加广泛。因此，教授治校需要专业的团队对其进行专业化和精细化的管理，而这种管理能力不仅超出了高校对教授的职业要求，也会分散教授对科研的注意力，影响高校的学术环境的纯粹性。我们现阶段提倡在高校实行教授治学、教授治教而不是教授治校，从内容上看，这两者有着本质的差别，教授治学是适应现实情况最合理的

---

① 高等学校学术委员会规程 _ 中华人民共和国教育部政府门户网站 [EB/OL]. http://www.moe.gov.cn/srcsite/A02/s5911/moe_621/201401/t2014129_163944.html.

② 转引自项久雨，思想政治教育价值论 [M]，北京：中国社会科学出版社，2003：54.

选择，是对教授在高校内部管理中行使权利范围以及边界的限定，是对高校自身结构、职能和文化的综合考量。

（四）主客体与环体之间的协同

主客体和环体之间的协同主要阐述的是主客体合理利用思想政治教育的环境，并适当地改善环境。促进高校思想政治教育活动和环体之间的协同，合理、科学地利用环境可以促进高校思想政治教育的发展，同时对高校协同机制的构建大有裨益。

1. 加强教师与家庭的沟通与联系

由于我国目前高校学生的体量较大，而思政课教师和辅导员等教育主体的数量相对于学生来说较少，教师很难做到对每一位学生的家庭环境进行了解和分析。近几年我国一直在采取措施循序渐进地加强高校思想和政治教育人才队伍建设，但是依旧有很多地方需要完善，对于高校协同机制环体要素中家庭环境的关注较少。因此，现阶段，注重思想政治教育教师队伍建设的同时，我们也要注重家风建设。

苏联著名教育实践家和教育理论家瓦·阿·苏霍姆林斯基强调："若只有学校没有家庭，或只有家庭没有学校，都不能单独承担起塑造人的细致、复杂的任务。"[①]家庭和学校协同对高校思想政治教育发挥作用，有利于我国高校听取外界更多的声音。

《关于进一步加强和改进大学生思想政治教育工作的意见》中指出，学校要探索建立和学生家长联系沟通机制，相互配合对学生进行思想政治教育。高校思想政治教育工作的独特性要求其在实践过程中打破孤芳自赏的教育理念和教育方式，与高校学生家长相互协同，家庭和之间形成一股合力共同促进高校思想政治教育。对于高校来说，高校思政课教师及辅导员应在必要的时候给予高校学生家长在家庭教育方面的建议和指导，在和学生家长广泛的对话中了解各个学生的家庭状况，方便对学生采取个性化的教育措施，从而达到家庭教育和高校教育步调的一致性；对于家庭来说，认同高校的教育理念和教育模式是高校家庭协同发挥育人作用的前提，才能保证在和高校的合作过程当中高校始终保持着育人的指导地位，家庭必

---

① [苏]苏霍姆林斯基. 教育的艺术 [M]，肖勇，译. 长沙：湖南教育出版社，1993：56.

须从高校思想政治教育的支持者变成参与者，只有这样，才能为更好地培养新时代社会主义的建设者和接班人服务。

家之兴替，在礼仪，不在富贵。(《王氏家训》)每一个家庭都应该《大学》中有言："一家仁，一国则兴""积善之家，必有余庆；积不善之家，必有余殃。"注重家风建设一直是中华民族的传统美德和中华文化的重要组成部分，也是我党的优良传统，是每一个社会人成长的营养剂。

2. 推进良好的网络环境的构建

蓬生麻中，不扶自直。(《荀子·劝学》)一个良好的网络环境是新时代保证高校思想政治教育时效性的重要保障，对建设学生的精神家园有极大的促进作用。因此，高校应积极用科学的思想文化占领网络阵地，优化高校网站及自媒体的内容和界面。虽然当下很多高校及政府部门都建立了高校思想政治教育的红色网站，但是根据最新的调查数据显示，学生对其的浏览率并不高。因此，高校党委应该主动牵头，加强高校思想政治教育网站的队伍建设，改善高校思想政治教育相关网站只建不管、内容陈旧的现状，引导学生对其关注度的提升。另外，高校学生的网民主体意识不应该总是停留在娱乐新闻的角度，应该加强对于时政新闻的传播。高校的自媒体平台是学校对外和对内的窗口，应该紧跟时代的步伐，鼓励学生在学校的自媒体或者网页上发表关于国家、社会时政新闻的观点和看法。这样一方面以高校思政课教师为代表的高校思想政治教育主体可以随时了解学生对时事政治的看法和评价，从而很好地掌握学生最新的思维状态，宣传社会主义核心价值观及积极健康的文化的同时及时对思想偏离的学生进行思想上的教育和疏导，另一方面，由于高校思想政治教育工作者对于学生言论及看法的关注，引导学生在发表自己的观点时多思考、多斟酌，从而改善高校学生在网络上不明智和不文明的行为。高校应将学生对于时事政治的评价纳入学生社会实践这一项目的考核指标，从而从本质上改善高校思想政治教育网站点击率过低的问题。

参 考 文 献

[1] 冯友兰. 中国哲学史新编（第一册）[M]. 北京：人民出版社. 1981.

[2] [美]冯·贝塔朗菲. 一般系统论：基础·发展·应用[M]. 秋同，袁嘉新，译. 北京：清华大学出版社. 1987.

[3] [德]赫尔曼·哈肯. 高等协同学[M]. 郭治安，译. 北京：科学出版社，1989.

[4] 张谦. 思想政治教育过程中主体特性探讨[J]. 理论与改革，1991（04）.

[5] [苏]苏霍姆林斯基. 教育的艺术[M]. 肖勇，译. 长沙：湖南教育出版社，1993.

[6] 姜正国. 思想政治教育环境论[M]. 长沙：湖南师范大学出版社，1999.

[7] 郑永廷. 思想政治教育方法论[M]. 北京：高等教育出版社，1999.

[8] 万美容. 论思想政治工作运行机制的构建[J]. 探索，2000（04）.

[9] 骆郁廷. 论思想政治教育主客体及其相互关系[J]. 思想理论教育导刊，2002（04）.

[10] 项久雨. 思想政治教育价值论[M]. 北京：中国社会科学出版社，2003.

[11] 张耀灿，徐志远. 现代思想政治教育学科论[M]. 武汉：湖北人民出版社，2003.

[12] 项久雨. 思想政治教育价值论[M]. 北京：中国社会科学出版社，2003.

[13] 牟宗三. 为学与为人[J]. 中国大学教学，2003（01）.

[14] 李辉. 现代思想政治教育环境研究[M]. 广州：广东人民出版社，2005.

[15] 张耀灿，郑永廷，吴潜涛，骆郁廷. 现代思想政治教育学[M]. 北京：人民出版社，2006.

[16] 陈秉公. 思想政治教育学原理[M]. 北京：高等教育出版社，2006.

[17] 张耀灿，郑永廷，等. 现代思想政治教育学[M]，北京：人民出版社，

2006.

[18] 张耀灿. 现代思想政治教育学[M]. 北京：中国人民大学出版社，2006.

[19] 张耀灿，刘伟. 论教育环境是思想政治教育过程的要素[J]. 思想政治教育研究，2006（52）.

[20] 陈秉公. 思想政治教育学基础理论研究[M]. 长春：吉林大学出版社，2007.

[21] 张春兴. 世纪心理学丛书[M]. 杭州：浙江教育出版社，2007.

[22] 沈壮海. 论思想政治教育理论研究的新范式与新形态[J]. 思想政治教育研究，2007（02）.

[23] 教育部社会科学司编. 普通高校思想政治理论课文献选编（1949—2008）[M]. 北京：中国人民大学出版社，2008.

[24] 邱柏生. 高校思想政治教育的生态分析[M]. 上海：上海人民出版社，2009.

[25] 谭蔚沁. 论马克思"人的全面发展理论"与大学生创业教育[J]. 思想战线，2009（05）.

[26] 高斌，类延旭，方仲奇. 新时期高校服务育人的路径思考[J]. 学校党建与思想教育，2009（10）.

[27] 张传宇. 试论高校思想政治教育的合力机制[D]. 上海：复旦大学，2010.

[28] 骆郁廷. 思想政治教育原理与方法[M]. 北京：高等教育出版社，2010.

[29] 陈华洲. 思想政治教育方法论[M]. 武汉：华中师范大学出版社，2010.

[30] 林伯海，周至涯. 思想政治教育主体及其主体性的要素构成新探[J]. 思想教育研究，2011（02）.

[31] 张耀灿. 对"思想政治教育原理"的重新审视[J]. 学校党建与思想教育，2011（28）.

[32] 马俊峰. 马克思主义价值理论研究[M]. 北京：北京师范大学出版社，2012.

[33] 廖志诚. 思想政治教育创新动力论[M]. 北京：社会科学文献出版社，2012.

[34] 韩慧莉. 构建研究生思想政治教育"三全育人"新格局[J]. 青年教

育，2012（07）．

[35] [德]赫尔曼·哈肯. 协同学——大自然构成的奥秘[M]. 凌复华，译. 上海：上海译文出版社，2013.

[36] 李超逸. 系统视域下大学生思想政治教育诸要素协同模式研究[D]. 晋中：山西农业大学，2013.

[37] 李德顺. 价值论———一种主体性的研究[M]. 北京：中国人民大学出版社，2013.

[38] 张丽娜. 行业特色型高校协同创新的机制研究[D]. 北京：中国矿业大学，2013.

[39] 徐平利. 试论高职教育"协同育人"的价值理念[J]. 职教论坛，2013（01）．

[40] 王海建. 协同创新：高效思想政治教育创新发展的必然路径[J]. 思想政治工作，2013（01）．

[41] 马永庆. 论思想政治教育的主客体关系[J]. 思想理论教育导刊，2013（07）．

[42] 项久雨，陈涛. 高校思想政治理论课教师队伍建设的二重维度[J]. 思想教育研究，2013（11）．

[43] 胡新峰. 大学生思想政治教育机制研究[D]. 长春：东北师范大学，2014.

[44] 教育部思想政治教育司编. 思想政治教育原理与方法[M]. 北京：高等教育出版社，2014.

[45] 徐春艳. 思想政治教育过程中主客体辩证关系及其优化研究[J]. 思想教育研究，2014（03）．

[46] 蔡志奇. 应用型本科协同育人模式多样化刍议[J]. 教学研究，2014（04）．

[47] 龙妮娜. 大学生思想政治教育网上网下协同育人模式刍议[J]. 思想理论教育，2014（05）．

[48] 韩喜平. 构建具有中国特色的哲学社会科学学术话语体系[J]. 红旗文稿，2014（22）．

[49] 刘俊峰. 构建大学生思想政治教育整体协同机制探究[J]. 学校党建与

思想教育，2015（01）.

[50] 陈曙光. 中国话语与话语中国[J]. 教学与研究，2015（10）.

[51] 黄蓉生，李栋宣. 高校思想政治理论课教师"四有特质"的时代论析[J]. 思想理论教育导刊，2015（12）.

[52] 秦艳芬. 论政协同创新的合作机制[J]. 高等工程教育研究，2016（04）.

[53] 王丽，罗洪铁. 大学生思想政治教育个体价值与相关概念的辨析[J]. 思想教育研究，2016（07）.

[54] 张亚丹. 大学生思想政治教育价值论[M]. 北京：人民出版社，2017.

[55] 崔江婉. 协同理论视域下大学生思想政治教育研究[D]. 西安：西安建筑科技大学，2017.

[56] 项久雨. 思想政治教育主客体关系的马克思主义逻辑[J]. 教学与研究，2017（02）.

[57] 杨光. 高校思想政治教育以文化人研究[D]. 长春：东北师范大学，2018.

[58] 王丽. 思想政治教育价值结构研究[M]. 北京：中央编译出版社，2019.

[59] 吴长锦. 协同创新研究[M]. 北京：中央编译出版社，2019.

[60] 冯刚，王树荫. 思想政治教育研究热点年度发布（2018）[M]. 北京：团结出版社，2019.

[61] 杨灿. 高校辅导员职业困惑与发展路径探析[J]. 智库时代，2019（02）.

[62] 肖述剑. 高校辅导员职业认同的内在机理探析[J]. 思想政治教育研究，2019（02）.

[63] 章小谦. 孔子"有教无类"思想新探[J]. 大学教育科学，2019（04）.

[64] 金卓，邢二涛. 新时代思想政治教育的新使命和新要求[J]. 重庆理工大学学报，2019（09）.

[65] 高慎波. 新时代高校文化育人实践路径研究[J]. 才智，2019（33）.